自我調整學習

教學理論與實務

Dale H. Schunk

Barry J. Zimmerman　編

陳嘉皇、郭順利、黃俊傑

蔡玉慧、吳雅玲、侯天麗　譯

Self-Regulated Learning

From Teaching to Self-Reflective Practice

EDITED BY

Dale H. Schunk

Barry J. Zimmerman

作者群

Phillip J. Belfiore, PhD, Education Division, Mercyhurst College, Erie, Pennsylvania

Andrew Biemiller, PhD, Institute of Child Study/Department of Human Development and Applied Psychology, University of Toronto, Toronto, Ontario, Canada

Rachel Brown, PhD, London, England

Deborah L. Butler, PhD, Educational Psychology and Special Education, Faculty of Education, University of British Columbia, Vancouver, British Columbia, Canada

Pamela Beard El-Dinary, .PhD, Montgomery County, Maryland, Public Schools, Rockville, Maryland

Steve Graham, EdD, Department of Special Education, University of Maryland, College Park, Maryland

Karen R. Harris, EdD, Department of Special Education, University of Maryland, College Park, Maryland

Barbara K. Hofer, PhD, Center for Human Growth and Development, University of Michigan, Ann Arbor, Michigan

Rebecca S. Hornyak, Education Division, Mercyhurst College, Erie, Pennsylvania

Alison Inglis, MA, Department of Human Development and Applied Psychology, University of Toronto, Toronto, Ontario, Canada

William Y. Lan, PhD, Division of Educational Psychology and Leadership, College of Education, Texas Tech University, Lubbock, Texas

Donald Meichenbaum, PhD, Department of Psychology (emeritus), University of Waterloo, Waterloo, Ontario, Canada

Paul R. Pintrich, PhD, Combined Program in Education and Psychology, University of Michigan, Ann Arbor, Michigan

Michael Pressley, PhD, Department of Psychology, University of Notre Dame, Notre Dame, Indiana

Dale H. Schunk, PhD, Department of Educational Studies, Purdue University, West Lafayette, Indiana

Michal Shany, PhD, Beit Berl Teachers College, Kfar Saba, Israel

Denise B. Stockley, MA, Faculty of Education, Simon Fraser University, Burnaby, British Columbia, Canada

Gary A. Troia, MS, Department of Special Education, University of Maryland, College Park, Maryland

Ruth Wharton-McDonald, PhD, Department of Education, University of New Hampshire, Durham, New Hampshire

Philip H. Winne, PhD, Faculty of Education, Simon Fraser University, Burnaby, British Columbia, Canada

Shirley L. Yu, PhD, Department of Educational Psychology, University of Houston, Houston, Texas

Barry J. Zimmerman, PhD, Doctoral Program in Educational Psychology, Graduate School and University Center, City University of New York, New York, New York

譯者簡介

陳嘉皇（負責第一、二章）

台灣省屏東縣人

國立高雄師範大學教育研究所博士班候選人

研究領域專長：認知心理學研究、教育心理學研究、
　　　　　　　兒童數、科學教育研究、兒童心理與輔導研究

曾任：國小教師、組長、主任、技術學院兼任講師

現任：國立屏東商業技術學院中等教育學程兼任講師、輔英
　　　科技大學幼保系兼任講師

郭順利（負責第三、四章）

台灣省台南市人

國立高雄師範大學教育研究所博士班候選人

研究領域專長：教育心理學、教學原理

現任：國中教師

黃俊傑（負責第五、六章）

> 台灣省台南市人
> 國立高雄師範大學教育研究所博士班候選人
> 研究領域專長：教育心理學研究、學習輔導研究、兒童行為
> 　　　觀察與輔導研究
> 曾任：國小教師、組長、主任、技術學院兼任講師
> 現任：國小主任

蔡玉慧（負責第七、八章）

> 高雄市人
> 國立高雄師範大學教育研究所博士班候選人
> 研究領域專長：教育心理學研究、社會文化研究
> 曾任：國小教師
> 現任：國小教師

吳雅玲（負責第九章）

> 高雄市人
> 國立高雄師範大學教育研究所博士班候選人
> 研究領域專長：女性主義研究、課程與教學研究
> 曾任：國中教師
> 現任：國中教師

侯天麗（負責第十、十一章）

河南省人

國立高雄師範大學教育研究所博士班候選人

研究領域專長：幼兒教育研究、教育哲學研究、教育社會學
研究

曾任：幼稚園園長、國立台南師院兼任講師

現任：輔英科技大學幼保系專任講師

編者序

　　美國國內及國際間對自我調整（self-regulation）之教育上重要性的認識，在近幾年來已有戲劇性地提升。學習、動機與表現的理論解釋已十分強調學生是訊息尋找者、創始者與處理者的主動角色，但較不著眼於學生是來自環境訊息之被動的接受者此概念。自我調整學習（self-regulated learning）與大多來自於受學生的自我產出思想、情感、策略、行為之影響的學習有關，而這些都是朝著目標的達成而前進。

　　教育工作者一般接受在行為中學生自我調整活動所扮演的重要角色，但是他們通常不知道如何教導學生自我調整技巧或是如何提升學生對來自各種管道知識的使用。典型的師資培育課程強調內容領域知識及教學方法的精熟，較不強調學習、發展與動機原理原則。其次，典型的教師覺得淹沒於大眾所期待他們教授的大量教材中，導致他放棄了教導自我調整與其他未被要求的主題。最後，很少有學生與家長能體會到自我調整能當成技巧來教導，且結果是這些人也未對學校施壓，要求學校提供自我調整教學，使其成為課程的一部分。

　　這本書是本系列的第三本，而本系列叢書的目標則是提供讀者於學習情境中自我調整概念與原則的理論原則、研究發現與實

務應用。在第一本書中（Zimmerman & Schunk, 1989），我們以不同理論觀點來設計，這種形式對於以介紹與解釋現有之卓越觀點的學業自我調整而言，是十分有用的。第二本書（Schunk & Zimmerman, 1994）提供了研習自我調整的概念架構，詳述四個領域：動機、方法、表現結果及環境與社會資源等，每個領域則有二個以上的章節來討論，學生可以自行練習；作者討論自我規範原則的理論、研究與應用。

本書超越了確認關鍵自我調整歸因與過程之基礎理論與基本研究，其考量較大規模的介入，此介入在範圍上效果較大且經過長期的評估。而本書的首要目標是：(1)提供教導自我調整技巧的建議，而此技巧確實得自於自我調整原則；(2)討論在教室中與其他學習情境中，自我調整的詳細應用。本書的章節明確陳述研究者與實務者為了將自我調整教學融入正規課程二者間的合作，研究設計的目的則是提升教學效果的長期維持與一般化。雖然多數的教導模式只是在發展初期，但是結果卻是十分的大有可為。

緒論是本書的概論，討論各種教學模式下重要的自我調整過程與概念；而末的一章則是自我調整的重要分析，並建議未來的方向；其餘的章節則討論自我調整的介入。

為了確保不同介入章節的一致性，我們要求作者遵循五個步驟形式：第一，簡短地介紹篇章主題並對應用於學生的目標提供詳細的描述。第二，呈現介入計畫的概念，包括依據的相關理論與研究。第三，說明計畫的執行。第四，討論自我省思實務如何進入他們的計畫，尤其是其如何成為長期維持的不可或缺的一部

分。最後，則是討論自我反省實務如何進入他們的計畫，尤其是它如何成為長期維持的統整部分。

除了是教育研究者與實務工作者的一項資源外，本書亦專為研究生學習使用而設計——許多研究生將成為教育專業人士（如教師），及具有少數教育與心理課程背景之大學高年級學生所使用。這本書對於討論自我調整的課程都十分合宜，如學習、發展、教學設計、教育心理的入門課程，而學習、發展、動機、認知與教學的特殊課程也十分合適。雖然我們認為學生對心理學概念與研究方法有一定的認識，但本文仍是寫給一般讀者且包含極少的統計分析。

致謝

我們要感謝在本計畫各種階段期間許多人的協助。我們特別感謝我們的所有作者，即使是工作繁忙，他們仍勤奮地工作，趕上最後期限，使得我們的編輯作業有最專業的水準。對於許多同事與學生，我們要表達我們由衷的感謝。尤其是我們從 American Educational Research Association 與 Division 15（Educational Psychology）of the American Psychological Association 成員的同事那兒獲益良多。我們於 The Guilford Press 的編輯 Chris Jennison，則特別支持本計畫並提供所需的編輯指導。最後，對於我們的妻子：Caryl Schunk 與 Diana Zimmerman，和女兒：Laura Schunk、Kristin Zimmerman Scott 與 Shana Zimmerman 表達最深的感謝，感激他們

持續的鼓勵與愛護。

參考書目 ～

Schunk, D. H., & Zimmerman, B. J. (Eds.). (1994). *Self-regulation of learning and performance: Issues and educational applications*. Hillsdale, NJ: Erlbaum.

Zimmerman, B. J., & Schunk, D. H. (Eds.). (1989). *Self-regulated learning and academic achievement: Theory, research, and practice*. New York: Springer-Verlag.

　　人類自許其為地球幾億年來生物演化中最聰明、睿智的動物，主要原因，除了擁有複雜精密的大腦神經幫助我們思考推理，解決週遭的問題外，最重要的就在於我們身上散發的自我調整能力。在內，它可以協調各器官、組織形成一自律的循環調節系統，維持生命的延續，這是屬於生物性基本的特質；對外，則可整合我們對外界情境的訊息，經由經驗的判斷，改變行為模式而適應環境的挑戰，進而型塑出文明的生活樣式，這是文化創造的機制，也是人與野獸之間的區分。在「上帝已死」的年代裡，人類已成為地球的主宰，更成為社會秩序運作的權威，我們的所作所為絲毫影響著人類未來發展的命運，稍一不慎，會將地球上的生物引入萬劫不復的泥淖之中，而趨向滅絕的深淵。在舊世紀的末節、新世紀的初始，目睹我們生存的環境戰爭頻傳、病毒肆虐，災難的訊息不絕於耳，自然界殘破與苦難的現象正反映出我們自妄自大所帶來的警訊，提示我們當立即停止荼毒與殘酷的手段，躬身自省，反求諸己，回復到人之為「人」的本質，善盡人之為「人」的本分，如此，眾生才能起死回生，順乎自然之理，和諧共處，窮盡萬物之性。「自我調整」的能力即是自然之理、萬物之性。人類有幸具備最完備的此種能力，自當充分的予以發揮，才不枉

費上天所賦予我們的責任與要務。

　　《自我調整學習》這本書可謂是 Schunk 和 Zimmerman 兩位美國大師所彙編整理而成有關教育學與心理學領域的一桌美味佳餚，這桌滿漢大餐可作為「自我調整」教學訓練的調理規範，也可作為日後實踐應用的圭臬。從本書的內涵觀之，處處可見令人吮指大動的豐盛材料，包含了目標設定、策略設計、自我效能信念、目標導向、內在動機、注意力集中、自我教導（心像）、自我監控、自我評鑑、自我歸因、自我反思等林林總總指涉影響學習成效的重要因素。這些材料經過特殊的料理與烹調之後，形成了色、香、味俱全的拼盤或是雜燴，讓人看了垂涎三尺，相信品嚐後，定會口齒留香、讚不絕口。本書對於語文、數學、電腦輔助教學等內涵提出鞭辟入裡的論述與範例，策略與實務應用的層面亦能遍及各級學制，對於學校各科目的教學與學生學習方法的輔導助益匪淺，對於教育問題的研究與班級的管理和經營亦深具啟發性。

　　與自我調整學習理論結緣應源自於一九九〇年代，Zimmerman 和 Schunk（1989）就有這樣的書籍流傳於學界，唯當時的內涵架構尚未完善、體系尚未健全；熟料不到十年的光景，翻閱當代教育心理學或是應用心理學論文及期刊，「自我調整學習」此一主題已成為耳熟能詳的一句術語，更可說是當代教育心理學界的顯學。它的範疇內容不僅結合了流傳美國已久的行為主義學派學說，更融合了當今盛行的後設認知、後設意志等學習觀點，擴展成了一套多元且充實的理論架構，不僅適用於初學者學習的引導，還

可配合各學門提供有效的教學模式與策略輔導，更可培養個體獨立思索、解決問題的能力，可說是符合當今校園講求民主自由學習思潮的重要創作。

　　本書內涵架構繁複、例證引述廣泛，譯者們在百忙之中勉力完成，主要的目的在於希望能藉此譯作，激發教育的實務者與研究者對「自我調整學習」理論的探討與應用。本書能夠付梓，除了感謝譯者群們通力合作之外，對於心理出版社的鼎力成書，尤其是陳文玲小姐的校訂與斧正，特此致謝。

陳嘉皇 92.6.20

於高雄師大

目　錄

第一章

發展自我實踐的學術調整迴圈：一種教學模式範例的分析

Barry J. Zimmerman

　　自我調整學習的研究，對於解釋學生學習歷程上如何變得更加的精熟，已經有了長足的進步（Zimmerman, 1989）。有許多激勵性人物像是班傑明・富蘭克林（Benjamin Franklin）、亞伯拉罕・林肯（Abraham Lincoln），以及喬治・華盛頓・卡佛（George Washington Carver）等人的傳記指出，他們早年雖然顛沛流離，無法接受高品質的學校教育，但是經由閱讀、研讀，以及自我訓練等學習的方式，都獲得了偉大的成就。

　　當代雖然較少出現這麼有名氣的人，但依然能被當成從自我

調整學習獲取益處的指標，例如最近從亞洲移民到美國的群體（Caplan, Choy, & Whitmore, 1992）。這些亞洲移民的孩童雖然有許多人處於不利的地位，像是英語不流利、父母教育程度貧乏、就讀於城市中心裡資源缺乏以及班級人數眾多、學業成就低下的學校裡，但是他們都有優越的學業成就表現。不管古往今來，能夠自我調整的學習者，都可以藉著其對學習的觀點，認為是可以自動自發的學習，或是被動的學習而加以區別。如果他們相信學習是種積極的活動，便需要有自發性的動機和行動，就如後設認知一樣（Zimmerman, 1986）。舉例來說，能夠自我調整學習的學生，會藉著自我目標的設定、正確的監控行為，以及使用有效的策略思考（Schunk & Zimmerman, 1994）。這些因素和其他自發性的歷程，促使了這些學生變成其學習經驗的控制者，而非受害者。

自我調整學習不僅是種心智能力（mental ability），如智慧、一種學習技巧，或如何精熟的閱讀；更可以說，它是學習者轉換心智能力到學術技巧上的一種自我指導的歷程。此歷程是什麼？學生是如何變成自我調整學習者呢？在這個章節裡，我將呈現一種自我調整循環階段的分析，指出每一階段裡重要的自我調整歷程，並在這些歷程裡，比較班上有技巧的自我調整者如何來使用這些策略；我也會描述與自我調整產生有關的社會、環境和個人所需的條件，以及分析被用來發展學生自我調整技巧的教學模式範例。這些教學上的模式，將於下章再予討論。

自我調整學習的循環階段

　　大部分自我調整的理論家都將學習視為是一種包含個人（認知和感情）、行動以及情境因素等多層面的歷程（Zimmerman, 1986, 1989）。為了要精熟某種學習技巧，學習者必須要主動的對情境中解題相關的狀態運用認知策略，這個策略需要重複的嘗試學習。雖然每個因素都是各自分割而變動著，但卻可以聯合在一起進行交互作用，因為策略的精熟包含了個人、行動及環境中因素的結合。舉例而言，沒有單一的認知學習策略是能適用於所有的學生，只有少許或一些策略才能適合於所有的解題學習，即使是一項策略效用的改變，也只能當成是一種發展的技巧來看。就像是一位科學生手從情境的訊息中，將記憶基本名詞所用的關鍵字策略轉變為一種促進知識統整的組織性策略一樣，自我調整學習者必須要不斷地再評估它們產生的效用，因為這些都是由不同的與變動的人際關係、情境，以及個人內在狀況產生的結果。

　　自我調整的理論家將學習活動視為是一種開放的歷程，部分的學習者都需經歷三個主要階段的循環性活動：包括了預慮（forethought）、作業或意志控制（performance or volitional control），以及自我省思（self-reflection）（如圖 1-1）。預慮的階段牽涉到影響性的歷程，以及先前努力學習的信念和此學習階段的狀態。第二個自我調整階段——作業或意志控制，包含了努力學習以及

情意集中和作業其間所發生的歷程。第三個自我調整階段——自我省思,包含努力學習後以及影響學習者反應有關經驗的歷程。自我省思,會反過來影響有關隨後努力學習的思考,這樣的迴圈就完成了自我調整的循環。

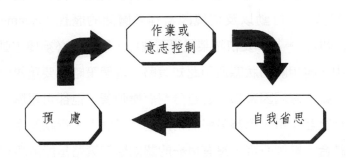

圖 1-1 ◆ 學業學習的循環階段

　　有五種預慮的歷程及信念在自我調整學習的研究上已經獲得資料(表 1-1)。目標設定(goal setting)是關於特殊學習結果的決定(Locke & Latham, 1990);策略安排(strategic planning)則關係到達到想要的目標時,學習策略以及方法設計的選擇(Zimmerman & Martinez-Pons, 1992)。目標設定和策略安排的歷程會受到一些個人信念的影響,像是學習者的自我效能、目標導向、內在興趣以及對工作的評價等等。自我效能(self-efficacy)牽涉到,對於學習個人的能力,或是在特定安排的情境下所能完成的作業,個人所採取的信念(Bandura, 1986)。例如,能為自己設定較高目標的學生(Zimmerman, Bandura, & Martinez-Pons,

1992），他們與班上缺乏效能的學生相較，會傾向於選擇有效能的學習策略（Zimmerman & Bandura, 1994）。具有目標導向學習的學生，較注重學習的進展而非競爭的結果，比成就導向的學生更有效率（Ames, 1992）。對於解題作業具有內在興趣的學生將會不斷努力地學習，即使在缺乏具體獎賞的情境下，依然會努力不懈（Deci, 1975）。

　　作業或意志控制在自我調整學習的歷程上也包含了三個次歷程（表1-1），這些歷程幫助學習者將注意力集中在解題上，完成作業。關於注意力的集中，意志理論家像庫爾（Kuhl, 1985）、海克豪森（Heckhausen, 1991），以及寇諾（Corno, 1993）等人，都強調這是學習者不論在精神渙散或有企圖性競爭時，保護其學習意圖所必須的。低成就者很容易從工作中分心，做重要決策時偏向躊躇不定，而且比高成就者更易犯錯。庫爾（Kuhl, 1985）稱這種意志失能的類型為狀態型的控制（state-control），而非行動型的控制（action-control）。他相信學習者在自我調整作業或意志控

表 1-1 ✦ 自我調整學習的循環階段和其次歷程

循環性的自我調整階段		
預慮	作業／意志控制	自我省思
目標設定	注意力集中	自我評鑑
策略安排	自我教學／心像	歸因
自我效能信念	自我監控	自我反應
目標導向		調適
內在興趣		

制階段時，這兩種控制類型在他們計畫和促動努力學習之初，就有不同之處。海克豪森和寇諾也使用凱撒（Caesar）的「大江東去不復返」詞句做隱喻，當與預慮階段的歷程相比較時，注意力是保護作業階段歷程所必須的。

第二個作業或意志控制階段的歷程，稱為自我教學或心像引導，它會影響學生策略以及其他學習方法的執行。自我教學是指在學習的歷程中，告知一個人該如何進行（例如解決數學問題），則研究顯示出自我教學能夠改善學生的學習（Schunk, 1982）。麥欽堡（Meichenbaum）和他的同事（本書第十章）針對學生在努力學習中的自我語言（self-verbalization）情形進行了大規模的研究；哈理斯（Harris）、葛拉罕（Graham），以及特洛爾（Troia）（本書第二章）也將自我語言擴大使用在教導無能力的孩子如何更有效率的自我調整學習；普力斯萊和李文 （Pressley, 1977; Pressley & Levin, 1977）也描述了心像（imagery）（形成心智圖像）的效能，將它當成是促進學習和回憶的工具；欽墨曼和羅夏（Zimmerman & Rocha, 1984; 1987）也使用心像模仿的順序協助年輕的孩子學習和記憶。

作業或意志控制過程的第三個類型則是自我監控（self-monitoring），它是一項非常重要但還具爭議之自我調整的過程，因為它會造成學習者的進步，但在過程中也會妨礙策略的執行（Winne, 1995）。許多研究者進行自我監控的研究，特別注重在自動化的解題上，建議若有重要的過程和結果時，應該要合理的限制自我監控（Singer & Cauraugh, 1985）。自我監控會愈來愈複雜，它是

學生減少意圖性監控而習得的技巧——這是一種所謂自動化或是習慣化的現象。許多理論家認為，當學習的步驟已經習慣化了，學生就不再需要監控他們的學業成就，然而，卡佛和雪爾（Carver & Scheier, 1981）則認為學生需要轉移自我監控成為一種更普遍化程度，像從行動本身轉移到立即的情況時所產生的結果，這結果就是行動自己。舉例來說，就如作家不再需要費盡思量、嚴密的監控他或她文章的文法時，就能夠直接轉移注意力到其散文創作的品質上一樣。

在自我調整學習上有關自我省思歷程的研究，已經有四種類型的資料被探討了（如表 1-1）。自我評鑑是在自我省思階段一開始就常出現的歷程。它包含了自我監控時的資料與一些標準或目標的比較，就像根據老師的分級曲線要求但做錯測驗題目所進行的判斷性回饋一樣。能夠自我調整的學習者必須要評鑑他們能夠多迅速或正確的執行，以及當沒有正式的標準可選擇時，能重新整理後再和他人的成就進行比較（Festinger, 1954）。自我評鑑會將結果產生的意義引伸出歸因，如將貧乏的成就視為是個人不足的能力或不夠努力造成的（Weiner, 1979）。這些歸因的歷程是處於自我省思樞紐的位置，因為對能力的錯誤歸因會迫使學習者做出負面的反應，而放棄改善的嘗試。歸因因為不同個人和情境的因素而受到影響，如一個人的目標設定、伴隨的解題條件，以及他人如何做好此項工作等等。自我調整的學習者傾向將失敗的歸因視為其結果是可以修正的，而將成功的歸因視為是個人能力完成的。這些自我保護的歸因引導個人到正面的自我反應，即使是

在可能無法達到預定結果的長期工作壓力下。有明顯的證據顯示，個人對策略使用所持的成功和失敗的歸因，直接與正面的自我反應有關，但因能力所產生結果的歸因與負面的自我反應也有關係（Zimmerman & Kitsantas, 1997）。

策略的歸因不僅會促進自我反應，而且可以幫助學習錯誤來源的辨識，調整個人的作業表現（Zimmerman & Martinez-Pons, 1992）。策略的歸因在研究上增強了系統性的變異量，直到學習者最後發現可以幫助他做得更好為止。對於重要的學習技巧來說，調適的歷程必須能進行許多實際的循環。再以歸因來說，能夠自我調整的學習者，他們的調適能力較好，是因為他們能夠較合理的評估自己的成就表現。合理的自我反應循環促進了學習者正面的預慮，能夠在最後精熟學術技巧時，將自己當成擁有較大自我效能以及有較強烈的學習目標導向的人（Dweck, 1988），或是在解題上呈現較大的內在興趣（Zimmerman & Kitsantas, 1997）。自我省思與預慮之間的連結完成了自我調整的循環。因為自我調整歷程的運用本來就是循環式的，在感覺上，這些階段會傾向於自我維護，而且每個階段會創造慣性，可以提升或支持隨後階段的學習。

總之，自我調整的預慮階段為學習者做了準備，並且影響作業表現的效能或是意志控制的歷程，反過來也會在自我省思階段裡影響歷程的運作；自我省思的歷程也會影響隨後的預慮，並且為學習者未來在達到精熟的努力上做準備。

自我調整學習專家與生手的比較

　　所有的學習者皆會在某方面去嘗試自我調整的學習以及成就，但是在方法以及信念上卻有顯著的差異存在。從自我調整階段歷程的觀點來看，生手或是不熟練的學習者，與專家或是擁有知識的學習者比較，他們是如何進行學習的呢？表 1-2 呈現了他們在學習歷程上的差異。

　　生手並非缺乏學習目標，而是因為低品質的目標阻礙了學習。這些目標大致上是非特殊及空泛不實際的，以至於造成貧乏的成就或是意志控制，並且限制了自我省思的形式。相對的，專家或是知識豐富、能夠自我調整的學習者會形成特殊的、循序漸進的系統，以階層的形式將近程的目標與遠程的目標連結起來（Bandura, 1991）。這種階層式的目標是根據他們的成就能力依序形成的，自我調整的學習者不僅能夠確定有效性挑戰的持續，並且利用可達成的目標引導他們前進。目標的階層化也提供了專家學習者一種對於評估他們個別進步相關的標準，而不會從他人之處依賴額外的回饋，也不會延宕正面的自我反應，而讓遠程目標無法達成。自我調整的生手則是依賴他人，或者必須產生額外的動機去延宕滿足感，致使遠程目標無法達成，因為這些標準只能提供少許觸手可及的成功回饋。從回饋的提升來看，生手的自我評鑑能力毫無疑問地會隨著時間而衰退；反過來說，專家完成的階層

表 1-2 ✦ 生手與專家在自我調整次歷程上的比較

自我調整階段	自我調整學習者的分類	
	生手	專家
預慮階段	無特別的遙遠目標	有特殊的階層性目標
	成就目標導向	學習目標導向
	低自我效能	高自我效能
	無學習興趣	具有學習的內在興趣
作業／意志控制階段	無計畫重點	有作業的重點
	採取自我阻礙策略	採取自我教學／心像
	自我監控學習的結果	自我監控學習的歷程
自我省思階段	逃避自我評鑑	追求自我評鑑
	能力歸因	策略／練習歸因
	負面的自我反思	正面的自我反思
	無調適性	具有調適性

性次目標標準,卻可以提供近程目標成功的明確回饋,進而促進自我評鑑的能力(Earley, Connolly, & Ekegren, 1989)。

　　專家也會做學習或精熟目標導向的報告,而生手則採取一種成就或自我關聯式的目標導向(Pintrich & DeGroot, 1990)。這些就如德威克(Dweck, 1988)結論裡所提到的:成就目標導向者是以智力的固定概念來作預測,而學習或是精熟目標導向者則是以創造論的智力概念作為基礎,這一點都不會令人驚訝。生手視學習的插曲為個人被脅迫性的經驗歷程,他們不情願的將成就提供他人做評估,要與他人做智力比較,因此導致貶抑自我及逃避學

習的機會;相反的,專家則視學習的插曲為促進他們未來能力的機會,這樣的經驗可依他們自己的權利進行評估。

專家也知覺本身較生手有更多的自我效能存在。自我效能的影響不僅可以為學習帶來更多的動機(Schunk, 1984),而且對調整個人的學習歷程也更有助益。舉例來說,具有自我效能的學習者會為自己設定較高的目標、確實的自我監控,且比缺乏自我效能的人更會以正面的態度自我反應(Zimmerman, 1995)。具有低效能的學生在學習的歷程上較易表現出焦慮(Meece, Wigfield, & Eccles, 1990),且因焦慮的產生而逃避學習(Zimmerman & Ringle, 1981)。相較之下,專家則認為正面的自我反應是努力學習的首要工作,是自我效能重要的循環來源(Zimmerman, 1989)。

和生手相較,專家在學習的作業上也明顯出現較大的內在興趣(Pintrich & DeGroot, 1990; Zimmerman & Kitsantas, 1997)。具有內在興趣的學生不僅會將學習工作衡量為較有趣味,並且在能自由選擇的機會中擇其所好,孜孜矻矻,即使障礙出現,依然會努力不懈(Bandura, 1986)。這些學生將興趣視為是他們本身參與作業所發展出來的一些事物,如參與對南北戰爭的研讀,或閱讀棒球書籍所發展出的興趣一樣;生手在某一主題或是技巧上的興趣發展會有麻煩,因為他們將內在興趣缺乏歸因為外在因素的影響,例如遇到不會激勵學生的老師,或是這些本來就是令人厭煩的工作。內在動機的理論專家宣稱這類學生是屬於較依賴外在社會的影響及獎賞才能進行學習的人(Deci, 1975)。

回到作業或意志控制的歷程來看,專家能夠集中他們的注意

力在學習的作業上；然而，生手卻很容易因注意力分散或衝突的想法產生困擾，而對錯誤的地方鑽牛角尖。學生報告說，要在學習的歷程中維持注意力以及動機，是自我調整學習中最困難的工作（Zimmerman & Bandura, 1994; Zimmerman & Martinez-Pons, 1986）。意志的研究者（Corno, 1993; Kuhl, 1985）則認為生手的注意力是來自於情感狀態或是周遭情境的影響，但有豐富知識的自我調整者卻能在學習作業上維持較佳的注意力。

專家也喜歡使用系統性的引導方式或技巧，像是自我教學或是心像的引導去執行他們學習的方法或策略。自我引導的語言扮演了一種不同的作業控制功能，像是集中注意力、按部就班、循序漸進，以適時鼓勵自己的方式持續產生動機。維果斯基（Vygotsky, 1978）和他的學生就強調，自我教學能扮演類似父母或是老師幫助孩子內化別人的學習方法的這種中介協調角色。相對的，生手就很少使用口語化（Biemiller 等人，見本書第十章），即使可以，他們也常常使用負面的自我指導方式。許多運動心理學家會特別教導運動員在作業方面避免負面的自我敘述，因為這樣的語言是種自我防衛，反而鼓勵運動員應作自我激勵的敘述（Garfield & Bannett, 1985）。專家也使用生動的心像去促進學習策略方法的實行。舉例來說，小說家在寫作之前，常會利用想像某一景象的方式做生動的描繪（Zimmerman & Risemberg, 1997）。或是在嘗試之前，觀看某一專家如何作業，如此可以在無法容易地自我類化時，提供有用的心像模組（Rosenthal & Zimmerman, 1978; Zimmerman & Rocha, 1984, 1987）。生手無法理解心像作為

引導的重要性，反而傾向於依賴嘗試錯誤獲得的經驗去實行新的學習方法。一些極端的案例裡有證據指出，生手為了維護合理的自我反應，會故意創造成功的障礙，例如焦慮而顯現低度的努力、不要太出風頭，或是延宕直至成功的機會流失。在和緩的環境下，貧乏的學業表現無法歸因於能力的不足，這些不合宜的學習技巧或是自我阻礙的策略，正適合排除其他不同的自我反應。

　　或許，區別專家和生手在作業控制歷程中的差異，最重要的是自我監控（Zimmerman & Paulsen, 1995），這個歷程包含了將個人作業時的表現效率，銘記為重要的指標。有技巧的自我監控者了解他們何時執行的時機，而且會採用正確的資訊改變作業方式，不必等待他人的社會支持，或是對不同的外在結果產生預期。相較之下，生手無法系統化的監控他們的作業，反過來依賴普通的常識或是片段的資訊，去評估努力的進行。不斷的證據顯現出（Ghatala, Levin, Foorman, & Pressley, 1989），許多學生無法監控他們學習真正進步的情形，而高估了成功的程度，這個造成了樂觀主義的誤用、實際上敷衍了事，以致最後測驗成績低落。

　　在自我省思階段的各個歷程裡，專家對學習的努力會追求機會進行自我評估，而生手則故意忘卻或是積極的逃避這些機會。對於專家來說，合理的自我評估是直接來自於他們的目標設定與自我監控的努力，他們喜歡將現在努力學習得到的結果與先前努力的情形做比較（這樣比較合理）；相對的，生手將目標設定成遙不可及，並且隨心所欲偶爾才進行自我監控，在任何基礎上想要進行自我評估卻發現困難重重，因此也無法與他人進行社會性

的比較（這些常是不合理的）。因為生手傾向於經由常模的方式與他人的成就做比較，他們常常經歷自我威脅的反應（Nicholls, 1984）。

專家對於負面評估的結果，將它歸因於策略的使用不當、學習方法不佳，或是練習不足；而生手則傾向歸因於能力的限制（Zimmerman & Kitsantas, 1997）。能力限制不合理的歸因引發了負面的自我反應，以及削弱了未來的努力，因為個人的能力被視為是固定的（Weiner, 1979）。學生若將能力作合理的歸因，雖然可以引發正面的自我反應，但是卻無法激勵未來學習的努力，因為這些會被視為是不需要的。

生手無法井然有序地安排他們調適的方法，因為缺乏完整的資訊或是誤解了結果，而常常要依賴直覺或猜測來做修正。相反的，專家能夠以先前所設定的階層目標、正確的自我監控，以及適切的自我評估為基礎，按部就班的調整作業。這些學習者也傾向於將負面的結果歸因為使用沒有效率的策略，這樣可以將不同的自我反應做順序之分，在研究上可以促進系統化的變異量，直到最後發現有效率的策略。從這方面來看，專家的歸因能夠幫助他們導引出不同的自我反應以及調適的類型。專家也會衡量一些可能逆轉過來影響成功使用學習方法和策略的情境因素，像是解題與狀況的變異量。學業學習方法的適應性與完善性，通常需要針對重要的技巧做重複的訓練，因為每個階層的技巧皆有其複雜性，能夠以強烈的動機持續學習，是最後能夠精熟學習最基本的條件。專家擁有這樣的動機，因為他們會合宜的處理自我省思的

歷程，也就是說他們能夠作合理的自我評鑑、適切的歸因，以及正面的自我反應。

　　這些自我省思階段的歷程對於專家而言，會正面的影響預慮的階段歷程，但對生手而言，卻是負面的影響。對於專家來說，自我省思產生的想法會強化或保護預慮時的信念，像是：(1)學習技巧最後精熟的自我效能，(2)學習目標的導向（Dweck, 1988），以及(3)作業時的內在興趣（Zimmerman & Kitsantas, 1997）。因此，歸因以及調適的自我省思歷程，會直接影響預慮階段中所包含的目標設定和策略安排。反過來說，生手的自我省思歷程，反而會因為自我效能的知覺、內在興趣、學習的目標導向，和策略使用的努力等因素的低落，而削弱了預慮。因此，學生自我調整技巧的程度最後將決定學習經驗是否會變成自我解體或是自我實踐。適切地說，個人自我調整的循環迴圈，不管是專家或是生手，如果沒有這些循環特質的介入，那麼都會產生抗拒改變的現象。藉著傳遞自我調整的循環迴圈給學生，老師們可以幫助他們了解專家自我實踐的特質，以及避免產生像生手自我反應和自我效能循環功能降低的結果（Zimmerman, Bonner, & Kovach, 1996）。明瞭學習循環迴圈的重要性，是讓學生為自己的學業成就負起責任的基礎。

學術自我調整能力的發展

　　引導學生成為學術學習的專家而非生手的個人、社會和環境的條件是什麼呢？香克和欽墨曼（Schunk & Zimmerman, 1996）提出自我調整的產生出於兩個基本的來源：社會和自我指導式的經驗。社會來源包含了成人（如父母、養育者及教師）以及同儕（如兄弟、朋友和同學），大部分自我調整的知識和技巧的供應，主要依賴如模仿、口語教學、動作引導、修正回饋、社會建構、督導與監控、同儕教學、合作學習與相互教學等技術。一些社會性影響的因素，在正式層面包含了傳遞特殊的自我調整技術，如教師對學生顯示提升數學分數成績的策略；另外的社會性影響因素則是非正式的、一致的，如父母親期待孩子能夠自己負起責任完成家庭作業，而不須從旁督促。

　　在自然情境下所獲得的自我調整研究資料非常有限，而且這些資料的產生也不是直接來自於正式的教學，它的來源是連結了父母親的期待，對孩子研究和成就的間接支持，老師安排需要學生利用課餘的情境，或是和同儕共同完成的家庭作業而形成。最近針對校外情境對學業學習影響的研究發現（Steinberg, 1996），高成就學生的父母親都有強烈的期望，希望其子女能獲得較好的表現，並且嚴格地監控他們的行為。高成就的學生也常常從教師和同儕處找尋協助，且較低成就者更有效率（Newman, 1990）。

很明顯的，高成就的學生並非與社會隔離，當其需要資訊以及協助時，反而能自我調整對他人的依賴（Newman, 1994）。

然而，針對學業學習的技術而言，要能充分的自我調整，學生也需要機會去複習，並且由自己本人來發展。學術專業能力，像是數學的問題解決技巧、閱讀理解以及寫作能力，都需要無數的時間來練習。正如先前概念分析時所指出的（Zimmerman, 1994），學生若不能在情境中發展或顯示自我調整的技能，那麼他們就無法運作個人的選擇或控制。雖然學生在學校中的學習受到老師很大的限制，但是在家庭作業以及研究的過程中，他們可以擬訂計畫、組織，以及獨力完成。所以，還是有很多的機會可以進行自我調整。家庭作業的價值是不凡的，因為它能提供學生熟練研究技巧的實際需要。

愛力森和卡尼斯（Ericsson & Charness, 1994）佔計生手需要經過一段長時間的訓練才能成為專家，這段時間大概需要花費 10,000 個小時以上，也就是我們所謂的「熟練」時間。這些研究者也下結論認為：當進行能力以及高品質的教學時，練習對於專業的發展是項重要的手段。他們發現專家在練習階段，很少是隨心所欲的工作，反而要事先建構、計畫，並藉著父母親或養育者予以支持。父母親或是監護人協助他們安排一些練習的時間，減少衝突性的要求，監控並且對於技巧有些許的進步即予以增強。父母親將計畫性的練習當成每天調整課程的一部分，促進技巧的習慣化，傳遞努力的重要性，擴展練習到最後精熟的階段。用通俗的方言來表達就是：「不勞則無獲」。因此，理想的自我調整發展的出

現，是根植於能提供自我指導練習廣泛機會的社會性支持環境。

如何安排社會性支持與自我指導練習的機會以擴大學生自我調整的議題，迄今尚未明確。這兩項個人發展的來源，幾乎在所有的自我調整理論裡，都被顯著的描繪出來（Zimmerman & Schunk, 1989）；而經過實證努力所測試出的幾種不同的社會性訓練以及練習的歷程，也都產生了令人激勵的結果（Schunk & Zimmerman, 1994）。在這些研究發現的基礎下，一些教育學家已經開始發展教學的模式，去教導學校裡的學生進行自我調整的學習。

 ## 學業自我調整的教學模式

在以下幾個章節裡，出現的幾個不同的教學模式都是為了發展學生自我調整的技巧，這些模式包含了教學以及自我指導練習的要素。這些模式的作者常常採用既存的教學型式，提供自我指導學習重要的機會，像是運用電腦輔助教學、巡迴教學或是家庭作業的練習來強調自我調整的歷程。這些方式受到不同的自我調整理論所引導，範圍從操作制約到後設認知。雖然理論的基礎與教學媒介的選擇之間存在了許多差異，但是作者將社會狀態的核心與自我指導經驗，如模式、策略訓練、口語教學和學業練習等方法予以結合。有幾個發展自我調整技巧的教學模式是採取按部就班階段性的順序，而其他的模式則提供教師運用基本的法則或特殊的工具引導努力。無論如何，所有的作者都將自我調整的學

習視為是天生固有的循環活動，這個活動包含了預慮、作業或意志控制，以及自我省思等歷程。

本書的第二章，葛拉罕等人將描述他們的自我調整策略的發展（SRSD）模式，這個模式是經由教師和學生交互學習所組成的，可分為七個後設腳本（metascript）的階段。這個模式源自於麥欽堡（Meichenbaum, 1977）的認知行為模式的觀點；蘇維埃心理學家維果斯基（Vygotsky, 1978）、路利爾（Luria, 1982）以及舒果洛夫（Sokolov, 1975）等人口語化自我調整的研究；布朗、坎佩爾尼和黛（Brown, Campione, and Day, 1981）等人自我控制教學的觀點，以及戴緒勒和舒馬克（Deshler & Schumaker, 1986）的學習策略模式。在階段一裡，老師針對學生對於重點策略的了解與執行，幫助他們發展必要的先備技巧（preskills），像是練習寫短文。在階段二，為了要提升學業內容的作業狀況，老師和學生檢驗先前使用的寫作策略。在階段三，老師描述重點策略、其目的以及使用方法。階段四，老師採取合適的教學，示範學習的策略，並且在第五階段時要求學生記住。階段六，包含了師生合作共同練習策略的使用。階段七則將自我調整的教學轉移到讓學生獨自練習。SRSD 模式在特殊教育的班級裡被當成是種個別的教學模式。

第三章，普力斯萊、愛爾－戴樂禮（El-Dinary）、華頓－麥克多諾（Wharton-McDanold）和布朗等人將描述一種轉換性策略的教學模式，這是由良好的策略使用者（Pressley, Borkowski, & Schneider, 1987）經過實證研究，以及在 Benchmark 和其他學校示

範教學的觀察而發展出來的。這個轉換性策略的模式具有七個特徵，首先，策略教學縱貫了整個學年，並且不斷重複循環至下一學年；第二個特徵是，老師利用解釋和模仿傳遞一種有限度、有用的策略給學生；第三個特徵是，教導學生使用時所需要的策略；第四，師生在作業時採用放聲思考（語言的中介）、共同參與互惠式的策略模仿活動；第五，教師在教學的過程中不斷地強調策略的效用，區別適用於情境中最有效能的策略；第六個特徵則針對學習工作的討論，如文本內容的連貫，將策略當成媒介使用；第七個特徵則是多方的練習，利用放聲思考法去促進這些策略的實行。自我調整發展的轉換式策略模式在小學的班級裡實施，已是非常普遍的教學方式。

第四章描述學習如何「學習」，這個計畫是由平楚區（Pintrich）和其同僚（Garcia & Pintrich, 1994; McKeachie, Pintrich, & Lin, 1985; Pintrich & DeGroot, 1990）在密西根大學裡，針對先前學習和動機策略的研究發展而來。動機性策略的例子是以歸因的型態、自我證驗、自我阻礙以及防衛的悲觀論而被教導；認知策略的例子則包含了複誦、深思熟慮以及資訊的組織。除了提供這些策略有關的教學之外，教學者並針對學習問卷給予激勵性的策略，去提示學生有關於他們臨場策略的使用，老師並且描述如何使用這些資訊以利指引未來策略的學習。許多不同的教學媒介已經被運用了，如研究計畫、學習日記以及教科書的材料，去傳遞這些學習方法的效能。最後，對於學習教學的學習，則集中於傳遞有關最有效率的動機性，及認知性策略環境下的條件知識。

在第五章裡，藍恩（Lan）描述了一種自我監控教學的模式，這個模式的目的是為了使德州Tech大學的統計課程中自我調整的歷程能有所激發。他的自我調整教學的技術是源自於自我監控的後設認知觀點、記憶保留觀點以及自我效能的社會認知觀點。首先，藍恩提供學生特殊的教學目標，並期待在統計的課程裡能被學習，這些目標如區別連續或是間斷性變項的差異。示範學生如何使用特殊的手稿去記錄與每一目標學習有關的順序及持久性，這些自我監控的活動包含了講演的傾聽、文本的閱讀、作業的完成、參與討論以及接受教學指導。手稿裡，學生也被要求寫下努力學習每一個目標的次數及所花費的時間，並且評估達到這個目標的自我效能的狀況。除了提供有關他們理解程度詳細的回饋外，自我監控的經驗也被安排用於促進學生自我效能的信念和動機，以便能持續學習，直到每一個目標概念都能精熟。

在第六章裡，溫勒（Winne）和思多克萊（Stockley）為了發展在標準的電腦化環境下的自我調整學習，介紹了一種「STUDY」的教學工具。這個模式是源自於訊息處理歷程和自我調整學習的後設認知理論。「STUDY」的電腦化環境是為不同主題學習所設計，而以選單為基礎，提供不同類型的自我調整的支持。這個軟體有一項很重要的特徵，就是具有當學習者需要時，能針對自我調整儲存一定的電腦化附屬品，而不需要時即能刪減的能力。電腦化的環境提供學生為自己設置特殊目標的機會，並且使用特定的策略達到這些目標，以及使用電腦化的記錄和分析性的資料自我監控作業的成果。自我調整支持的電腦輔助形式，具有為學習

者提供不同的正確作業資訊的優點，並且為了能夠做較完善的解釋，而能將這些資料轉換為個人的學習檔案，「STUDY」因此具有促進自我省思歷程的潛能，尤其是在技術性工具使用的階段，更能廣泛的擴展人類的能力。

第七章將介紹由香克所描述的一種社會認知教學模式，從社會模仿、修正回饋以及使用慣例的家庭作業練習，來教導自我調整的技巧。這個模式是源自於班都拉（Bandura, 1986）人類自我調整的社會認知觀點，強調（在其他變項中）自我效能信念可以當成結果以及激勵繼續學習這兩者的角色。當使用社會認知取向去教導基礎的數學技巧，例如長除法，老師示範描述和解釋解決的策略、提供親身經驗，並具體的操作、引導和獨立運作的練習。學生在問題中學習這些技巧的自我效能信念，除了在學習之前能被評估，且在自我信念決定改變的協助之後，也能加以評估其在真實社會情境執行這些自我效能。自我調整教學的社會認知模式，幾乎能在教師所教導的所有類型的學術技巧中被使用，而且能在正規的課程材料中被簡易的採用。

在第八章裡，巴特勒（Butler）為了要使一些低能力的學生能提升自我調整的學習，展現了一種策略性內容（SCL）的教學模式。這個模式是從後設認知以及維果斯基的知識共建議題理論發展而來。SCL 模式並沒有嘗試去教導學生預先計畫學習的策略，而是在困難的學習工作時，引導學習者和教學者共同創造策略，進行合作學習。巴特勒的 SCL 模式必須仰賴一些重要的教學性鷹架法則，例如，當學生克服一項有意義的作業時能夠予以支持，

並且鼓勵他們參與認知歷程的循環去自我調整本身學業作業的產生（例如分析作業、選擇、調適或是轉介的策略、監控或是塑造行動）。自我調整的支持可以契合學生個別的需求，在需要時能做增減的損益。最後，學生和教學者經由交互作用的對話，能共同合作參與問題的解決。SCL 的取向注重引導過程中學生自我學習的積極角色，以及自我調整狀態的建構，只有在需要時才提供教學者的支援。SCL 的教學模式是從大學程度學生的指導教學情境中發展出來的。

　　第九章，貝爾佛瑞（Belfiore）和宏育克（Hornyak）描述了他們所創建的自我調整訓練的目的性學習模式，這個模式已經被廣泛的使用在具有學業失敗危機的青少年學生身上。這個模式源自於操作制約理論，強調在學業自我調整的歷程中，自我增強的重要性。目的性的學習模式非常仰賴自我監控，因為自我監控包含了教導學生區辨指示或是目標行為，並做次數與耐力的記錄。自我記錄會產生自我反應，它包含了自我的創新，努力去控制目標行為。自我記錄是在自我調整的控制下，能充分地形成學業學習的反應。在這些例子中，額外的訓練是必須的。教學者能夠協助學生安排自己的學習環境，以促進對反應控制刺激的區辨，例如使用一張有量尺的卡片去測量學生的桌長，以解決課堂上的數學問題。第二種教學性的影響包含了自我教學的教導，就如同一個人在解決新的數學問題時，採用口語化的規則管理步驟。經由學習者尋找一些作業標準後，自我增強會隨著反應次數的增加而產生，這些標準就如一項數學問題被正確地解決一般。目的性的學

習模式在自我調整訓練裡，是屬於一種個別化導向的模式，但可以在教室情境中使用，提供老師以個別學生為基礎的自我調整之參考。

在第十章裡，畢米勒（Biemiller）等人呈現了一種自我調整發展的語言解題調整的觀點，這個理論源自於認知行為學家麥欽堡（Meichenbaum, 1977）以及維果斯基學派的理論性基礎。基本上，強調自我教學的角色在學生自我調整學習的歷程中，可以當成潛在的個人力量。這些作者主張解題可以廣泛的使用語文作業的方式，像是下定義或是做解釋；另外，語文作業調整性教學模式的目標可以在積極的個人控制下，經由自我教學導引出這些學術性的技巧。畢米勒等人警告我們，當學生在學習新的學業工作時，強迫他們採用語文的方式將會產生問題，因為口語的方式會占用認知能力的空間，並且可能因為心智的記憶容量而取代了容量的需求。這些作者提出另外的建議，認為自我調整的言論應與學術作業的要求相配合；雖然學生的成就是最重要的，但是學習的要求並沒有排除有效率的自我教學。畢米勒等人也發現，當中等及低成就的學生利用語文學習失敗時，如果有同儕的協助，也可以克服這項困難。因此，同儕教學也可以做為一種教學性的媒介，促進自我調整的語文形式。

伍▷ 結語

　　這九個教學模式的範例在假設上的預測是：自我調整學習是種獲得的能力，包含了階段的特殊性歷程，在這些歷程裡，學生不斷地運用學習經驗。在學習的歷程中，省思對學生而言不但可以當成後慮，而且可以經由系統化的預慮以及作業或意志控制，被當成是循環歷程中自我實踐的階段。雖然，自我調整學習和自我省思的要素形式在大部分的學校裡很少被教導，但是它可經由不同的學生、小學學齡兒童到大學學生、能力差異性廣泛的不同學生中，在教學的核心狀態及個人練習的經驗中而學得。在以下的幾個章節裡，這些自我調整教學模式的作者將詳細地描述自我調整如何賦予學生能力，幫助學生發展學術學習循環的自我實踐能力。

致謝 ━━

　　本人特別感謝 Dale H. Schunk 對本章初稿的評論協助。

參考書目

Ames, C. (1992). Achievement goals and the classroom motivational climate. In D. H. Schunk & J. L. Meece (Eds.), *Student perceptions in the classroom* (pp. 327–348). Hillsdale, NJ: Erlbaum.

Bandura, A. (1977). Self-efficacy: Toward a unifying theory of behavioral change. *Psychological Review, 84,* 191–215.

Bandura, A. (1991). Self-regulation of motivation through anticipatory and self-reactive mechanisms. In R. A. Dienstbier (Ed.), *Perspectives on motivation: Nebraska symposium on motivation* (Vol. 38, pp. 69–164). Lincoln: University of Nebraska Press.

Brown, A. L., Campione, J. C., & Day, J. D. (1981). Learning to learn: On training students to learn from tests. *Educational Researcher, 10,* 14–21.

Caplan, N., Choy, M. H., & Whitmore, J. K. (1992, February). Indochinese refugee families and academic achievement. *Scientific American,* pp. 37–42.

Carver, C., & Scheier, M. (1981). *Attention and self-regulation: A control theory approach to human behavior.* New York: Springer-Verlag.

Corno, L. (1993). The best-laid plans: Modern conceptions of volition and educational research. *Educational Researcher, 22,* 14–22.

Deci, E. L. (1975). *Intrinsic motivation.* New York: Plenum Press.

Deshler, D. D., & Schumaker, J. B. (1986). Learning strategies: An instructional alternative for low-achieving adolescents. *Exceptional Children, 52,* 583–590.

Dweck, C. S. (1988). Motivational processes affecting learning. *American Psychologist, 41,* 1040–1048.

Earley, P. C., Connolly, T., & Ekegren, C. (1989). Goals, strategy development and task performance: Some limits on the efficacy of goal-setting. *Journal of Applied Psychology, 74,* 24–33.

Ericsson, A. K., & Charness, N. (1994). Expert performance: Its structure and acquisition. *American Psychologist, 49,* 725–747.

Festinger, L. (1954). A theory of social comparison processes. *Human Relations, 7,* 117–140.

Garcia, T., & Pintrich, P. R. (1994). Regulating motivation and cognition in the classroom: The role of self-schemas and self-regulatory strategies. In D. H. Schunk & B. J. Zimmerman (Eds.), *Self-regulation of learning and performance: Issues and educational applications* (pp. 127–53). Hillsdale, NJ: Erlbaum.

Garfield, C. A. & Bennett, Z. H. (1985). *Peak performance: Mental training techniques of the world's greatest athletes.* New York: Warner Books.

Ghatala, E. S., Levin, J. R., Foorman, B. R., & Pressley, M. (1989). Improving children's regulation of their reading PREP time. *Contemporary Educational Psychology, 14,* 49–66.

Heckhausen, H. (1991). *Motivation and action* (P. K. Leppmann, Trans.). Berlin: Sprin-

自我調整學習：教學理論與實務

ger-Verlag.

Kuhl, J. (1985). Volitional mediators of cognitive behavior consistency: Self-regulatory processes and action versus state orientation. In J. Kuhl & J. Beckman (Eds.), *Action control* (pp. 101–128). New York: Springer.

Locke, E. A., & Latham, G. P. (1990). *A theory of goal setting and task performance.* Englewood Cliffs, NJ: Prentice-Hall.

Luria, A. R. (1982). *Language and cognition.* New York: Wiley.

McKeachie, W. J., Pintrich, P. R., & Lin, T. G. (1985). Teaching learning strategies. *Educational Psychologist, 20,* 153–160.

Meece, J. L., Wigfield, A., & Eccles, J. S. (1990). Predictors of math anxiety and its influence on young adolescents' course enrollment intentions and performance in mathematics. *Journal of Educational Psychology, 82,* 60–70.

Meichenbaum, D. (1977). *Cognitive-behavior modification: An integrative approach.* New York: Plenum Press.

Newman, R. S. (1990). Children's help-seeking in the classroom: The role of motivational factors and attitudes. *Journal of Educational Psychology, 82,* 71–80.

Newman, R. S. (1994). Academic help-seeking: A strategy of self-regulated learning. In D. H. Schunk & B. J. Zimmerman (Eds.), *Self-regulation of learning and performance: Issues and educational applications* (pp. 283–301). Hillsdale, NJ: Erlbaum.

Nicholls, J. (1984). Achievement motivation: Conceptions of ability, subjective experience, task choice, and performance. *Psychological Review, 91,* 328–346.

Pintrich, P. R., & DeGroot, E. (1990). Motivational and self-regulated learning components of classroom academic performance. *Journal of Educational Psychology, 82,* 33–40.

Pressley, M. (1977). Imagery and children's learning: Putting the picture in developmental perspective. *Review of Educational Research, 47,* 586–622.

Pressley, M., Borkowski, J., & Schneider, W. (1987). Cognitive strategies: Good strategy users coordinate metacognition and knowledge. *Annals of Child Development, 4,* 89–129.

Pressley, M., & Levin, J. R. (1977). Task parameters affecting the efficacy of a visual imagery learning strategy in younger and older children. *Journal of Experimental Child Psychology, 24,* 53–59.

Rosenthal, T. L., & Zimmerman, B. J. (1978). *Social learning and cognition.* New York: Academic Press.

Schunk, D. H. (1982). Verbal self-regulation as a facilitator of children's achievement and self-efficacy. *Human Learning, 1,* 265–277.

Schunk, D. H. (1984). The self-efficacy perspective on achievement behavior. *Educational Psychologist, 19,* 199–218.

Schunk, D. H., & Zimmerman, B. J. (Eds.). (1994). *Self-regulation of learning and performance: Issues and educational applications.* Hillsdale, NJ: Erlbaum.

Schunk, D. H., & Zimmerman, B. J. (1996). Modeling and self-efficacy influences on children's development of self-regulation. In K. Wentzel & J. Juvonen (Eds.), *Social motivation: Understanding children's school adjustment* (pp. 154–180). New York: Cambridge University Press.

Singer, R. N., & Cauraugh, J. H. (1985). The generalizability effect of learning strategies for categories of psychomotor skills. *Quest, 37*, 103–119.

Sokolov, A. N. (1975). *Inner speech and thought.* New York: Plenum Press.

Steinberg, L. (1996). *Beyond the classroom.* New York: Simon & Schuster.

Vygotsky, L. S. (1978). *Mind in society: The development of higher psychological processes.* Cambridge, MA: Harvard University Press.

Weiner, B. (1979). A theory of motivation for some classroom experiences. *Journal of Educational Psychology, 71*, 3–25.

Winne, P. (1995). Inherent details in self-regulated learning. *Educational Psychologist, 30*, 173–187.

Zimmerman, B. J. (1986). Development of self-regulated learning: Which are the key subprocesses? *Contemporary Educational Psychology, 11*, 307–313.

Zimmerman, B. J. (1989). A social cognitive view of self-regulated academic learning. *Journal of Educational Psychology, 81*, 329–339.

Zimmerman, B. J. (1994). Dimensions of academic self-regulation: A conceptual framework for education. In D. H. Schunk & B. J. Zimmerman (Eds.), *Self-regulation of learning and performance: Issues and educational applications* (pp. 3–21). Hillsdale, NJ: Erlbaum.

Zimmerman, B. J. (1995). Self-efficacy and educational development. In A. Bandura (Ed.), *Self-efficacy in changing societies* (pp. 202–231). New York: Cambridge University Press.

Zimmerman, B. J., & Bandura, A. (1994). Impact of self-regulatory influences on writing course attainment. *American Educational Research Journal, 31*, 845–862.

Zimmerman, B. J., Bandura, A., & Martinez-Pons, M. (1992). Self-motivation for academic attainment: The role of self-efficacy beliefs and personal goal setting. *American Educational Research Journal, 29*, 663–676.

Zimmerman, B. J., Bonner, S., & Kovach, R. (1996). *Developing self-regulated learners: Beyond achievement to self-efficacy.* Washington, DC: American Psychological Association.

Zimmerman, B. J., & Kitsantas, A. (1997). Developmental phases in self-regulation: Shifting from process to outcome goals. *Journal of Educational Psychology, 89*, 29–36.

Zimmerman, B. J., & Martinez-Pons, M. (1986). Development of a structured interview for assessing students' use of self-regulated learning strategies. *American Educational Research Journal, 23*, 614–628.

Zimmerman, B. J., & Martinez-Pons, M. (1992). Perceptions of efficacy and strategy use in the self-regulation of learning. In D. H. Schunk & J. Meece (Eds.), *Student perceptions in the classroom: Causes and consequences* (pp. 185–207). Hillsdale, NJ: Erlbaum.

Zimmerman, B. J., & Paulsen, A. S. (1995). Self-monitoring during collegiate studying: An invaluable tool for academic self-regulation. In P. Pintrich (Ed.), *New directions in college teaching and learning: Understanding self-regulated learning* (No. 63, Fall, pp. 13–27). San Francisco: Jossey-Bass.

Zimmerman, B. J., & Ringle, J. (1981). Effects of model persistence and statements of confidence on children's self-efficacy and problem solving. *Journal of Educational*

Psychology, 73, 485–493.

Zimmerman, B. J., & Risemberg, R. (1997). Becoming a self-regulated writer: A social cognitive perspective. *Contemporary Educational Psychology, 22,* 73–101.

Zimmerman, B. J., & Rocha, J. (1984). Influence of a model's verbal description of toy interactions on kindergarten children's associative learning. *Journal of Applied Developmental Psychology, 5,* 281–291.

Zimmerman, B. J., & Rocha, J. (1987). Mode and type of toy elaboration strategy training on kindergartners' retention and transfer. *Journal of Applied Developmental Psychology, 8,* 67–78.

Zimmerman, B. J., & Schunk, D. H. (Eds.). (1989). *Self-regulated learning and academic achievement: Theory, research, and practice.* New York: Springer-Verlag.

Zimmerman, B. J., & Risemberg, R. (1997). Becoming a self-regulated

Lawrence, V.,

第二章

寫作與自我調整：以自我調整的策略發展模式為例

Steve Graham

Karen R. Harris

Gary A. Troia

　　許多專業的作家描述他們寫作的習性時，常指出他們會使用不同的自我調整策略像是計畫、檢視、組織、根據環境作建構，以及評鑑等方式去幫助他們安排寫作的行為、寫作的內容，以及寫作環境（Graham & Harris, 1994; Plimpton, 1967; Zimmerman & Risemberg, 1997）。例如約翰‧厄文（John Irving）在寫作 *Setting Free the Bears and Cider House Rules* 此書之前，花費了相當多的時間進行計畫、蒐集資料、做筆記、注意、觀察、閱讀，以及研究（Plimpton, 1989）。蘇珊‧桑塔克（Susan Sontag）是《影像》

（*On Photography*）一書的作者，對於書中每一頁的內容都檢視了三十至四十次之多（Burnham, 1994），而 *Catch-22* 的作者耶斯斐·海勒（Joseph Heller）則利用皮夾裡 3×5 公分的索引卡，寫下在其身旁隨時隨地產生的想法（Plimpton, 1967）。

　　像這些人的軼事裡皆包含了寫作是項困難以及有所要求的工作之觀點，需要額外的自我調整以及注意力的控制才能完成（Kellogg, 1996; McCutchen, in press）。最近大多數的寫作模式中，不論用明顯或隱含的方式，也都蘊含了這個觀點（Beaugrande, 1984; Flow-er & Hayes, 1980; Grabowski, 1996; Hayes, 1996）。這受到其他三個方面證據的支持：首先是研究專家的大量文獻（包含寫作研究）（Scardamalia & Bereiter, 1986）指出，策略知識的習得在生手至專家能力學習的歷程中扮演了重要的角色（Alexander, in press）；其次，海斯和富樂爾（Hayes & Flower, 1986）系統性的觀察有技巧的作家後發現，專業作家顯示的個人軼事，與其寫作過程中使用的不同自我調整策略是一致的；第三，有些研究逐漸發現，一些非專業作家的寫作成就，可以藉著明確的教導自我調整寫作技巧而提升（Graham & Harris, 1996; Harris & Graham, 1996; Zimmerman & Risemberg, 1997）。

　　這並非說寫作只需要高程度的自我調整或努力即可，尚且與個人的寫作經驗有關。舉例來說，若有現成的或是記憶中已經組織的內容時，經驗在認知的歷程上可以達到較少的約束，並且縮減自我調整的需求（Graham & Harris, 1997b; Scardamalia & Bereiter, 1986）。同樣地，許多寫作的工作是日常生活中部分點滴累積而

成，就像略記一些所要從事事情的提示，使其事半功倍順利的完成，那麼就能輕而易舉，不需要依靠高程度、目標導向的行為指引。然而這並沒有縮減自我調整在寫作中的重要性。寫作要能成長，是需藉由使用這些歷程和發展而促進的（Graham & Harris, 1994; Zimmerman & Riesemberg, 1997）。因此，應用如計畫和檢視這樣的自我調整的程序，不僅能夠轉換和廣泛的促進不熟悉的主題，甚至能達到熟悉的境界（MacArthur, Schwartz, Graham, Molloy, & Harris, 1996）。例如，以傳記的撰寫來說，只從記憶中簡單的將有關訊息按照時間順序或是隨機的描述出來，似乎只會造成令人厭煩或是索然無味的結果。對於一本值得閱讀的書籍裡的觀點或內容、能夠分享的經驗，以及如何組織等方面而言，事前計畫是最重要的。

 **知識的敘述**

　　最近有部卡通，史努比坐在狗屋的上面，費勁地打字，牠打了一行句子：微弱的迷霧轉換成小雨；接著打了第二句：雨轉變為雪。在打第三句之前，牠把紙從打字機裡抽出並丟掉，然後抱怨說這樣的情節太令人厭煩了。

　　這樣的寫作策略提醒了我們，所接觸的許多孩子（包含一些大學學生）在作文時所採用的寫作策略。他們將寫作的工作改變成所了解的敘述方式，也就是回溯寫作或是模式寫作的方式（Scardamalia & Bereiter, 1986）。記憶中儲存的資訊若是合適，很快就被提取寫下來，然後伴隨一些新的語詞或句子而刺激下一個想法的產生，很少會直接注意到觀眾的需要，因此受到了題目、文本的組織，以及華麗目標發展等的限制，計畫、檢視以及其他自我調整的程序所扮演的角色就被窄化了。回溯寫作的歷程，其典型的功能就像是一種自動包裝的操作，無需後設認知的控制就能廣泛的運作（McCutchen, 1988）。以上所提的並不是建議寫作不需要動腦筋，而是在寫作的歷程中需要一些重複的相互作用，這樣寫作才能有所突破（Scardamalia & Bereiter, 1986）。

學生發現寫作以及學習之間充滿了挑戰性，在寫作的研究發現上特別顯著。舉例來說，葛拉罕（Graham, 1990）的研究就發現，學習障礙的孩子特別會將寫作的工作表現為問答（question-and-answer）的工作，很快地敘述出心中所想的，並且出其不意的終止他們的反應。題目公布後，他們大約花了六分鐘的時間以簡單的「是」或「否」的詞句來反應所安排的主題，接著就藉由一些理由及思考進行歸納。

針對學生所進行的寫作教學，最重要的一項目標就是要讓他們發現寫作和學習充滿了挑戰性，因此，幫助他們將額外的自我調整歷程整合到寫作活動中，如此他們才能變得更有目標導向、更有資源，且會思索。為了完成這樣的目標，其中一種手段就是藉著明確的教導他們如何使用這些步驟，正面地去處理問題。我們大多數的研究（Graham & Harris, 1993, 1996; Harris & Graham, 1996）已經檢驗過這個方法的效果；也就是孩子們在寫作時，教

導他們學習質疑一些較有技巧的作家們，在寫作的過程中所使用的策略和步驟。

在本章中，針對學生的寫作及自我調整策略的發展，我們檢驗一種以理論性及實證性為基礎的教學研究，這個研究稱為自我調整的策略發展（SRSD）。對SRSD來說，孩子們是以合作的方式以及明確地教導如何去使用寫作的特殊策略，像是計畫或檢視。為了整合這些策略的使用，在教學的歷程中是將寫作的步驟與會阻礙成就的行為（如負面的自我談話或是衝動）以連結的方式傳遞給學生。

大多數接受 SRSD 寫作策略教導的學生，是一些四年級到八年級具有學習障礙的學生。這些特殊孩子的智力成績在測驗上屬於正常的範圍，但在寫作的標準測驗上普遍都有困難的經驗，其閱讀和數學的成就大約在二年級的程度或是更低。SRSD 現也被用於正常成就學生的寫作策略教學上（Danoff, Harris, & Graham, 1993），以及一些在智力測驗上超過或低於常模，所謂學習障礙的學生身上（De La Paz & Graham, 1997a）[1]。本章所呈現的，就是以使用 SRSD 的學習障礙的孩子為例。

 ## 自我調整的策略發展

SRSD 是設計用來幫助學生精熟作文中所包含的較高程度的認知步驟，這些包含自動自發、省思以及自我調整使用有效能的

寫作策略、增進良好寫作特徵的知識，以及形成和作家一樣正面的寫作態度與能力（Harris & Graham, 1996）。

這些目標是經由整個模式中不同的支持型態統整而成，其中第一種支持的型態本來就已經存在於要教導給學生的寫作策略裡——一種策略可以幫助學生組織和遵從順序行為的結構；第二種支持的型態，則包含了幫助孩子成功使用重要寫作策略的自我調整技巧的需求，這些需求包含了安排寫作的步驟，以及使用建構的方法重新改變非建設性的行為。這些技巧包含了教導學生使用自我評鑑、目標設定，以及自我教學等自我調整的步驟。

額外的支持是從使用寫作策略教導的方法，以及自我調整的步驟裡所提供的，當學生開始學習使用這些步驟，若有需要協助時，老師可先藉由示範、解說、重複解釋等提供合理的支援。當學生變成能夠獨立地使用這些步驟後，這個支援的鷹架就可以慢慢的撤離，認知的資源可以藉著學生本身知識的增加、寫作以及寫作的歷程而擴張。良好的作文範例常被拿來讓學生熟悉其寫作的特徵。自我監控、目標設定以及教師的回饋也能幫助學生獲得與寫作能力有關的知識，並且了解如何去調整寫作的步驟。

一、教學的階段及特澂

SRSD 的架構提供了六個教學的階段，這些階段呈現在表 2-1，架構中包含了發展先備知識（Develop Background Knowledge）（發展使用寫作策略以及自我調整所需要的知識和技巧）、討論（Dis-

表 2-1 ✦ SRSD 模式的教學階段

階段名稱	說　　　　明
發展先備知識	教學的第一個階段包含了協助學生發展先備的技巧——包含良好寫作標準的知識——需要去了解、獲得以及執行寫作的策略和所伴隨的自我調整步驟。
討論	在第二個階段裡，師生檢查以及討論使用完成特殊作業現有的成就和策略，並介紹寫作策略教學的目標、目的、優點，以及如何和何時進行檢驗。學生被要求與夥伴合作努力對策略的學習以及行動進行評論，包含了學生現在所使用可以被描述的負面或是無效用的自我說明或信念。
示範	在第三個階段，老師示範如何去使用合適的自我教學寫作策略，包含問題的定義、計畫、策略的使用、自我評估、複製、錯誤的修正，以及自我增強的敘述。經過老師的作業分析後，師生可以共同討論如何去改變寫作策略以促進更多的效果，學生發展以及記錄寫作過程中個人自我敘述的計畫內容。
熟記	在第四階段裡，就是要熟記寫作策略的步驟以及個人有關的自我表述，學生被鼓勵解述意義以及維持獨創的意義，這個階段主要是為一些具有嚴重學習及記憶問題的兒童而設，並非所有兒童皆需要。
支持	在第五階段裡，師生合作共同使用這個策略以及自我教學去完成特殊的寫作作業，自我統整的步驟包含目標的設定以及自我評鑑，都可在這個階段介紹給學生知曉。
獨立作業	在最後階段裡，學生獨自使用這個策略。如果學生一直使用自我調整的步驟像是目標設定或是自我評估時，那麼學生就可以決定開始退出教學的訓練，他們也被鼓勵說出隱藏在其腦海裡的自我表述。

cuss It）（討論寫作策略以及自我調整步驟的目的和型態）、示範
（Model It）（示範如何使用寫作策略以及自我調整的步驟）、熟
記（Memorize It）（熟記使用寫作策略以及自我調整歷程的步
驟）、支持（Support It）（提供運用寫作策略以及自我調整時暫
時性和合適的協助）、獨立寫作（Independent Performance）（鼓
勵獨自使用寫作策略以及自我調整的步驟進行寫作）。這些階段
呈現了一種「後設腳本」，提供重新安排、連結，或是調整等師
生需要的一種普遍性的導引，因此，一些階段並非所有的學生都
需要。舉例來說，一些學生已經精熟了寫作策略教學時所需的先
備知識，以及自我調整步驟，那麼這些步驟就能略而不談了。

SRSD 教學的特徵，呈現於表 2-2 中，包含師生間的交互學
習、個別化、以標準為主的教學，以及發展的持續性策略。因此，
針對提升持續性及類化的步驟，以及自我省思的運用，必須要在
整個 SRSD 模式中進行統整。這些步驟包含了寫作策略及自我調
整程序使用機會的辨識，以及分析這些程序如何必須與其他的作
業在新的狀態中進行修正，並評鑑教學和日後的應用中這些步驟
的成功性，其他的老師也可以被要求在教室裡使用這個寫作策略
和自我調整的步驟，去提升學生的寫作能力。

根據資料顯示，有二十個使用 SRSD 教導寫作的研究已被建
立，這些包含了我們所完成的研究（參見 Graham, Harris, MacArthur,
& Schwartz, 1991; Harris & Graham, 1996），以及由其他人重複的
研究（Collins, 1992; De La Paz, 1997; Tanhouser, 1994）。這個模式
已經被用來教導包含腦力激盪的計畫和檢視的策略（Harris & Gra-

表 2-2 ✦ SRSD 模式的特徵

特　　徵	說　　明
交互學習 （Interactive learning）	在 SRSD 的模式裡特別強調師生之間的交互學習，學生被視為是與老師和其他同學彼此共同合作、決定教學目標、完成工作，以及執行、評鑑、調整策略和策略習得的歷程。
個別化 （Individualization）	教學採取個別化，因此教學的步驟及技巧主要的目標是設計提升每一個孩子現今寫作的方法，針對個別化，教師可以依賴學生的能力和需求，提供合適的回饋及支持，並調整模式的基本階段（增加、縮減或是重新安排）。
標準取向的教學 （Criterion-based instruction）	教學是以標準而非時間為取向，學生是根據自己的學習速度，以及自己是否達到下一階段基本的標準，決定是否轉移教學階段。有時也需要學生精熟寫作策略、能有效率以及有效能的使用時，才進行教學。
發展性的過程 （Developmental process）	SRSD 被稱為是種連續不斷的歷程，當新策略被教導時，先前所教的舊策略因此就被提升。例如，教導同儕相互檢視的策略時，對於彼此寫作的評鑑，學生最初只會使用兩種標準，即辨識出文本中不清楚以及需要詳加說明的地方（見 MacArthur, Schwartz, & Graham, 1991），此策略可以藉著文本結構以及規則的回饋而提升（見 Stoddard & MacArthur, 1993）。

ham, 1985）、建設性的自我監控（Harris, Graham, Reid, McFlroy, & Hamby, 1994）、針對資訊和語意連結的閱讀（MacArthur et al., 1996）、使用文本結構創新和寫作內容的組織（Graham & Harris, 1989a, 1989b; Sawyer, Graham, & Harris, 1992）、目標設定（Graham, MacArthur, & Schwartz, 1995; Graham, MacArthur, Schwartz, & Voth, 1992）、利用同儕的回饋做檢視（MacArthur, Schwartz, & Graham, 1991），以及針對技術和材料兩者所做的檢視（Graham & MacArthur, 1988）。

　　SRSD 已經被用來改變及提升學生四方面的成就：寫作的品質、寫作的知識、寫作的方法，以及自我效能（Graham et al., 1991; Harris & Graham, 1996）。經由師生的評鑑後，SRSD 產生的效用也反應出正面的評價，正如其中一位老師指出，當指導學生學習使用寫作策略時，她能夠「看見明亮的燈光不停閃爍著」。針對寫作而運用 SRSD 進行的教學策略，將由以下兩個不同的計畫性策略來加以描述。

二、個案研究【範例一】

　　當代作家馬丁・安德森（Martin Anderson）指出：「一個輪廓或一些敏感性被概念化的地圖總是可以促進我的寫作」（Anderson, 1995, p.10）。在幾個研究裡（Graham & Harris, 1989b; Sexton, Harris, & Graham, in press），我們已經檢驗了一些人家發現的寫作和挑戰學習的熟悉策略教導學生，是否能幫助他們在寫作的

內容上表現更好，這些一系列的策略包含了幫助作家辨識什麼是要計畫完成的、歸納開始寫作的內容大綱、在寫作時持續擴展和調整大綱的步驟設計。

(一)安排與參與

第一個個案研究是發生在一所座落於華盛頓DC附近Beltway外圍的小學裡，學校的人種非常複雜，有62%為非裔美人，23%為白種人，11%為亞裔美人，3%為西班牙移民，大約有40%接受免費或是午餐減免的學生。

寫作策略的教學對象是學區所認定的六名學習障礙的學童，這些學生是接受全日制的五或六年級普通班級的學生，為了符合這些學生特殊的需求，學校採用一種融合模式的教學。在混合年級的寫作教室裡，由一位具有普通和特殊教育資格的老師進行團體教學，在教室裡採用一種所謂「作家討論會」（Atwell, 1987）的寫作教學方式，進行作文策略的教學時，學生被分成幾個小組，持續不斷地參與作家討論會。

這些擁有寫作困難、低程度動機，以及對寫作成功或失敗的結果產生適應不良信念的學生，是依據老師的判斷而被選為接受SRSD的教學，老師希望他們能改善作文寫作的技巧，因為接受這些技巧是非常重要的，不僅在小學有用，也可以使他們日後進到國中和高中時有所幫助。

六個學生當中有四名是男生，五個是黑人（其中一人是白人），他們的魏氏兒童智力量表所測得的分數修正後的範圍從87

分到 117 分，其中三個五年級及一個六年級的學生閱讀能力大約為三年級的程度，另外兩個六年級的學生的閱讀能力大約為四年級的程度。實施語言寫作標準測驗 II 的測量（Hammill & Larsen, 1988），六個學生中有五個的分數低於同年齡的平均數以下，雖然有一名學生的成績在平均數以上，老師卻指出這個測驗並沒有針對她的寫作能力提供真正的表徵，特別是有關於寫作。對於主題的寫作她總是無法創作，包含重要的訊息以及常常局限在一些無關的材料上。雖然在教室裡特別注重寫作的計畫，但是沒有一個學生能在寫作的歷程中顯現出進步的證據。

(二)教學

老師藉由引導學生針對已經知道的訊息而開始進行主題討論的教學，包含主題中共同發現的要素（發展先備知識）。這些知識被視為是運用寫作策略的基本先決條件，提供這些要素是要提升大綱中資訊的產生。首先，針對寫作的主題，師生討論三個共同類型的要素：前提、支持的理由，以及結論。其次，針對教室裡所閱讀的文章以及他人的作品，辨識出以上所提及的要素，接著，花一些時間使用不同的議題歸納出文章中的理念。

依照最初的課程，每個學生都要進行個別的討論（討論），師生共同談論寫作時應使用的策略以及自我表述。在這一點上，老師可以針對文章的寫作指出想要教給學生的策略，他們共同討論學習策略有關的目標（寫出更好的文章），以及如何包含和擴展文章的內容去改善寫作，老師也介紹促進監控的概念，指示自

我評鑑可以幫助學生監控他們文章的完成，以及使用這些策略所產生的效用。總之，他們計算以及描繪文章寫作前所包含的要素數目，當孩子學習寫作策略時，老師可以針對自我監控，解釋這些描述如何繼續的使用。討論完成之前，老師要強調學生的角色是位合作者，以及學習策略時，要共同發展寫作的目標。

　　經過個別討論後，師生採取小組的方式繼續討論寫作的策略，每位學生都有一份列有策略步驟的表格（表2-3）。策略的第一個步驟，包括確認文章寫作時想要閱讀的觀眾及寫作的理由是什麼；第二個步驟，則是針對文章發展出大綱，包含建立論文的前提、歸納出支持前提的想法、評估讀者對每個想法的反應（並減低模糊的想法）、注意文章的結論，以及決定如何建構或是安排論證的順序；第三個步驟則是提醒學生在寫作時能不斷的檢視及改善文章的大綱。

表 2-3 ✦ 寫作策略的步驟

步　　驟	說　　　　明
思　　考	誰要閱讀這篇文章、為何要寫這篇文章。
計　　畫	利用 **TREE** 的步驟說明寫作的內容。 *1.* 注意句子標題（**Topic**）的意思。 *2.* 注意理由（**Reasons**）。 *3.* 檢驗（**Examine**）理由。 *4.* 注意結局（**Ending**）。
進行寫作	描述更多的內容。

老師針對每個步驟進行時，詢問學生想到的理由是什麼，然後小組再討論如何以及在何時使用這個策略（例如，何時你將提供意見或是敘述你的信念是什麼），老師描述策略學習的步驟，並且強調努力的重要性，因為如果不對策略精熟的話，就無法順利的執行（這是提供歸因以及目標設定功能的手段）。

　　第三項課程是當放聲思考（thinking out loud）時，老師示範如何去使用這項寫作策略（示範階段）。當老師進行計畫以及繕寫第一份草稿時，以幫助老師的理由鼓勵學生參與，他們共同接受或拒絕可能的想法以支持老師的前提，並且在文章寫作的過程中不斷地調整計畫。當第一份草稿完成，師生可以共同重複閱讀所寫的文章以及做修正的工作。

　　當老師示範策略時，可以使用不同的自我教學方式幫助策略的安排、寫作的進度，及其行為。這些包含了問題的定義（例如，我必須做什麼？）、進行計畫（例如，好的！首先我必須要……）、自我評估（例如，我真的表達了心中真正的想法嗎？）以及自我增強的表達（例如，真棒！這真是一個好點子）。老師歸因文章寫作的成功在於努力以及策略的使用（如先前指出的，這些孩子對於寫作的成功與失敗的結果有不良適應的想法）。歸因的自我表達範例包括以下所述：「如果我努力寫作並且遵循策略的步驟，我將寫出一篇好文章」以及「為了要寫出一篇好文章，所以我要努力地去嘗試這個策略以及寫出好的文章內容」。

　　經過示範如何使用寫作策略後，師生討論寫作時自己所表述內容的重要性（學生自願示範寫作時，他們個人正面以及有時負

面的自我敘述），他們也辨識老師所闡述的可以幫助她寫作更好的事件類型，強烈表達努力和策略使用所扮演的角色。討論自我敘述如何對寫作有幫助後，每位學生可以將他們能使用於：(1)策略的安排以及寫作的步驟（例如慢慢地寫以及花了我多少時間）；和(2)歸因成功在於努力以及策略的使用（例如寫作努力，所以有好作品）的自我敘述歸納及記錄在一張表格上。

　　學生繼續進行策略熟記的工作，也就是記住 TREE 的步驟（參見表 2-3）以及在第四項課程中計畫使用的幾個自我敘述（熟記階段）。資訊熟記的練習是和夥伴一起進行的——特別藉由彼此之間的質問而進行，這些名詞對大多數的學生而言都能輕而易舉的熟記，但有些需要額外的練習才能記住。

　　接著在下一堂的課程裡，當學生運用寫作策略以及自我調整的程序進行文章的寫作時，他們可以從老師處接受協助（支持階段）。這個階段的教學目標是支持孩子們在學習使用這些步驟時所付出的努力，老師調整以及修正所提供支持的程度，當每位孩子逐漸適應這些步驟的使用時，就可以縮減協助。

　　首先，孩子在發展寫作大綱時，接受一些合理的協助。以師生先前的經驗為基礎，老師思索能夠激勵學生的一些策略。支持基本上包含了計畫歷程中，老師引導學生合作的行動。當師生一同進行計畫時，老師嘗試評論一些產生的錯誤，例如策略步驟的遺忘，這能引導學生討論它所產生的影響，以及錯誤形成的理由。接著，老師示範錯誤線索的修正，連結正面歸因敘述的修正，像是：「我需要嘗試遵循所有的策略步驟，這樣才能寫出好的作

品」。如果學生在往後的策略運用時依然時常犯錯，那麼錯誤線索所造成的影響需再次地檢驗，在採取正面的歸因敘述時，鼓勵學生重新再執行這些步驟。

老師的角色被視為是計畫的合作者，並且要很快地以較少強制性的協助和鷹架的形式來取代先前的角色，這些形式包含提醒學生按部就班地執行步驟或是使用自我敘述，提升更多的注意力專注於特殊的步驟上（例如，歸納更多可能協助的理由），以及策略使用和所伴隨的自我調整步驟的回饋。以一些實例來說，在個別的步驟下，為師生重新檢視理由是有必要的（例如，需要評估讀者對每個想法產生的反應）。協助也包括了幫助學生決定哪種自我敘述對他們而言是有用的。關於將策略以及自我敘述當成警示的作用只是暫時的，老師可以鼓勵學生使用其隱藏心中的自我敘述。

學生使用策略與自我敘述連結的寫作歷程，老師可以鼓勵他們使用目標設定以及自我評鑑的策略（繼續使用圖表）。寫作計畫最重要的工作是學生需要先設定目標，包含了寫作所有的部分。當文章一完成，學生就可以進行檢視，決定是否有遺漏部分，並衡量和描述文章所包含要素的數目。接著學生分享彼此的文章，提供彼此優缺點論辯的回饋。

經過三或四篇文章的寫作練習後，所有的學生都能使用寫作的策略以及自我調整的步驟，而無需老師的協助，在此時，學生已經能夠獨立的計畫以及寫作文章（獨立作業）。當學生有需要時，老師提供正面和建構式的回饋，使學生能繼續分享彼此的寫

作。有些學生仍然需要依賴策略以及自我敘述的檢核表，當成提示和警告的依據，我們可以鼓勵學生不必再依靠這些而寫作，但繼續要求使用目標設定以及利用調適的方法做最少二次以上的練習。經過這樣的嘗試後，他們被告知使用這些步驟可以提升寫作。

團體討論後，學生接著討論他們所學習的事物將如何應用到別堂課上。幾個學生指出說，在寫作或被告知文章內容要更充實時，他們會告訴自己：「再努力嘗試」。學生未來將能辨識何時需使用寫作策略以及自我調整步驟的時機，每位學生也都能評估這些策略以及教學的步驟。他們指出非常喜歡這些策略的學習，一些學生也認為從中可以受益良多。當問及如果想要改變教學有關的事情時，得到的唯一意見是要求所分派的回家作業能夠使用這種策略。

將這種策略使用在單獨的科目，教導學生如何以及寫作內容的正式評鑑已經出現（Sexton, in press）。首先針對 SRSD 的教學，若要求學生寫作，學生馬上動手進行，只是作品的內容品質非常貧乏，只有簡單的兩項或三項想法而已。他們很特別的藉著敘述自己的立場開始，然後循著一種單獨的支持性理由，不經總結的敘述就突然結束文章。隨後的教學發現，大部分的作品在計畫方面皆有長足的進步，而且文章的內容品質最後也皆有改善（如表 2-4）。內容變得較長，支持前提的理由數目也增加了，重點也較有順序，而且良好寫作所該具有的基本要素都呈現了。其中有五個學生對於寫作的努力、策略的使用等都表現出正面的看法，與先前葛拉罕和哈理斯（Graham & Harris, 1986b）以及坦郝塞

（Tanhouser, 1994）等人的研究證據相似。

表 2-4 ✦ 個案研究—學生在 SRSD 教學前後寫作表現的比較

教學前

嗯！能或不能的問題，端視你是否有合適的房子，以及能否細心的照顧它，若能，就能飼養。（反應的問題是：可否允許孩子選擇自己喜歡飼養的寵物。）

教學後

是的，我想讓孩子去學習第二語言是不錯的想法。當他們到其他國家旅遊時，他們將了解這裡的人民在說什麼，而且如果他們搬到那裡居住，必須上學，那麼就能了解學校裡老師所說的內容，所以，這也就是現在要讓孩子學習第二語言的好處；另外，媽媽如果想到這個國家旅遊，她會覺得很興奮甚至會想這是非常有趣的事，因為她了解這個國家的語言，所以能到處旅行和定居，這也是為什麼我要孩子學習第二語言的原因。（反應的問題是：孩子需要學習第二語言嗎？）

三、個案研究【範例二】

第二個範例也包括針對寫作的促進，教導學生發展一種文章大綱的方式，但寫作策略的方法卻與範例一有所不同，它包含了兩項重要的方法。首先，不做策略的描述，反而要求學生思考每個步驟的理由和價值，教師示範如何進行幾項作業（使用目標設定、腦力激盪，以及組織），而學生則追溯或抽離教師使用步驟的基本特徵、理由和價值。記憶術（STOP & LIST）不僅被當成

是幫助學生記住執行寫作步驟的方法，也與其他的作業包含於共同計畫內。第二項不同的地方則包含了利用家庭作業提升成就的維持和類化的現象。針對家庭作業而言，在於要求學生辨識使用這個策略到家裡或學校其他作業的時機，並在有需要時，區別這個策略如何助益和調整。完成了家庭作業後，學生則思考策略的使用所產生的影響和關聯。

(一)參與

寫作策略的對象是三位五年級學習障礙的學生，並由本章三位作者進行個別的教學（Troia, Graham, & Harris, 1997）。在寫作語言測驗 II（Test of Written Language-2）的得分上（Hammill & Larsen, 1988），每個學生的成績都在平均數一個標準差或更低的分數之下，孩子的老師指出他們在教室裡呈現非常顯著的寫作問題。

這些孩子中有兩位是男生，其中一位是黑人（另外兩位是白人），魏氏兒童智力量表 III 所測出的 IQ 分數從 98 到 104 分，每個孩子的閱讀能力低於年級平均數二個標準差的程度。雖然孩子的老師都使用寫作教學的步驟方法，在寫作的階段也採用一些計畫性的教學，但是沒有一位學生的寫作計畫有進步的現象。

(二)教學

教學的工作是從檢視和擴展每個孩子對於主題文章和故事的了解開始（發展先備知識）。教師相信如果每個孩子都能了解一

篇好的文章或故事該具有的特徵，那麼策略的影響將變得愈來愈大。針對發展知識的教學活動，跟範例一所使用的非常相似，在此不再重述。

從基本階段開始，每一個學生都需參與老師示範如何使用目標設定、腦力激盪，以及按部就班的方式進行特殊作業等三項課程（策略中所包含的基本步驟）；接著學生抽離及評估所應用的基本步驟，而策略被當成寫作和其他作業應用這些步驟的警示器來介紹（示範和討論）[2]。

在第一項課程裡，教師於放聲思考階段，示範如何使用這些步驟去閱讀一篇文章或是寫作故事。閱讀文章時，教師首先設定目標（發現植物如何在食物鏈中適應）、腦力激盪或是梳理已經知道的知識，以及依標題整理想法的順序。當學生進行閱讀時，他藉由增減、改變的方式調整他的大綱，並且重新安排想法和範疇。相同地，在故事寫作時，教師也設定目標（能夠和創意寫作班的同學分享所寫的故事），腦力激盪故事中的點子，梳理計畫使用點子的順序。在寫作的歷程中，老師藉由增減、改變，以及重新梳理理念的方式示範大綱。示範兩項作業時，老師針對他所處理的細節提供一個理由，並且在工作做好時利用口語自我增強一番，當教師進行理念的歸納以及組織，或是計畫的示範時，學生此時被鼓勵當成教師的協助者。

經過這兩項工作的示範後，接著學生被要求花一些時間思考教師示範了什麼。為了要幫助學生抽離出文章基本的特徵、理由，以及使用完成作業的三個步驟的價值，教師可以藉由提問一系列

的問題去引導學生的思考。問題基本上集中於教師在進行這兩項作業示範時相似或差異的地方，所有的學生都要辨識目標的狀態、腦力激盪，以及循序漸進的作業。教師此時特別注意問題的提問，藉著詰問學生去思考為何老師要使用這些步驟，以及這些步驟如何幫助他們進行寫作。也將詰問的問題轉移到老師寫作的方法和學生的方法有何不同，學生也被要求評鑑在寫作的歷程中每一項步驟被使用的可能性。

步驟的辨識將使用在下兩項的課程，即教師進行演說準備的示範、計畫旅遊，以及故事寫作。唯一不同的地方在於學生被要求思考老師所示範的課程中哪些是相似的，哪些是有差別的，當老師介紹完幫助學生記住如何設定目標、腦力激盪，以及寫作順序的記憶術和進行包含計畫的其他作業後，這一系列的課程就可以結束。有種小表格可以使用來介紹記憶術 STOP 和 LIST 兩項技巧：即停止目的的思考並且依序列出想法（<u>S</u>top <u>T</u>hink <u>O</u>f <u>P</u>urpose & <u>L</u>ist <u>I</u>deas <u>S</u>equence <u>T</u>hem）。

接下來的幾天裡，和學生討論 STOP 和 LIST 的摘要，以及思考何時和如何進行目標設定、腦力激盪，以及寫作順序才有助益。此表可以歸納學生何時、何地，以及為什麼使用先前所討論的三個步驟，此時，教師指出他將訪問學生如何使用 STOP 和 LIST，以及描述學習這些技巧的步驟，並且指出學習這些策略的目的在於：「能和其他作業一起運用，寫出更好的故事」。學生亦須歸納提升學習步驟時，他或她可以進行的事項（例如不要放棄，再努力一點）。

在這個課程裡，學生短暫地練習熟記呈現的記憶術和語句（熟記階段），直到他們能很容易及快速地重複這些技巧才結束這個課程。

在下個教學階段，學生寫作故事時，接受從老師使用的STOP和LIST的協助（支持階段），師生共同計畫故事內容，確定策略和記憶術的合適使用。記憶術的表格可以當成提醒學生進行目標設定、腦力激盪，以及寫作順序的依據。接下來的故事寫作，教師示範寫作該有的內容要求，並且協助提供每位學生的需求。協助包含了促進、引導和回饋、重複說明，這個鷹架包含了記憶表格的使用，並且急速地變成每位學生的習慣。

故事寫作結束後，接著要求學生辨識為什麼寫作會成功、為什麼失敗，或者兩種情形存在的原因；評估故事寫作時目標設定、腦力激盪，以及寫作順序所扮演的角色；並且思考還可以補充什麼，讓文章寫得更好。每位學生也要辨識在家裡或學校裡使用STOP 和 LIST 的時機，指出它要如何實施才有助益，以及調整什麼才能促進作業的進行。家庭作業的範例包含報告的計畫、旅行，以及針對學校所提供的需求。下一個課程開始時，學生們就提出家庭作業成功完成的證明（大綱或計畫表），並且評估執行作業時使用的策略所扮演的角色和價值。每位學生也能夠描述使用幾次先前課程裡曾經用過的目標設定、腦力激盪，和寫作的順序，範例的歸納是由孩子家庭作業的完成集中而來。

經過了兩篇故事寫作的練習後，每位學生都能使用 STOP 和 LIST的技巧而不再需要老師的協助。此時，學生可以獨立進行故

事的計畫和寫作（獨立作業階段），有需要時，老師可提供正面以及建構式的回饋。學生繼續練習家庭作業以及思考使用此策略的影響和關係。當孩子能夠獨立使用這個策略去描寫故事，並且能夠連續完成兩項家庭作業，那麼策略的教學就可以間斷。目標若是達成，學生就被要求重新思考故事寫作以及家庭作業的完成，這些有用的目標設定、腦力激盪，以及寫作順序的步驟是如何幫助的。接著討論針對這些作業，該如何示範 STOP 和 LIST，以及辨識未來使用策略的時機（例如寫作的安排、家庭作業、上街購物、房間的整理）。

使用單科方法論的正式評鑑（Tawney & Gast, 1984）指出學生寫作的方法和內容兩者在教學上產生了改變（Troia et al., 1997）。首先在 SRSD 教學之初，參與的學生是無法利用計畫促進故事的寫作，總之，經過教學後，他們能持續的使用 STOP 和 LIST 的技巧計畫故事，而且文章變得愈來愈長、愈來愈完整（如表 2-5 所示）。這些效果概括形成第二種的形式，也就是論說文的寫作，而且在教學結束後一個月內仍然能保持著寫作的探究心。學生對於策略以及教學的步驟依然抱持正面的態度，並且指出這種方式可以幫助我們「在學校獲得更佳的成績」、「思考從未有過的想法」，以及「故事寫得更好」。

表 2-5 ✦ 個案研究二學生在 SRSD 教學前後成就的範例

教學前

七月的某一天，一位男人駕駛著輕氣球，到達峽谷的上空，他想要穿越峽谷，但氣球卻停止不前。這個男人嘗試往前，但是時間卻不容許，所以他只能讓氣球下降，此時，這個男人攀爬到峽谷的另一邊就回家了。（故事結束）

教學後

在麻利蘭州魯士比這個地方的某天早晨，有位保母 Christina，正在看護著 Chris。Chris 雖然只有九歲，但卻是一位科學家，因此，Christina 有時會出現在他的實驗室裡。她愈來愈胖，汗水從她的耳朵以及嘴巴流下，她的膚色跟著變化。Chris 幫她進行治療，但是一直無效。於是 Chris 又開始嘗試新的治療方法，但是時間已經太遲了。Christina 撞破圍牆跳到街上，最後跳到一處小型的停車場上，並且跳上一部怪物的車上用力的打擊，她壓毀了所有的車子。Chris 追著她後面跑，丟給她一顆藥丸，她趕緊吞下藥丸，忽然間，她回復正常，體重馬上從 698319 磅變成 89 磅。Chris 的媽媽 Sue 這時回到家，發現門鎖著無法進去，但牆壁有個洞，就從洞進到屋內，此時，Chris 他們也回到了家，Christina 急忙說這個洞是 Chris 的實驗成果。（故事結束）

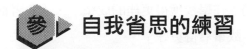

自我省思的練習

　　了解如何使用策略並不保證當機會來臨時就能夠立即應用，就如所羅門和基爾伯森（Salomon & Globerson, 1987）指出，人們時常無法善加利用他們所精熟的，無法將合適的策略運用到新的

情境上。他們後來都主張在正常的情境下，人們所能做的和他們真正能做的之間的鴻溝，部分是因為人們常常欠缺專注，無法在最少努力法則的基礎上操作。

針對缺乏專注的研究發現，學生較少了解何時需配置合適的策略，轉移包含運用熟悉情境中所採用的認知策略到陌生的情境中。在學習的歷程中不用心的情形愈激烈，認知技巧的遷移就愈只停留在初步熟悉的階段（Salomon & Globerson, 1987）。使用不同的策略而只依賴一致的外表進行認知的活動時，這種分心的情形最少會產生兩種缺失。首先，只有一些已經練習過的清楚與明確的熟悉例子可以辨識，當然，學習的遷移就無法旅遊到遙遠的地方；其次，即使表面的特徵是相似的，個體還是無法辨識時機，特別是為了實行工作而要使用既存的習慣時，即使一些習性需要改善，仍需要專注的控制才能克服已經固著的習性。

遷移有時並沒有產生，因為個體並沒有利用合適的策略進行評估或是認為其沒有價值。當策略已經學會，並且在一種分心的狀況下實行，那麼成功的策略性調整和特殊作業之間建立連結的時機就會縮減，於是產生這樣的結果，使用者無法理解策略是否值得擁有或是低估了它的效能。

即使是策略依然高度採用著，而應用時仍存著分心，則會損毀對價值的知覺，導引策略的使用至衰退或是斷絕。合適的策略也可能被錯用，舉例來說，當學生無法擔保有良好的配對出現時，這時表面的特徵就會用來辨識遷移的時機（Salomon & Globerson, 1987）。在個案研究範例一裡，一位孩子被觀察到自動的使用

TREE策略，發展出故事綱要的編寫（Graham & Harris, 1989b）。因為 TREE 的策略是針對主題的內容歸納而發展的，應用於貧乏的故事設計上。在分心的狀況下，假使學生沒有使用這個策略，也是能克服不良的配對，她的同學也有這麼處理的。TREE 的基本原則是抽象的（針對綱要使用格式的基本要素提升想法），因此，這個策略可以隨時調整而適合故事的寫作。

很明顯的，在學習和策略的使用歷程裡，不知有多少的想法和自我省思產生，影響了遷移的範圍和深度（Harris & Graham, 1992; Wong, 1994）。在 SRSD 的模式裡，自我省思和專注在教學的歷程中是需要被激勵出來的，因為我們和許多孩子一起工作時發現，特別是一些寫作和學習有困難經驗的孩子們，讓他們獨自進行計畫時總是無法專注（Harris, 1982）。在此呈現的兩個個案研究，描述了學生參與 SRSD 策略的使用時自我省思練習的範圍，這些練習總結於表 2-6。

自我省思與專注的練習只是教學歷程的一部分，並不能擔保策略就能夠遷移，它只是一種必須但非充分的條件而已。即使以上所談論的所有因素都包含在內，一些學生還是無法類化。

 結論

本章中，作者將重點集中於協助學童結合額外自我省思的步驟，像是計畫和檢視，融入寫作歷程的特殊取向上。這包括明確

表 2-6 ◆ SRSD 策略教學中特別使用的自我省思練習

➠可以針對學習及遷移的選項，抽離作業的要素。

➠歸納每個要素或策略之下的法則。

➠在教學和遷移的歷程中決定可使用的策略解決問題。

➠監控策略的使用。

➠評鑑教學和遷移的歷程中所使用的策略產生的影響。

➠進行寫作前與作業中教導的策略行為及結果的比較。

➠教學前、教學，以及遷移的歷程中，讓學生思考經驗過的困難產生的原因。

➠顯示改善成就時其他可以採取的作法。

➠思考教學和遷移的歷程中這些策略如何應用及調整。

➠探究記憶的方法以辨識先前所應用的策略。

➠發現日後能夠運用此策略的時機。

➠辨識可以促進策略學習的行為。

➠評估教學步驟。

地教導學生如何使用這個策略。雖然作者們認為這是寫作歷程上非常重要的因素（針對擁有或沒有寫作問題的學生），但是這種教學的需求只有在學生的自我調整技巧能夠正確和促進成長的環境下，才能產生（像是一種寫作歷程的教室環境）。舉例來說，如果孩子無法評估寫作或是寫作的內容，他們就無法利用其情境中的資源，包含在教室裡所教導的特殊自我調整的步驟。相同地，若是提供孩子安排其行為的機會很少，那麼寫作過程中自我調整的發展也會受到抑制（Zimmerman, 1989）。如果我們期待孩子們能夠變成善於計畫、省思，以及思路泉湧的作家，他們就得有充分的機會應用所學會的自我調整技巧（他們自己所發展出的技

巧），這些包含了隨著教室裡個人、行為，以及環境的影響，讓他們能夠顯現出策略的控制。

　　了解寫作是沒有正確的方法也是很重要的。專業作家最大的不同在於他們如何實行寫作的步驟（Plimpton, 1967），以及針對主題和工作採取不同的取向。舉例來說，諾曼・梅勒（Norman Mailer）在從事 *Barbary Shore* 的寫作時就指出，在進行的過程中他很少計畫，雖然文章每日都有所進展，但是一點內涵也沒有（Kazin, 1967, p.258）。相較之下，在寫 *The Naked and the Dead* 一書時，他就廣泛的進行計畫，並且建立了一本充滿註記的檔案，每一項特徵都附有長長的資料，且有一個表格顯示了與此特徵毫無關聯的其他特徵。如果孩子操作的環境是不鼓勵嘗試以及冒險的話，那麼他們的寫作是無法發展出與這些作家相同程度的流暢性。若是教室裡的環境是支持性的、愉悅且無威脅性，那麼學生對於寫作就可以探究出不同的方法（Corno, 1992; Graham & Harris, 1988）。

　　最後，促進自我調整的發展只是培養孩子良好寫作課程中的一種觀點。雖然自我調整在熟練的寫作上是項關鍵的要素，但它並不是唯一的（Graham, Berninger, Abbott, Abbott, & Whitaker, 1997），這個已由葛拉罕（Graham, 1997）最近的研究顯示出來。提供孩子們實行自我調整過程的支持，檢視其結果在幾方面發現有重大的改善，包含好文章改變的比例增加了，但是仍有一些問題依然存在著，學生對於其文章的讀者可能的關心毫無所悉，普遍上仍抱著冷漠的態度，或是過度強調形式以及抗拒相關寫作要

素的修正，包括將企圖的改變遷移到可接受的英文來寫作。因此，若要努力改善修正的工作（以及其他寫作的方向），更需要特別的強調自我調整的策略。很重要的是，作者在寫作的歷程、意義和形式之間，仍保留著合理的平衡（Harris & Graham, 1994）。寫作課程的重點若只是集中在這些因素中的一項或兩項，那麼就會產生像年輕瘸腳作家一樣的危機，若要使他們從生手到擁有能力，再至專家的程度，則需要依賴寫作歷程中每一步驟進步的發生（Alexander, in press; Graham & Harris, 1997a）。

附註

1. 在馬里蘭州所謂學習障礙的兒童是藉由孩子的期待成就水準（經由個別的智力測驗施測建立的）與所觀察的實際成就水準（經由個別的成就測驗建立的）之間不足能力的描述而建立的。
2. 這個教學階段已經被教學者重新整理過。

參考書目

Alexander, P. (in press). Stages and phases of domain learning: The dynamics of subject-matter knowledge, strategy knowledge, and motivation. In C. Weinstein & B. McCoombs (Eds.), *Strategic learning: Skill, will, and self-regulation*. Hillsdale, NJ: Erlbaum.

Anderson, M. (1995). The writing life: The language of left and right. *Book World: Washington Post*, pp. 1, 10.

Atwell, N. (1987). *In the middle: Reading, writing, and learning from adolescents*. Portsmouth, NH: Heinemann.

Beaugrande, R. de (1984). *Text production: Toward a science of composition*. Norwood, NJ: Ablex.

Burnham, S. (1994). *For writers only*. New York: Ballantine Books.

Collins, R. (1992). *Narrative writing of option II students: The effects of combining the whole-language techniques, writing process approach and strategy training*. Unpublished master's thesis, State University of New York, Buffalo.

Corno, L. (1992). Encouraging students to take responsibility for learning and perform-ance. *Elementary School Journal, 93*, 69–83.

Danoff, B., Harris, K. R., & Graham, S. (1993). Incorporating strategy instruction within the writing process in the regular classroom. *Journal of Reading Behavior, 25*, 295–322.

De La Paz, S. (1997). Strategy instruction in planning: Teaching students with learning and writing disabilities to compose persuasive and expository essays. *Learning Disability Quarterly, 20*, 227–248.

De La Paz, S., & Graham, S. (1997a). Strategy instruction in planning: Effects on the writing performance and behavior of students with learning difficulties. *Exceptional Children, 63*, 167–181.

De La Paz, S., & Graham, S. (1997b). The effects of dictation and advanced planning instruction on the composing of students with writing and learning problems. *Journal of Educational Psychology, 89*, 203–222.

Flower, L., & Hayes, J. (1980). The dynamics of composing: Making plans and juggling constraints. In L. Gregg & R. Steinberg (Eds.), *Cognitive processes in writing* (pp. 31–50). Hillsdale, NJ: Erlbaum.

Grabowski, J. (1996). Writing and speaking: Common grounds and differences toward a regulation theory of written language production. In M. Levy & S. Ransdell (Eds.), *The science of writing: Theories, methods, individual differences, and applications* (pp. 73–92). Mahwah, NJ: Erlbaum.

Graham, S. (1990). The role of production factors in learning disabled students' compo-sitions. *Journal of Educational Psychology, 82*, 781–791.

自我調整學習：教學理論與實務

Graham, S. (1997). Executive control in the revising of students with writing and learning difficulties. *Journal of Educational Psychology, 89*, 223–234.

Graham, S., Berninger, V., Abbott, R., Abbott, S., & Whitaker, D. (1997). Role of mechanics in composing of elementary school students: A new methodological approach. *Journal of Educational Psychology, 89*, 170–182.

Graham, S., & Harris, K. R. (1988). Instructional recommendations for teaching writing to exceptional students. *Exceptional Children, 54*, 506–512.

Graham, S., & Harris, K. R. (1989a). A components analysis of cognitive strategy instruction: Effects on learning disabled students' compositions and self-efficacy. *Journal of Educational Psychology, 81*, 353–361.

Graham, S., & Harris, K. R. (1989b). Improving learning disabled students' skills at composing essays: Self-instructional strategy training. *Exceptional Children, 56*, 201–214.

Graham, S., & Harris, K. R. (1993). Self-regulated strategy development: Helping students with learning problems develop as writers. *Elementary School Journal, 94*, 169–181.

Graham, S., & Harris, K. R. (1994). The role and development of self-regulation in the writing process. In D. Schunk & B. Zimmerman (Eds.), *Self-regulation of learning and performance: Issues and educational applications* (pp. 203–228). Hillsdale, NJ: Erlbaum.

Graham, S., & Harris, K. R. (1996). Self-regulation and strategy instruction for students who find writing and learning challenging. In M. Levy & S. Ransdell (Eds.), *The science of writing: Theories, methods, individual differences, and applications* (pp. 347–360). Mahwah, NJ: Erlbaum.

Graham, S., & Harris, K. R. (1997a). It can be taught, but it does not develop naturally: Myths and realities in writing instruction. *School Psychology Review, 26*, 414–424.

Graham, S., & Harris, K. R. (1997b). Self-regulation and writing: Where do we go from here? *Contemporary Educational Psychology, 22*, 102–114.

Graham, S., Harris, K. R., MacArthur, C., & Schwartz, S. (1991). Writing and writing instruction with students with learning disabilities: A review of a program of research. *Learning Disability Quarterly, 14*, 89–114.

Graham, S., & MacArthur, C. (1988). Improving learning disabled students' skills at revising essays produced on a word processor: Self-instructional strategy training. *Journal of Special Education, 22*, 133–152.

Graham, S., MacArthur, C., & Schwartz, S. (1995). The effects of goal setting and procedural facilitation on the revising behavior and writing performance of students with writing and learning problems. *Journal of Educational Psychology, 87*, 230–240.

Graham, S., MacArthur, C., Schwartz, S., & Voth, T. (1992). Improving the compositions of students with learning disabilities using a strategy involving product and process goal setting. *Exceptional Children, 58*, 322–335.

Hammill, D., & Larsen, S. (1988). *Test of Written Language—2*. Austin, TX: Pro-Ed.

Harris, K. R. (1982). Cognitive-behavior modification: Application with exceptional students. *Focus on Exceptional Children, 15*, 1–16.

Harris, K. R., & Graham, S. (1985). Improving learning disabled students' composition skills: Self-control strategy training. *Learning Disability Quarterly, 8,* 27–36.

Harris, K. R., & Graham, S. (1992). Self-regulated strategy development: A part of the writing process. In M. Pressley, K. Harris, & J. Guthrie (Eds.), *Promoting academic competence and literacy in school* (pp. 277–309). San Diego: Academic Press.

Harris, K. R., & Graham, S. (1994). Constructivism: Principles, paradigms, and integration. *Journal of Special Education, 28,* 275–289.

Harris, K. R., & Graham, S. (1996). *Making the writing process work: Strategies for composition and self-regulation.* Cambridge, MA: Brookline Books.

Harris, K. R., Graham, S., Reid, R., McElroy, K., & Hamby, R. (1994). Self-monitoring of attention versus self-monitoring of performance: Replication and cross-task comparison studies. *Learning Disability Quarterly, 17,* 121–139.

Hayes, J. (1996). A new framework for understanding cognition and affect in writing. In M. Levy & S. Ransdell (Eds.), *The science of writing: Theories, methods, individual differences, and applications* (pp. 1–28). Mahwah, NJ: Erlbaum.

Hayes, J., & Flower, L. (1986). Writing research and the writer. *American Psychologist, 41,* 1106–1113.

Kazin, A. (1967). *The Paris Review: Writers at work.* New York: Viking.

Kellogg, R. (1996). A model of working memory in writing. In M. Levy & S. Ransdell (Eds.), *The science of writing: Theories, methods, individual differences, and applications* (pp. 57–72). Mahwah, NJ: Erlbaum.

MacArthur, C., Schwartz, S., & Graham, S. (1991). Effects of a reciprocal peer revision strategy in special education classrooms. *Learning Disabilities Research and Practice, 6,* 201–210.

MacArthur, C., Schwartz, S., Graham, S., Molloy, D., & Harris, K. (1996). Integration of strategy instruction into whole language classrooms: A case study. *Learning Disabilities and Practice, 11,* 168–176.

McCutchen, D. (1988). "Functional automaticity" in children's writing: A problem of metacognitive control. *Written Communication, 5,* 306–324.

McCutchen, D. (in press). A capacity theory of writing: Working memory in composition. *Educational Psychology Review.*

Plimpton, G. (Ed.). (1967). *Writers at work: The Paris Review interviews* (3rd series). New York: Viking Press.

Salomon, G., & Globerson, T. (1987). Skill may not be enough: The role of mindfulness in learning and transfer. *International Journal of Educational Research, 11,* 623–637.

Sawyer, R., Graham, S., & Harris, K. R. (1992). Direct teaching, strategy instruction, and strategy instruction with explicit self-regulation: Effects on learning disabled students' compositions and self-efficacy. *Journal of Educational Psychology, 84,* 340–352.

Scardamalia, M., & Bereiter, C. (1986). Written composition. In M. Wittrock (Ed.), *Handbook of research on teaching* (3rd ed., pp. 778–803). New York: Macmillan.

Sexton, M., Harris, K. R., & Graham, S. (in press). Self-regulated strategy development and the writing process: Effects on essay writing and attributions. *Exceptional Children.*

Stoddard, B., & MacArthur, C. (1993). A peer editor strategy: Guiding learning disabled students in response and revision. *Research in the Teaching of English, 27*, 76–103.

Tanhouser, S. (1994). *Function over form: The relative efficacy of self-instructional strategy training alone and with procedural facilitation for adolescents with learning disabilities.* Unpublished doctoral dissertation, Johns Hopkins University, Baltimore, MD.

Tawney, J., & Gast, D. (Eds.). (1984). *Single subject research in special education.* Columbus, OH: Merrill.

Troia, G., Graham, S., & Harris, K.R. (1997). *Teaching students to plan mindfully: Effects on the writing performance and behavior of students with learning disabilities.* Manuscript submitted for publication.

Wong, B. (1994). Instructional parameters promoting transfer of learned strategies in students with learning disabilities. *Learning Disability Quarterly, 17*, 100–119.

Zimmerman, B. (1989). A social cognitive view of self-regulated academic learning. *Journal of Educational Psychology, 81*, 329–339.

Zimmerman, B., & Risemberg, R. (1997). Becoming a proficient writer: A self-regulatory perspective. *Contemporary Educational Psychology, 22*, 73–101.

第三章

國小階段理解策略
的交互教學

Michael Pressley

Pamela Beard El-Dinary

Ruth Wharton-McDonald

Rachel Brown

在我們分析國小階段的語言藝術教學過程中，已經同時涉及特別有效以及更典型的教學。我們針對在課程中凸顯理解教學，以及那些很少進行理解教學的教室活動進行研究。

本章主旨在於描述有效理解策略教學的本質。除此之外，對我們所支持的理解教學形式，還提供理論分析以及實證研究的摘要。國小階段理解教學的一個重要支持，來自於對年齡較大以及較成熟的讀者所進行的研究，這些實證研究提供了有關國小閱讀

教學應該培養的，有關理解處理本質之重要觀點。

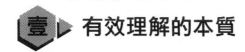 有效理解的本質

　　在本章所涵蓋的國小階段的研究，已經隨著對有效讀者閱讀本質之研究而出現（Pressley & Afflerbach, 1995; Wyatt et al., 1993）。而後者的研究則已經清楚地告訴我們，為什麼理解策略教學在國小課程中有其意義存在。

　　口述資料分析（verbal protocol analysis）是用來研究有技巧的閱讀的主要方法，藉此得以了解在意識上可控制的理解歷程。普力斯萊與阿佛勒巴哈（Pressley & Afflerbach, 1995）分析了他們可能找到的任何有關閱讀的口述資料，提供了超過四十個不同研究的摘要，包括不同的閱讀者類型、閱讀材料以及閱讀者的目標。在這些口述資料研究中，最顯著的是閱讀者是被驅使去建構閱讀內容的意義。好的閱讀者指出，在其閱讀的時候，是與閱讀內容相互影響的，是用先備知識來建構對內容的解釋，並且將他們已經知道的與文章中的新觀點相連結。有技巧的閱讀者通常會對文章中所傳遞的觀點熱烈回應。以普力斯萊和阿佛勒巴哈（Pressley & Afflerbach, 1995）的用語來說，這些閱讀者在閱讀過程中是建構式地反應（constructively responsive）。

　　在口述資料中，對於建構式的反應（indications）有清楚的指標：閱讀者在求得主要概念與重要細節時，會主動地針對內容搜

尋、思考，以及回應。他們在仔細閱讀文章之前，會先概略地將文章看過，以便了解文章中所要表達的訊息之一般形式，以及不同標題所設定的地方。而隨閱讀者目標的不同，會對訊息有不同的注意程度。閱讀者有時在閱讀的過程中會前後反覆地讀，而這通常是屬於有意識的推論的一部分。也就是說，當他們在文章中搜尋相關的概念，試著去找出剛剛讀到的內容與之前或是之後所要看的內容間是否有關聯性時，他們掌握了存在工作記憶中的不同觀點。好的閱讀者除非已經從文章中找到所需要的訊息，不然會一直對所讀的內容進行處理。一個好的閱讀者在閱讀時，他們會評估文章內容，包括它的主要訴求以及其趣味性（interestingness）。而在閱讀完後，一般會對內容有所回應以及重新閱讀，因為好的閱讀者會監控他們自己是否已經理解文章內容了。

簡而言之，當好的閱讀者在閱讀的時候，會產生意義的建構以及對閱讀歷程中所建構出來的意義有所回應。閱讀者通常會依據他們的先備知識來預測之後的內容要談些什麼。這樣的假設在從頭到尾閱讀文章的過程中會持續產生。當在文章中接觸到新的觀點時，就修正之前的假設。好的閱讀者通常都會熱烈回應文章；在閱讀的過程中，他們會感到驚奇、好笑或是經歷到挫折或焦慮。

在普力斯萊和阿佛勒巴哈（Pressley & Afflerbach, 1995）對口述資料分析文獻的回顧中，另一個明顯的要素，是國小與中學的閱讀者，比那些較成熟的閱讀者，像是閱讀專業領域的成人專家還要不主動。有一個可能的原因是因為並未教導或是鼓勵主動理解，而這個觀點首先是由涂爾金（Durkin, 1978-1979）對國小階段

的閱讀所進行的觀察發現所提出的。

最後，在口述資料分析研究中，有證據顯示主動的理解處理會影響閱讀成就。主動處理的口述報告與閱讀理解間的相關已經證實有其一致性（像是主動理解處理會增進對文章內容的記憶；Pressley & Afflerbach, 1995, Chap.2）。以這些口述記錄的資料為依據，似乎有許多的理由來教導國小學生理解策略。

在國小的教室中正在發生什麼事情？

因為在我們的研究小組中還有其他人的研究，因此，我們已經針對目前的國小教室中所進行的理解教學本質進行分析。我們以及我們的同事所主張的幾個研究方向在此文章中有所關聯。

一、在典型教室中的理解教學

在國小階段，很少進行理解策略教學，而我們是如何知道這件事的？普力斯萊、華頓－麥克多諾、密斯崔塔－漢普森（Pressley, Wharton-McDonald, Mistretta-Hampson）以及艾雀魏莉爾（Echevarria, in press）開始決定詳細地針對四、五年級學生的文學教學本質進行研究。和涂爾金（Durkin, 1978-1979）的研究一致的是，他們觀察到在他們從一九九五到一九九六學年在紐約北部所進行研究的十個四、五年級的班級中，很少進行理解教學。在他們所研究

中的每位四、五年級的教師，似乎都有一組用來界定他或她的班級核心目標與練習。因此，有的老師強調閱讀良好的文學作品，並且以不同的方式予以回應；而課程的其他部分則與學生閱讀長篇小說與對小說的回應有關（像是寫作就是對文章的回應；在小說中則有單字與拼字）。另有些老師則強調作文，在其教學中有許多部分是由學生計畫、起草稿，以及修正他們現在正在寫的內容（例如教師指導學生閱讀特定的文章，作為寫作前打草稿的一部分）。在普力斯萊等人的研究中，有一位教師將他的課程定義為傳統的基礎傾向課程（basal-driven），用基礎（basals）來定義其閱讀、拼字、語言學、科學，以及社會研究的教學。

然而，不論其所要強調的重點為何，在普力斯萊等人所研究的教室大都包含：(1)普及本（trade books）的閱讀，特別是小說；(2)包含構思、打草稿，以及作文修正的寫作教學，且在過程中可以利用一些東西來加以協助（例如用來提醒學生故事綱要的小紙條）；(3)閱讀、寫作，以及內容範圍領域的連結（例如與社會研究主題有關的讀本，會激發出與該主題相關的故事寫作）；(4)技巧教學（例如寫作技巧、拼單字），包含了學習單與作業的使用；(5)不同的教學歷程，包括班級討論、一對一的小型會議，以及由電腦調整的學習（computer-mediated learning）。然而，這裡所要提及的重點是，這些活動都與一些以教師選擇為核心的活動有關，也就是讀寫能力（literacy）的教學方式是由教師決定的。

二、理解策略的教學是四、五年級的核心活動

文科教學的一個可能的核心，就在於理解策略的教學。雖然普力斯萊等人並未觀察到有任何教師會進行理解策略教學，但是在普力斯萊、愛爾－戴樂禮，以及凱斯金司等人（Pressley, El-Dinary, Gaskins, 1992）於一九八九至一九九三年間所做的研究中，則找出這些教師並進行研究，來確認在每個以理解發展為核心活動的教室似乎會進行一些活動（明顯地，和先前研究所發現的結果是一致的，也就是很少進行理解策略教學，因此要在國小找到將理解策略教學視為重點的教室是一項挑戰）。

明顯地，普力斯萊、愛爾－戴樂禮，以及凱斯金司（Pressley, El-Dinary, Gaskins, 1992）所研究的學校本位、教師發展的理解策略教學似乎發揮其功效（也就是教師可能提供一些證據來顯示其教學對學生有所影響，像是在同一學區接受策略教學的學生，與接受一般教學學生之前後測的成就差異）。第一份研究是在 Benchmark（Media, PA）學校所進行，這所學校致力於協助國小學童克服閱讀問題（Gaskins, Anderson, Pressley, Cunicelli, & Satlow, 1993; Pressley, Gaskins, Cunicelli, et al., 1991; Pressley, Gaskins, Wile, Cunicelli, & Sheridan, 1991）。在 Benchmark 的研究之後，緊接著是在兩所馬里蘭州郡屬公立學校的研究，在國小階段的課程增加閱讀理解策略的使用（Brown & Coy-Ogan, 1993; El-Dinary, Pressley, & Schuder, 1992; Pressley, El-Dinary, Gaskins, et al., 1992; Pressley, El-

Dinary, Stein, Marks, & Brown, 1992; Pressley, Schuder, SAIL Faculty and Administration, Bergman, & El-Dinary, 1992）。

在這個研究當中使用許多質的研究方法，包括人種誌的方法、晤談、長期的個案研究，以及針對教室內對話的分析。雖然這三種課程研究在一些細目上並不相同，但是仍有一些共通的結論：

1. 理解策略教學是長期的，持續一整個學年的，而且最理想的情況是跨學年的進行。

2. 學生年紀愈小，在教學上愈需要努力讓學生了解個別的教學策略，以及如何整合地使用這些策略。

3. 一般來說，會特別強調一些策略，例如預測文章中接著會出現的訊息，將文章內容與先前知識作連結，將文章中所描述的關係建構為內在的心智意象，使用問題解決策略，例如當文章意義不清楚時，將文章再讀一次以及分析文章內的線索，還有作摘要。有趣的是，在進行理解策略教學的教室中所教導的策略，是在激發良好的閱讀者所使用的歷程（參見之前對一九九五年 Pressley & Afflerbach 的研究所作的討論）。

4. 教師解釋而且大量地示範有效理解策略，而教師示範如何使用這些策略，使得在對策略作最初的介紹後可以持續一段很長的時間，而這與寶菲（Duffy）等人所發展的策略教學的觀點一致。教師的策略示範並不是有規則系統的（algorithmic），但是一般來說，當作業需要時，會一直發生。這樣的示範機會很少會有制式的回應，而是要求教師示範

對策略具有創意的應用、修正，以及整合。教師也依據學生的需要指導學生策略的使用，對他們可能的策略選擇提供線索。有許多有關何時適合使用特定策略的小型課程，整個教學過程都在策略的有用性（usefulness），常常提醒學生策略的使用會對理解能力有所增進。

5. 學生彼此示範策略的使用，以及相互解釋其如何使用策略。這通常會發生在學生對作業的討論對話中，學生報告他們在了解學習內容時所使用的主動的處理，而這份學習內容則已有一組學生閱讀過。這些對話包含學生將學習內容與其先前的知識相連結，對整個內容建構摘要，設想內容中所涵蓋的關係，預測故事中所要傳達的訊息，解釋內容以及有所回應。

　　這樣的教學就是所謂的交互策略教學（transactional strategies instruction），因為其強調讀者對文章內容的處理（Rosenblatt, 1978），讀者思考文章內容所建構的解釋（也就是交互處理，如 Hutchins, 1991），以及教師與學生對文章的回應影響彼此個人對內容的觀點（亦即，互動就是交互處理的，如 Bell, 1968）。

　　簡而言之，這樣的教學，包含直接的解釋以及由教師示範策略，接著是策略的引導練習。教師所提供的協助則依據學生企圖學習策略的情形為基礎（即提供策略應用的鷹架，如 Wood, Bruner, & Ross, 1976）。小組的閱讀則包含對內容進行具有彈性、解釋性的討論。

三、摘要

在美國小學的教室中,很少有理解策略的教學,即便如此,它是可以被實現的,特別是當理解技能的發展成為教室教學的焦點時。吾人的觀點認為這是一個很好的焦點,因為所有閱讀教學的主要目標就是培育讀者可以理解他們所閱讀的內容。

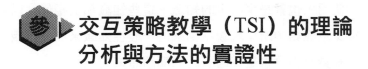 交互策略教學(TSI)的理論分析與方法的實證性

一直以來,對於 TSI(transactional strategies instruction)有著許多省思與分析。在這個小節,所要探討的將包含其部分要點。

一、一般的理論性考量

TSI 的一個主要假設是,有技巧的閱讀是正確的策略使用與訊息處理的具體實例,其包含互動上的認知成分(Pressley, Borkowski, & Schneider, 1987, 1989):有解碼與訊息處理、後設認知知識、陳述性知識,以及學業動機。

有效的閱讀包含解法與訊息處理,其起初是有意圖地、有意識地,以及努力地應用,而最後則是內化到自動化以及相對來說

是一種自然的應用。而在能自動化的應用之前，解碼以及理解步驟的有效使用，必須部分依賴後設認知知識（也就是對自己思考過程的知識），特別是對於何時以及在什麼地方要應用已知的解碼與理解步驟的覺知。這樣的後設認知雖然也會受到對於清楚地知道在何時以及什麼情況下，哪些特定的策略是有用的教學所影響，但是其大部分仍是透過在不同的脈絡下，廣泛使用這些步驟來發展的。

可以透過陳述性知識（就是事實的知識）來增進解碼與理解過程的使用，也就是來自字的知識。這些知識都很相似，以至於必須從文章脈絡中所呈現觀點相關的一般性知識來加以辨識。而這樣的知識有部分也是透過廣泛的閱讀而來的。

解碼與理解的應用是需要花心思的，因此需要學生具有廣泛的學習動機。這樣的動機則大部分仰賴了解閱讀要能成功需要花費相當的努力，特別是要努力了解好的閱讀者所使用的方法。當然，這樣的動機是對於在閱讀方面的過去成就的副產品，相對地，起初在閱讀方面的努力並未成功時，學生可能會發展出低動機的信念——例如因為他們太笨了所以沒辦法好好的閱讀。

二、以仔細的觀察分析為基準來了解 TSI

理解策略教學是教室內使用 TSI 方法的文科教學中最重要的部分（Pressley, El-Dinary, Gaskins, et al., 1992）。最典型的是，會教導學生使用一些理解策略來明白表達，以及將這些策略的使用

作一整合以了解所閱讀的內容。舉例來說，以下就是在 TSI 的教室中可能會教導的策略：

- 預測將要閱讀到的內容（例如在看完故事中所附帶的圖片）
- 視覺化（也就是建構心像來表徵文章中所閱讀到的觀點）
- 與先備知識作連結（例如文章中提及哥倫布時，就想到所知道與哥倫布有關的任何事物）
- 問自己有關閱讀內容的問題
- 當有所混淆時要尋求澄清（例如重新閱讀）
- 作摘要

　　TSI 是相當地建構主義取向的（Harris & Pressley, 1991; Pressley, Harris & Marks, 1992），教師的解釋以及策略的示範都只是扮演學生對知識建構的一個起點（參見 Elbers, 1991; Iran-Nejad, 1990; Wittrock, 1990, 1992）。在教師對策略使用的示範中，有許多包含對策略的建構式應用的示範。也就是在一些實際發生的理解情境中（例如閱讀報紙文章是在事件發生的當下），教師的解釋與策略示範，無疑地需要教師示範策略的「粗略架構」（jerry-rigging）。

　　即便教師的解釋與示範可能是有益的，但是也無法取代學生透過自己的努力來學習策略。當學生練習以及應用策略時，他們建構出對於如何以及何時使用策略的知識，他們會了解當他們閱讀時，能夠理解多少比例及理解哪些，都依據其所選擇的認知處

理而定。他們有許多機會來經驗其先備知識在增進理解時所擁有的影響力，常常企圖將其所閱讀的內容與其所具備的知識作連結。簡而言之，教師的解釋以及示範，都只是學生建構知識的開端，學生必須透過自己的努力方能學習如何有更好的訊息處理。

　　有時學生在策略應用上遭遇到問題，會使教師重新解釋並且對策略作再次的示範。這些可能是師生間的對話，師生一起努力理解如何將策略應用到實際情境當中。當學生在閱讀過程中，教師對策略作再次的解釋，其目的在於幫助學生「了解」情境，而不是簡單地指導學生如何有正確的回應。也就是當教師重新教導理解策略時，同時也額外地鼓勵學生建構有關理解策略的知識。

三、TSI 被控制的有效性

　　對於策略教學有三個與 TSI 方法一致的控制測驗。同時言之，其透過對國小，延伸到國中與高中所進行的測驗，來驗證方法的有效性。

布朗、普力斯萊、凡‧米特、舒德（1996）

　　布朗等人（Brown, Pressley, Van Meter, and Schuder, 1996）進行為期一年的準實驗研究，來探討 TSI 對二年級學童閱讀的影響。由先前在閱讀方面呈現低成就的二年級學童組成的五個組接受 TSI，並與其他由被文科教師所指導的二年級低成就學童相配對，但是這些教師並未使用 TSI 的方法。

在當年秋季的時候，此研究的策略教學組與控制組成員在閱讀理解以及用字技巧的標準化測量中並未有所不同。而春天來臨之際，在這些測量中，則明顯的有所差異——在 TSI 教室中學習的學生表現較佳。除此之外，在策略使用以及解釋性測量中亦有所差異，都是接受 TSI 教學者表現較佳（也就是說，對於所閱讀的內容，接受策略指導的學生比控制組會有較豐富以及較多樣化的解釋）。

柯林斯（1991）

柯林斯（Collins, 1991）藉由提供一週三天，為期一學期的理解策略課程來促進五、六年級學生在理解上有所改善。其教導學生去預測、不清楚時要加以澄清、從文章中所呈現的爭議去找出一定的形式與原則、分析理解內容時所產生的決策情形、問題解決（包括追溯性推理以及視覺化）、摘要、採取內容中的觀點（包含將文章中的觀念重新安排），以及用小組的方式來對文章的解釋作討論。雖然在關於標準化的理解成就介入之前，接受策略指導的學生與控制組的學生並未有所不同，但是在標準化成就後測上，接受實驗處理與控制情境間有三個標準差的差異存在，實驗處理具有相當的影響力。

安德森（1992）

安德森（Anderson, 1992）就 TSI 對六至十一年級的閱讀障礙學生的影響，進行為期三個月的實驗研究。以小組的方式來教導

這些學生有關理解策略，其中有九組接受TSI，而七組是控制組。雖然兩組學生在研究前後接受標準化理解測量的表現上來說，都有所增進，但是實驗組的進步幅度比控制組大。安德森（Anderson, 1992）也收集了許多質的研究的資料來支持這樣的結論：有意義的閱讀在進行策略教學的情境下會有所改善。舉例來說，策略教學會增進學生閱讀困難教材的意願以及企圖去了解內容，與同儕合作以發現內容的意義並予以回應，以及將內容意義化。

四、摘要

TSI模式意圖刺激年輕的閱讀者使用好的策略以及訊息處理。當學生意圖要去了解教師的解釋與示範，以及落實所學得的策略時，教學就成為建構過程的起點。

在採行此等措施的教室中，文科教學的重心就是要進行理解策略的教導。就像在國小教室一樣，許多其他的文科教學要素也會發生在教師定義的核心活動中。而 TSI 方法雖然已經證實與其他的文科教學具有相對的效果，但是在閱讀能力較差的學童上所得到的效果，證明比閱讀能力較強者高。

 課程實施

在 TSI 中，有一些相當有力的策略，是以套裝的方式進行教

學，而清楚地教給學生的是良好的閱讀包含在閱讀過程中，需要時可以使用適合的策略。一般來說，策略的組成包含可以在閱讀前所應用的策略（例如概觀、作預測）、在閱讀過程中的策略（例如建構心像、問問題、不清楚時能回頭再看一次、將其與先備知識作連結），以及在閱讀後所用的策略（例如摘要）。

　　一次可以只教一個策略或是好幾個，如此在學生意圖整合這些策略之前，可以針對此有深入的教學，以及對個別的策略進行練習。只要介紹了策略，就會在策略的使用上有廣泛與多樣的練習。而當學生企圖要在文章的閱讀應用這些策略時，會接受許多的指導與回饋，這通常發生在讀書小組，也就是由學生報告他們在閱讀時所使用的策略為何。對教師而言，真正的挑戰之一就是要去診斷學生在應用策略時，所經驗到的特殊問題。因此，如果學生在應用策略時，可以大聲地說出來，以及在閱讀時可以放聲思考，也就是把他們之所以選擇使用這個策略的所有思考過程都說出來，將會有所助益。

　　在廣泛的作業以及教材中，可以流暢地使用策略，是一長期的目標。為了要達成這個目標，策略的教學以及應用雖然通常會在閱讀過程中強調，但會是跨課程的。而透過跨課程的策略練習，教師有可能提供學生有關何時和在哪裡使用正在學習的策略，以及有關透過這些策略的使用可以在學習上獲得什麼好處的廣泛訊息。另外，當然這樣的教師解釋是建構歷程的開端，在其中也需要學生理解何時應用策略，以及何時可以從策略應用中獲益。我們所要強調的是，有效的 TSI 教師了解到將理解策略遷移使用到

新的學習內容並不是自動產生的，而是需要對何時應用這些策略，以及在不同情境下練習使用這些策略，進行廣泛的教學。

　　教師的解釋與策略示範在教學之初是最廣泛採用的，在數個月後，教師對策略使用的指導大幅度的減少（例如「妳會使用什麼策略？」）。當學生在策略應用的技巧上愈純熟，這樣的線索就愈來愈少。

　　雖然理解策略的基礎研究中有許多都強調訊息的記憶，但是事實上，TSI 教師對此更是重視。認知策略是解釋性的工具（也就是用來建構個人獨到的理解），舉例來說，在凱斯金司等人所研究的Benchmark六位教師的策略教學課程，所提供的Benchmark教室對話分析中，顯然就有解釋性活動。在這些教室中所進行的對話與一般傳統教室是截然不同的。

　　卡茲登（Cazden，例如 1988）以及麥亨（Mehan, 1979）觀察到典型的教室對話包括許多教師問問題、學生回應、教師針對此回應有所評價三者的循環。〔也就是 IRE 循環，包含教師引起（Initiation）、學生回應（Response），以及教師評價（Evaluation）〕。IRE 循環在 Benchmark 的資料中並不多見，反而有 88%的時間，教師與學生進行師生間的對話，在凱斯金司等人所進行的研究中，稱之為「過程—內容循環」（process-content cycles）：教師將內容視為刺激策略應用與討論的媒介。當學生在討論中作出評論時，教師並不對其看法予以評價，而是要學生將這些意義化（elaborate）——鼓勵學生另外使用策略來處理這些內容（例如將訊息與先備知識相連結，如果學生並未如此，就自己提出問

題）。教師的目的是要去鼓吹學生透過策略的使用來了解學習內容，也就是國小內容範圍並未被取代，相反地，當學生學習國小內容時，會有策略練習，或許有助其策略使用與學習。

想想這個例子，一個教師可能會要求學生作段落摘要。只要提供摘要，教師會要求學生描述其在閱讀這篇文章時心中出現什麼影像，或是鼓勵學生透過先備知識的連結而賦予摘要意義（例如當你想像一個第三類的槓桿如何作用時，你會在哪裡看到支點？這樣的圖像與作者描述第一類與第二類槓桿時所形成的心像有何不同？你可以分辨何時該使用第三類槓桿嗎？這個簡易的工具對你有什麼好處？）

在凱斯金司等人所進行的研究中，有一相當重要的發現，就是確認常常發生在特定課程的事項：

1. 提供學生有關如何應用這些策略的教學。
2. 在學生練習策略時，教師所提供的指導與支持將視需要而為之。
3. 教師想要特別強調（或是介紹）的策略，在課程一開始時就要提及，就像要強調任何特定的內容。
4. 教師通常會示範策略的使用，以及提供有關策略如何協助他們學習的軼事。
5. 教師提供有關何時以及哪裡要應用特定策略的訊息。

伍 ▶ 在閱讀過程中，好的策略使用以及訊息處理：理解策略使用的自我省思

　　TSI 的目標在於學生可以聰明地使用理解策略，知道何時使用策略以及如何加以調整。當學生在閱讀小組使用理解策略時，這樣的覺知會有所增進：當學生在閱讀時，將其思考過程放聲說出，並且也讓其接觸其他學生的放聲思考情境。雖然會討論學生為什麼認為視覺化（visualization）在某種程度上是有意義的，然而也有學生會與先備知識作連結。在這樣的閱讀小組中，學生有很多機會省思其理解過程，不只是自己的，還有其他學生的。

　　策略的適當類化通常不會伴隨短期的策略教學而產生。在TSI的教室活動中，學生藉著許多不同形式的學習內容來練習策略的使用，以學習歸納。此外，當著手進行閱讀時，會實際討論有關學生如何在新的內容與情境採用他們所知的策略，因此，會額外地鼓勵對策略的省思知識以及應用。

　　學生當然了解策略的使用是需要付出努力的。然而，就像所有的技能一樣，當再練習理解策略時，所需的努力較少，因此，在小組中對於策略的長期練習應該要鼓勵學生使用策略。況且，在 TSI 小組的討論比起傳統教師主導的問答討論更為有趣，而且是由學生主導的。除了來自教師對於閱讀的主動性要到何種程度方為成熟的閱讀指導，以及教師對學生使用策略所給予的正增強

外，學生仍有額外的理由來使用他們正在學習的策略。

在 TSI 過程中，傳達給學生一個重要訊息，就是他們要對自己的閱讀負責。毫無驚訝地，在 TSI 教室的學生一般來說都是策略取向的（strategic），即使他們並不在閱讀小組中。舉例來說，我們就見過在許多的共同閱讀過程中，學生很明顯地是策略取向的（也就是當沒有老師監督以及提醒時，他們會使用策略）。再者，在布朗等人的研究（1996）中，當 TSI 教室的二年級學生與不熟悉的成人，以一對一的方式進行閱讀與放聲思考時，更是清楚地策略導向的。不意外地，接受策略指導的學生在回憶故事時，會比控制組的學生使用更多從策略使用中歸納而得的結論。

簡而言之，TSI 的目標在於培育會使用良好閱讀者所採用的理解策略，並且能有所調整之讀者。雖然我們期待在未來有更多的資料可以佐證學生認知的改變是來自於這樣的教學，但是在此際，仍有樂天的理由去相信 TSI 會培育出省思的、自我調整的閱讀者。

參考書目

Anderson, V. (1992). A teacher development project in transactional strategy instruction for teachers of severely reading-disabled adolescents. *Teaching and Teacher Education*, 8, 391–403.

Anderson, V., & Roit, M. (1993). Planning and implementing collaborative strategy instruction for delayed readers in grades 6–10. *Elementary School Journal*, 94, 121–137.

Bell, R. Q. (1968). A reinterpretation of the direction of effects in studies of socialization. *Psychological Review*, 75, 81–95.

Borkowski, J. G., Carr, M., Rellinger, E. A., & Pressley, M. (1990). Self-regulated strategy use: Interdependence of metacognition, attributions, and self-esteem. In B. F. Jones (Ed.), *Dimensions of thinking: Review of research* (pp. 53–92). Hillsdale, NJ: Erlbaum.

Brown, A. L., Bransford, J. D., Ferrara, R. A., & Campione, J. C. (1983). Learning, remembering, and understanding. In J. H. Flavell & E. M. Markman (Eds.), *Handbook of child psychology: Vol. III. Cognitive development* (pp. 77–166). New York: Wiley.

Brown, R., & Coy-Ogan, L. (1993). The evolution of transactional strategies instruction in one teacher's classroom. *Elementary School Journal*, 94, 221–233.

Brown, R., Pressley, M., Van Meter, P., & Schuder, T. (1996). A quasi-experimental validation of transactional strategies instruction with low-achieving second grade readers. *Journal of Educational Psychology*, 88, 18–37.

Cazden, C. B. (1988). *Classroom discourse: The language of teaching and learning*. Portsmouth, NH: Heinemann.

Collins, C. (1991). Reading instruction that increases thinking abilities. *Journal of Reading*, 34, 510–516.

Duffy, G. G., Roehler, L. R., Sivan, E., Rackliffe, G., Book, C., Meloth, M., Vavrus, L. G., Wesselman, R., Putnam, J., & Bassiri, D. (1987). Effects of explaining the reasoning associated with using reading strategies. *Reading Research Quarterly*, 22, 347–368.

Durkin, D. (1978–1979). What classroom observations reveal about reading comprehension instruction. *Reading Research Quarterly*, 15, 481–533.

Elbers, E. (1991). The development of competence and its social context. *Educational Psychology Review*, 3, 73–94.

El-Dinary, P. B., Pressley, M., & Schuder, T. (1992). Becoming a strategies teacher: An observational and interview study of three teachers learning transactional strategies instruction. In C. Kinzer & D. Leu (Eds.), *Forty-first yearbook of the National Reading Conference* (pp. 453–462). Chicago: National Reading Conference.

Gaskins, I. W., Anderson, R. C., Pressley, M., Cunicelli, E. A., & Satlow, E. (1993). Six teachers' dialogue during cognitive process instruction. *Elementary School Journal*, 93, 277–304.

Harris, K. R., & Pressley, M. (1991). The nature of cognitive strategy instruction: Interactive strategy construction. *Exceptional Children, 57*, 392–404.

Hutchins, E. (1991). The social organization of distributed cognition. In L. Resnick, J. M. Levine, & S. D. Teasley (Eds.), *Perspectives on socially shared cognition* (pp. 283–307). Washington, DC: American Psychological Association.

Iran-Nejad, A. (1990). Active and dynamic self-regulation of learning processes. *Review of Educational Research, 60*, 573–602.

Mehan, H. (1979). *Social organization in the classroom*. Cambridge, MA: Harvard University Press.

O'Sullivan, J. T., & Pressley, M. (1984). Completeness of instruction and strategy transfer. *Journal of Experimental Child Psychology, 38*, 275–288.

Pearl, R. (1982). LD children's attributions for success and failure: A replication with a labeled LD sample. *Learning Disability Quarterly, 5*, 173–176.

Pressley, M., & Afflerbach, P. (1995). *Verbal protocols of reading: The nature of constructively responsive reading*. Hillsdale, NJ: Erlbaum.

Pressley, M., Borkowski, J. G., & Schneider, W. (1987). Cognitive strategies: Good strategy users coordinate meta-cognition and knowledge. In R. Vasta & G. Whitehurst (Eds.), *Annals of child development* (Vol. 4, pp. 89–129). Greenwich, CT: JAI Press.

Pressley, M., Borkowski, J. G., & Schneider, W. (1989). Good information processing: What it is and what education can do to promote it. *International Journal of Educational Research, 13*, 866–878.

Pressley, M., El-Dinary, P. B., Gaskins, I., Schuder, T., Bergman, J. L., Almasi, J., & Brown, R. (1992). Beyond direct explanation: Transactional instruction of reading comprehension strategies. *Elementary School Journal, 92*, 511–554.

Pressley, M., El-Dinary, P. B., Stein, S., Marks, M. B., & Brown, R. (1992). Good strategy instruction is motivating and interesting. In A. Renninger, S. Hidi, & A. Krapp (Eds.), *The role of interest in learning and development* (pp. 333–358). Hillsdale, NJ: Erlbaum.

Pressley, M., Gaskins, I. W., Cunicelli, E. A., Bardick, N. J., Schaub-Matt, M., Lee, D. S., & Powell, N. (1991). Strategy instruction at Benchmark School: A faculty interview study. *Learning Disability Quarterly, 14*, 19–48.

Pressley, M., Gaskins, I. W., Wile, D., Cunicelli, E. A., & Sheridan, J. (1991). Teaching literacy strategies across the curriculum: A case study at Benchmark School. In S. McCormick & J. Zutell (Eds.), *Fortieth yearbook of the National Reading Conference* (pp. 219–228). Chicago: National Reading Conference.

Pressley, M., Harris, K. R., & Marks, M. B. (1992). But good strategy instructors are constructivists!! *Educational Psychology Review, 4*, 1–32.

Pressley, M., Schuder, T., SAIL Faculty and Administration, Bergman, J. L., & El-Dinary, P. B. (1992). A researcher–educator collaborative interview study of transactional comprehension strategies instruction. *Journal of Educational Psychology, 84*, 231–246.

Pressley, M., Wharton-McDonald, R., Mistretta-Hampson, J., & Echevarria, M. (in press).

Literacy instruction in ten grade-4/-5 classrooms. *Scientific Studies of Reading*.

Rosenblatt, L. M. (1978). *The reader, the text, the poem: The transactional theory of the literary work*. Carbondale: Southern Illinois University Press.

Wittrock, M. C. (1990). Generative processes of comprehension. *Educational Psychologist, 24*, 345–376.

Wittrock, M. C. (1992). Generative learning processes of the brain. *Educational Psychologist, 27*, 531–542.

Wood, S. S., Bruner, J. S., & Ross, G. (1976). The role of tutoring in problem solving. *Journal of Child Psychology and Psychiatry, 17*, 89–100.

Wyatt, D., Pressley, M., El-Dinary, P. B., Stein, S., Evans, P., & Brown, R. (1993). Comprehension strategies, worth and credibility monitoring, and evaluations: Cold and hot cognition when experts read professional articles that are important to them. *Learning and Individual Differences, 5*, 49–72.

第四章

教導大學生成為
自我調整的學習者

Barbara K. Hofer

Shirley L. Yu

Paul R. Pintrich

　　自我調整學習是學生在教室情境裡，有關學業成就和成績很重要的一項議題。雖然自我調整學習有許多不同的模式（Schunk & Zimmerman, 1994b），但它們都擁有共同的假設，即學生能積極的調整他們的認知、動機或是行為，以及經由這些不同的調整歷程，達成他們的目標以及更好的成就（Zimmerman, 1989）。當然，不管怎樣，也有值得關心的是，許多學生（即便像大學生及成人）並沒有變成自我調整的學習者，以及我們甚少理解自我調解學習的自然性發展，或是正式的介入以增進自我調整的學習

第四章　教導大學生成為自我調整的學習者

87

（Schneider & Pressley, 1989; Schunk & Zimmerman, 1994a）。雖然有證據顯示，企圖正式去教導學生成為自我調整的學習者在某種程度上是可以成功的（Hattie, Biggs, & Purdie, 1996; Simpson, Hynd, Nist, & Burrell, 1997），但是對於在幼稚園到十二歲以及高中階段教導認知和自我調整策略方面，仍然有許多未解決的議題。

　　本章的目的是在討論有關教導大學生成為自我調整學習者的脈絡下，提出這些議題，我們相信一些議題認為在教育的任何階段，利用教學努力去改善自我調整的學習是可行的，但一些對於大學而言是較特殊的。我們將同時討論一般的以及特別關係到高中階段的兩種議題，雖然無法對這些議題做有限度的回答，但希望我們的討論將能提供對此領域上理論、研究及教學實務方面的釐清。我們從對於教導學生成為自我調整的學習者所涵蓋的一般議題開始，先做簡短的概覽，接下來就是描述我們對於大學生課程的概念性架構以及實際的實施情形，最後針對未來的研究及練習，提供一些建議做為結論。

壹　教導大學生成為自我調整學習者的一般議題

　　關於自我調整的教學，雖然有許多觀點，在本節裡我們將針對四個一般的議題加以討論，包括：(1)介入的要素及設計；(2)課程設計：統整與附加；(3)轉換的議題；(4)大學生的特質。

一、介入的要素及設計

　　第一個一般性的議題是關於介入的目的，透過自我調整學習者和認知能力的定義、後設認知或動機的要素組成這個介入。經由正式介入的設計，針對介入的教學重點是什麼？由於自我調整學習有許多不同的定義，因此正式教導學生的介入內容就很多樣化（Simpson et al., 1997）。舉例來說，哈提（Hattie et al., 1996）等人在他們學習策略教學研究的後設分析指出，介入與短時間的實驗室研究有非常大的不同，其意圖訓練學生某個特定策略（例如，使用記憶術；如何劃記），到更整體的，知識領域基礎的介入，其延續超過好幾個星期或好幾個月，並且強調一些不同的認知、後設認知或動機策略。這些策略包含的範圍從認知策略，例如使用記憶術到後設認知的策略（如自我測試），再到動機性的策略，例如做合適的歸因等。更甚者，除了這些一般性的學習策略外，一些研究也檢驗了不同特殊領域策略的教學（例如針對解決二元方程式的代數），以及更一般性的思考、問題解決或是智力性的技巧（例如分類、三段式推理）。辛普森（Simpson et al., 1997）等人指出針對大學生的課程重點範圍，可從特殊閱讀低能力和功能性閱讀技巧的重新調整，以及相對於更一般性的學習如何去學習，以不同認知和自我調整的策略為主的課程。

　　透過不同介入的重點釐清了一些差異性。從一個介入設計的標準來說，設計者需要思考課程的願景（scope）、課程的內容

（content），以及課程的時程（timeframe）。課程的三項要點的決定是相互關聯的。例如，時程（短期或長期）會限制課程的願景，透過願景，關於課程的許多不同種類的策略就能將焦點集中於介入的課程上。雖然要將一些只強調一種策略的狹隘介入，與包含許多策略的更一般性課程做比較是有些困難，但哈提（Hattie et al., 1996）等人則建議：他們所謂的非教學性介入的內容，教導的只是在學生成就上最大效果的一種特殊的策略（常常是記憶術的使用），而且是成就上合理的效果（Hattie et al., 1996）。學生被教導的只是一種更像是實驗性研究的特殊策略，而較少類化到所給予較小範圍及重點的一般教學性課程上，但他們建議針對介入必須強調有清楚定義的策略這樣的重要性。在大學情境裡，針對多元策略的課程，我們思索以一個較大範圍的策略，而不是只有一個或兩個為基礎的策略作為主要目標是需要的，但是哈提（Hattie et al., 1996）等人的分析則建議：為了避免介入產生太多的稀釋，安置一些多元策略課程的願景上的限制是需要的。對於這些建議，普力斯萊和烏魯辛（Pressley & Woloshyn, 1995）則認為，為了讓學生能學習如何最有效能的使用這些策略，應同時指出一些策略教學、示範及練習的重要性。

在思考有關課程範圍的限制上，很重要的是不只考量有多少不同類式的策略要教導，還要考慮到有哪些可以教。課程的內容可以非常大，範圍能從一般性記憶和學習策略的強調，到一般性智力和問題解決的技巧，以及特殊領域的策略（例如數學的特殊策略）和動機性的策略（例如合適的歸因）。習慣上，在限制的

自我調整學習：教學理論與實務

時程內，課程無法教導所有這些不同的策略，必須由課程的設計者加以選擇。哈提（Hattie et al., 1996）等人指出：課程具備的三個內容要點，包含：(1)記憶的技巧；(2)結構性的輔助或是針對計畫、綜合、思考和材料組織不同的認知和後設認知的策略；以及(3)合適的歸因——在其後設分析中有良好的結果。同時，他們也建議在對這些結果進行類推時，需要小心，這三個內容領域產生的效果值僅以其中一項或兩項的研究作為基礎。

從我們的觀點來看，無論如何，一般性認知和後設認知策略以及動機性策略（例如合適的歸因）的強調，與我們思考自我調整學習模式中的動機和認知兩者的重要性是相同的（Garcia & Pintrich, 1994; Pintrich, 1989; Pintrich & De Groot, 1990; Pintrich & Schrauben, 1992; Wolters, Yu, & Pintrich, 1996）。另外，它與其他自我調整學習的模式如普力斯萊和其同僚的「良好策略使用者」模式（good strategy user model）（Pressley, Borkowski, & Schneider, 1987, 1989; Pressley, Harris, & Marks, 1992; Pressley & Woloshyn, 1995）、自我調整學習的社會認知模式（Schunk & Zimmerman, 1994b），以及策略學習模式和課程（Weinstein, 1994a, 1994b; Weinstein & Underwood, 1985）平行運作。最後，它與近來對於大學學習技巧課程的重新檢閱相吻合，這些課程是關於統整認知與動機策略作為介入的焦點的重要性（Simpson et al., 1997）。根據上述，我們建議多元策略的課程在教學上可採取多於一項或兩項的方式，為了讓學生能夠擁有技巧及意志兩者合適的利用策略，課程的範圍可包含認知、後設認知與動機性的策略。

介入的時程很明顯的受限於課程的願景和內容，幾週或是短期實驗性介入的課程無法極盡所能的教導認知、後設認知或者是動機性的策略。普力斯萊和烏魯辛（Pressley & Woloshyn, 1995）指出，認知策略的教學是種複雜且耗時的教學性作業，在幾週或幾個月內或許無法有效率的實行。同時，他們的研究主要以小學為基礎，而小學生和大學生在知識基礎、後設認知和自我調整能力之間有很重要的發展性差異（Schneider & Pressley, 1989）。小學生剛開始發展有關策略的一般性後設認知的知識，以及一般性自我調整的能力，對於認知和後設認知策略的使用比大學生需要更多的時間和練習。很清楚地，針對年輕學生的策略教學課程必須要包含長期的課程，至少要長一點而不是幾個月而已。

　　相較之下，大學生已經發展了一些有關策略的知識基礎，以及一些一般性的自我調整策略，可以很容易的使他們在策略教學上獲益，因為有效率的教學也因此減少了時間的需求。既然如此，短期的介入課程，例如一學期的課程或許會有些幫助（McKeachie, Pintrich, & Lin, 1985; Pintrich, McKeachie, & Lin, 1987; Simpson et al., 1997; Weinstein & Underwood, 1985）。當然，大學生可能有一些貧乏的或是不真實的策略知識基礎，以及他們的認知和自我調整策略或許是相關性的無效率或是無效能。總之，短期的課程也能夠幫助大學生發展他們的知識基礎，以及有效率的使用自我調整策略，因為這些課程能建構在一般性的發展法則，使得大學生比大學以下的學生更可能形成後設認知與自我調整的能力。在這方面，我們認為大學裡一學期的課程（以美國而言將近四個月）對

　自我調整學習：教學理論與實務

大學生在發展自我調整的學習方面，會變得非常有幫助。

　　當然，大學生過多的知識基礎和策略使用的發展，也有可能會變成潛在性有害的效用，也就是說，大學生的知識基礎和策略，在之前小學和中學教育的十二～十三年當中，經由習慣性的使用和相對性成功，使他們的認知以及行為的歷程或許變成相關性的。總而言之，大學生在他們幼稚園至十二歲的一些教育階段已經成功過並且持續到大學，這些或許在知識基礎和自我調整能力方面會增強他們的信心。在此方面，他們學習的關聯性理論，經由知識基礎和策略的使用，或許會變成改變的困難，類似於內容領域概念改變的困難（Pintrich, Marx, & Boyle, 1993）。與高中生相較，大學較低年級的學生即便較常接受這樣的不平衡，大學生或許不相信他們需要為了學習而去在策略上有所改變。依照邏輯而論，去改變大學生有關策略的知識基礎以及他們真正的策略使用，或許會較年輕的學生困難。事實上，在哈提等人（Hattie et al., 1996）的後設分析裡，他們發現，學院與大學的學生比幼稚園至十二歲階段的學生，較少從學習技巧的課程裡獲得利益。是否這個結果歸因於學生的發展性差異，還是不同年齡階段的介入的特性，從他們的後設分析來看並不清楚，但卻建議思考與學生年紀和經驗有關課程的時間與長度的需要。

二、課程設計：統整與附加

　　課程的時間或長度與關於介入課程設計的第二項重要的一般

性議題有關，也就是單一或附加課程和統整課程之分。附加性課程的介入提供的學習策略教學，在高中階段被當成是一種單獨（stand-alone）分割的課程；在中學階段這個內容或許可以當成一種分割的「研究技巧」課程，或是英語裡分割的單元，或是社會研究的課程而被教導。相較之下，整體課程嘗試深置或植入策略的教學於整個課程內（Gaskins & Elliot, 1991）。藉著嵌入策略教學到課程內，整體的課程將學生一般性認知和自我調整策略連接起來，在許多情境下會有幫助，不只是在研究技巧的課程，針對學生技巧課程所需學習的，增加知覺某些策略的相似性，而不致遺忘。甚至，藉著在不同情境以及橫跨不同類型的作業和內容範圍使用策略，整體的課程可以增加策略發生轉換的機率（Salomon & Perkins, 1989; Simpson et al., 1997）。

雖然並沒有許多研究直接使用實驗法或是準實驗設計法比較整體和附加的課程，對我們而言，整體課程或許是在小學和中學階段最為有用。如以上所指出的，有可能是年輕和年老學生間的發展性差異造成它更有生產性，以及在小學階段更容易採用整體課程。總之，我們也相信有非常實用的理由支持為什麼整體課程在小學階段較容易實行。首先，小學教師教導所有的學科領域，並且每天花四至六個小時（在美國每學年是一百八十天）和學生在一起，這樣的教學提供他們更多的時間和機會，不只是教導內容知識，而且還要教導學習的一般性策略。甚至有研究建議小學教師有關其對教師角色的信念，反映了一種針對學習和發展而教學的重點，相較於中學教師的信念，他們的主要反應是針對特殊

內容的知識以及學科領域知識（Calderhead, 1996）。這些信念或許造成小學老師更容易發現教導一般性策略的價值，和更喜歡嘗試教導這些策略。將時間、機會，以及有關教學和學習的支持性信念集合起來，對我們而言，在小學階段整體課程將很容易實行。

相較之下，在我們和大學教師工作的經驗中，絕大部分都認為主要的教學目標在於特定學科內容的教導（例如化學式的事實、歷史趨勢），以及特定學科的策略（例如針對解決不同等式的代數），而不是針對學習和自我調整的一般性策略的教導。事實上，我們同意這些教學者必須以其學科的專業做為他們主要的教學目標，他們缺乏有關自我調整學習的知識，他們缺乏如何去教導這一方面的專業，一般科系的課程和期望，以及在他們和學生相處的上課時間的限制（在美國每週每一科目大約三至四個小時），在這些限制下或許在大學階段很難實行統整的課程。同時，我們相信有些大學生能從一些有關的知識和學習使用調整策略的不同練習中獲得益處。根據上述，在我們的研究中使用一種附加的課程形式。使用整體或附加課程的決定並不是那麼容易，設計者必須要思考學生的年齡階段，以及學校運作的情境限制，或是大學中學術團體的知識、信念技巧，以及針對策略教學的動機和教育部、課程關心的議題。

三、轉換的議題

當然，雖然附加課程也許容易在大學階段裡實行，但有個缺

陷是關於學習的轉換，亦即是任何介入課程設計中必須思考的第三項一般性議題。這個轉換的議題已經是個老生常談的問題（Cox, 1997; Salomon & Perkins, 1989），因此有關轉換的問題我們將不予詳細的討論。總之，透過整體與附加的課程，一種統整取向或許會增加轉換的機會，因為學生在一些不同的課程情境、不同的內容領域，以及橫跨不同類型的學術作業裡，有機會去學習不同的策略（Pressley & Woloshyn, 1995; Simpson et al., 1997）。依此觀點，統整的取向或許經由「低階的路程」（low-road）方式能提升轉換（Salomon & Perkins, 1989），藉著提供橫跨不同領域和作業的練習，希望學生能從不同的練習中將策略的使用自動化。在小學階段裡針對整體課程或許是特別的真實，因為它能提供學生橫跨課程所有大部分內容領域的練習（Gaskins & Elliot, 1991）。相較之下，在大學階段的統整取向，學習策略的教學是植基於正規學科課程的內容裡（像化學課），以及必須學習轉換它們到其他學科課程（Simpson et al., 1997）。轉換的問題在這個例子與附加課程的轉換有些不同，學生必須要從學習策略的課程轉換到其他所有的學科課程，但是在大學階段裡，整體課程依然存在轉換的問題。

正如辛普森等人（Simpson et al., 1997）適切地指出，大學階段裡附加的課程，必須協助將在一特定學習如何去學習的課程中所學到的一般性策略，轉換到其他學科的學習。第一，他們建議轉換可以藉由提供學生宣稱性、歷程性，以及有關策略使用的情境知識，和配合目標、作業、內容領域和教室情境採取彈性的策

略而促進。以更近的場景來看附加的課程（McKeachie et al., 1985; Pintrich et al., 1987; Weinstein, 1994a; Weinstein & Underwood, 1985），對於學習「學習的課程」這種特殊的目標，相較於較古老的研究技巧課程的場景，常將重點放在固定學習或是研究策略的嚴格應用上。第二，辛普森等人（Simpson et al., 1997）指出，附加的課程能夠藉由從不同的內容領域提供學生不同類型的學術作業練習而促進轉換。最後，與「高階的路程」（high-road）轉換理念相同的，附加的課程能藉由鼓勵學生成為他們策略使用的後設認知及省思，而增加轉換的機會，不僅在學習「學習的課程」，也能應用到其他的學科課程。雖然轉換在附加的課程裡會比在整體的課程裡更加困難，但是這三個一般性的建議能夠增加轉換的機會和針對所有策略的介入，不管其形式如何，轉換都將是個受到關心的議題。

四、大學生的特質

正如以上所述，在小學生和大學生之間有一些重要的差異，會影響一種策略介入課程的實行。當然，經由一般認知的發展，大學生和高中生針對後設認知和自我調整，會比小學生擁有更好的能力（Pintrich, 1990; Wigfield, Eccles, & Pintrich, 1996）。但這並不代表年老的學生或是成人無法從策略的教學上獲益（Schneider & Pressley, 1989），因為年老的學生在學習和思考上具有較多的語言、概念和經驗，而可能造成上述的教學和認知以及後設認知

的討論較容易。當然,如先前指出的,大學生對於先前經驗所形成的固定策略的使用或許會更加保守。根據上述,雖然在策略教學的課程中,和大學生談論有關的策略或許會較容易,但和年輕的學生比較,讓他們改變真實的運用策略也可能會更加困難;這些人的固定策略使用或許無法就這樣論斷。

除了這些在年紀較小和較年長的學生之間的一般發展性的差異外,在大學生母群內的差異也會影響策略教學課程的效用。舉例來說,我們在密西根大學工作時發現學習「學習的課程」似乎需要一種合理程度的基本閱讀技巧(例如基本的翻譯技巧、國中程度的閱讀理解能力),以及沒有這些基本的能力,學生就無法在班上將作業做好(McKeachie et al., 1985)。我們的課程並沒有將焦點集中在功能性的閱讀技巧上,而針對學生翻譯的努力以及基本的理解性問題,策略教學的重點集中在一般學習策略,或許這對他們而言並非最有用的。如辛普森等人(Simpson et al., 1997)指出的,這些低準備程度的學生或許需要從不同的課程,例如閱讀及寫作的發展性課程、輔導老師、學習支援中心,以及電腦輔助教學上,獲得更多閱讀和寫作技巧的直接支援。

所指的就是甚至在大學生母群體中也有不同的特徵,足以和策略教學課程產生交互作用,就像是性向處理互動設計(Corno & Snow, 1986; Snow, Corno, & Jackson, 1996)。這些學生的類型是由密西根大學(McKeachie et al., 1985)或是德州大學(Weinstein & Underwood, 1985)所認定的,在一般性向、閱讀技巧、知識和過去學業成功的歷史上,與一些在綜合大學或是社區學院的學生相

較有很大的差別。舉例來說，早期密西根大學「學習如何學習」課程的學生在語文和量化的 SAT 平均數為 997，低於密西根大學生 1100－1200 的平均得分（McKeachie et al., 1985），但是這個平均數可能是針對大部分的大學生。相較之下，在社區學院的學生卻有相當不同的態度、知識和技巧的型態，以及需要一些不同種類的介入。談到這裡，確定有許多組內差異存在於大學和社區學院的學生之間。在任何事件上，存在於大學生內的變異量建議，並無一種正確的方式、方法或是課程可以幫助大學生變成自我調整的學習者。介入必須適合學生的特徵以及所在情境的要求。心中記住了這些程序步驟後，我們現在要轉頭回來，針對密西根大學的介入活動，描述我們一般的概念性架構。

針對介入教導自我調整學習的概念性架構

　　我們的概念性架構是以動機和認知的一般社會認知模式為基礎，強調學習上動機和認知的要素兩者整合的重要性（Garcia & Pintrich, 1994; Pintrich, 1989; Pintrich & De Groot, 1990; Pintrich & Garcia, 1991; Pintrich & Schrauben, 1992; Pintrich, Smith, Garcia, & McKeachie, 1993; Pintrich, Wolters & Baxter, in press; Wolters et al., 1996）。我們以理論性和實徵性的思考兩者為基礎，重新定義一般概念性的模式，因為我們早期的工作是教導大學生成為自我調

整的學習者（McKeachie et al., 1985; Pintrich et al., 1987）。雖然如此，我們已經將焦點集中，而且持續去建構一種學生學業學習的整合模式，包含了動機和認知的學習要素。

我們現在的模式（Garcia & Pintrich, 1994）建議了兩個一般性的組織結構：(1)知識／信念；(2)針對調整的使用策略和兩個一般性的領域，即認知和動機。使用一種簡單的二乘以二矩陣，跨越領域和結構的結果形成四個方格，包括認知的知識／信念，針對調整的認知和後設認知策略，動機或自我的知識／信念，以及針對調整的動機性策略。當學生參與教室的活動時，這些細格很明顯的相互交織著，但是它們能夠概念性地予以分離。這些細格的內容提供當成密西根課程的重點。針對本章，我們將焦點集中在描述認知策略的知識與運用，再回頭討論自我的知識和動機性策略的使用。

一、認知和調整學習策略的知識和應用

這些認知和調整的策略，是個體可以使用來調整他們學習的不同工具和方法。學生需要同時擁有策略的宣稱性知識（策略的內容是什麼？），以及如何去使用它們的歷程性知識兩者。最後，學生也應該擁有可以依據他們的目標、所面對的學業，以及教室情境，決定何時以及為什麼要使用這些不同策略的條件性知識（Garcia & Pintrich, 1994; McKeachie et al., 1985; Paris, Lipson, & Wixson, 1983）。

(一)認知學習策略

就認知學習策略而論，我們已經依循韋恩斯坦以及瑪雅（Weinstein & Mayer, 1986）的成果，確認複述、意義化和組織策略是與教室學業成就有關的重要的認知策略（McKeachie, et al., 1985; Pintrich, 1989; Pintrich & De Groot, 1990）。根據第一組的策略，包含了一些不同但可選擇的技術，學生可以針對基本的記憶作業包含複述，以及叢集、心像和記憶術的使用而加以運用（Schneider & Pressley, 1989; Weinstein & Mayer, 1986）。複述策略包含將學過的問題記住或是在閱讀某片段文本時大聲說出字詞，被動和較無思索性的態度來加強或強調文本的學習，也是一種較像複述的策略而不是思索性的策略。這些複述的策略強調能幫助學生從表格或文本裡獲得和選擇重要的訊息，並能保持這些訊息在工作記憶裡活動。雖然在我們的課程裡已經討論過複述策略的類型，但我們建議，針對一些在大學課程裡常需要的較複雜的作業，它們還是要有限制性的使用。我們也討論不同的心像或是記憶術，但是要再一次指出它們或許只和某些基本的記憶作業有關，針對訊息來說，大部分大學課程需要的不只是這些記憶而已。

相較之下，我們花了較多的時間在知識的課程，以及不同思考及組織策略的運用上。思考策略包含了造詞或對學過的材料做總結、創造類推或是歸納做筆記（相對於被動、逐行抄記，學生在他們的筆記裡能真正的重新組織以及連結觀念），解釋學過材料的其他觀念以及對問題提問和作答（Weinstein & Mayer, 1986）。

其他一般較深入的歷程性策略、組織性，包含了像從文本中選擇主要的觀念、對學過的文本和材料劃記，以及針對選擇和組織材料裡的觀念，使用多種的特殊技巧等行為（例如抓取重要觀念的網絡或地圖、辨認單調或繁瑣的文本結構）。針對我們討論對學生研究類型的發現，這些策略相對於複述的策略，通常會產生對所學過的材料深入了解的結果（Weinstein & Mayer, 1986）。

(二)後設認知和自我調整策略

除了認知策略以外，學生的後設認知知識以及後設認知策略的運用，對其學業成就是個很重要的影響。後設認知有兩方面：認知的知識和自我調整的知識（Brown, Bransford, Ferrara, & Campione, 1983; Flavell, 1979）。一些後設認知狀況的理論性和實證性的困惑被當成了心理上的結構，而且藉由後設認知知識和後設控制的知覺以及自我調整的議題混淆而被強化了（Brown et al., 1983; Garcia & Pintrich, 1994; Paris & Winograd, 1990; Pintrich et al., in press）。我們將有關策略的知識（什麼樣的策略適合使用？）以及作業變項（什麼樣的作業會影響成就表現，例如記憶作業相對於辨認作業）當成後設認知知識的一部分，但是我們將自我知識分類為動機性或自我知識細格的一部分（之後要討論的）。後設認知控制或是自我調整策略則包含了學生可以用來監督、控制，以及調整他們認知和學習的真實策略（Garcia & Pintrich, 1994）。

大部分的後設認知或是自我調整策略模式包含了三種一般性的策略型態——計畫、監督和調整（Corno, 1986; Zimmerman &

Martinez-Pons, 1986），和我們的模式沒什麼差別（Garcia & Pintrich, 1994; Pintrich, 1989; Pintrich & De Groot, 1990; Pintrich & Garcia, 1991; Pintrich, Smith, et al., 1993）。計畫活動已經在學生的學習，包含針對研究的目標設定、閱讀前的文本摘記、閱讀文本前的問題提出，和問題的工作分析等不同的研究中進行探索，這些計畫似乎幫助學生計畫他們認知策略的使用，也去激發或準備相關的先備知識，促進了材料的組織和理解更加容易。學習者對於這些類型計畫活動的報告與沒有使用這些策略的學生相較，似乎在不同的學術作業上表現更好（Brown et al., 1983; McKeachie et al., 1985; Zimmerman, 1989）。

監督一個人的思考以及學業行為，是自我調整學習基本的觀點。韋恩斯坦以及瑪雅（Weinstein & Mayer, 1986）將所有的後設認知活動當成理解監控的一部分。監督活動包含在一種測驗的情境中，閱讀文本及聆聽講述時能夠專心注意，從文本材料的問題運用進行明瞭、監控講述的理解，以及做測驗策略的運用等自我測試（例如監控速度和彈性時間的調整）。這些不同的監控策略，改變了學生注意力的分散，或理解從調整策略的使用能主觀的進行修復。這是我們的課程裡一項很重要的假設，因為如果學生無法監控他們的注意力以及理解力，他們就不可能了解到調整或改變他們認知和行為的需要了（Butler & Winne, 1995; Pintrich et al., in press; Winne, 1996）。學習中自我省思類型的練習，對於所有自我調整學習的模式而言是很重要的，為了要進行調整，學生必須要監控和評鑑他們的學習。

調整策略與監控策略是緊密的連結著，舉例說，學習者在閱讀時自問問題是為了對理解力的監控，然後回過頭重讀某部分的文本內容，這種重新閱讀就是一種調整策略。另外一種自我調整的策略是針對學生面對稍微困難或不熟悉的文本而閱讀速度緩慢時，如何使閱讀發生。當然，針對考試而檢查學生無法記住或良好理解之課程的材料（例如講述的筆記、文本、實驗材料、先前的測驗和報告等等），反應了一種一般性自我調整的策略。在測驗的過程中，忽略問題和回頭檢查是另一種策略，在考試中學生能用來調整他們的行為。所有的這些策略都強調藉由幫助學生修正他們的研究行為，修補理解力的不足而改善學習。當然，我們嘗試藉由在此領域研究的討論和教室實地教學的表現，以及這些策略的利用與評估的實驗，加以描述學生運用這些不同調整策略的優點。

　　我們的學習與自我調整策略模式的最後觀點是資源的安排策略，例如時間、研究環境，以及安排包含教師和學生等去學習情境的有關策略（Corno, 1986; Zimmerman & Martinez-Pons, 1986）。與學習的一般調適性取向相同的是，我們強調這些資源安排的策略幫助適應他們的環境，以及改變環境去適合他們的目標和需求。在我們的研究中所強調的資源安排策略，包含時間與研究環境以及尋求協助。

　　學生的時間管理以及他們選擇念書的地點並不是會對實際學習有直接影響的認知或後設認知策略，而是能夠協助或阻礙其完成作業的一般性策略（Zimmerman, Greenberg, & Weinstein, 1994）。

當然，知道什麼時間、如何，以及從何人身上尋求協助的學生（Newman, 1994），應該較一些無法適切尋求協助的學生更有可能成功。再次地，我們發現許多大學生在思考如何安排他們的時間和尋求協助方面需要支援。在我們的課程裡，我們討論時間安排的一般性議題，但是強調以不同的方式來組織時間，而不是一種針對工作的嚴格計畫。經由尋求協助，我們將討論研究團體和同儕學習的優點，但是強調安排這些團體去維持他們將焦點放在學業學習，而不是社會活動的重要性上。

二、自我的知識和動機性策略的應用

為了維持我們整合動機和認知的一般性模式，除了這些認知策略之外，我們也討論學習中動機的角色。更特別的是，透過了解自己當學習者的能力、針對不同學術作業和學科的自我效能，以及學習的一般性目標導向，和個人的興趣、學術作業的價值等的強弱，我們強調自我的知識之重要性（Garcia & Pintrich, 1994）。透過動機性策略，我們討論合適的歸因型態之重要性，以及避免自我跛腳（self-handicapping）的策略，像是為了要保護自我價值而採取延宕的措施（Covington, 1992）。

在自我知識方面，是對監控的一般性強調的一部分，以及對了解有關他們身為學習者的優缺點的重要因素，我們要求學生要明瞭他們自己針對學習和動機，以及有關的效能所採用的策略。經由自我的知識類型，學生可能更有能力調適他們的學習和策略

的運用，做合適的改變（Butler & Winne, 1995）。舉例而言，對於學生來說，了解他們自己基本上是依賴複述的策略，對於學習就會有限制性的用途，所以自我知識非常的重要。這些自我知識會激發他們改變對複述策略的依賴。另外，我們也強調知曉何種策略可能較適合個人的目標或嗜好這方面的重要性。舉例來說，一些學生在嘗試組織文本材料時，可能喜歡組織策略像概念配對的使用，其他學生可能不喜歡資訊或材料以視覺顯現的類型，而較喜歡以文本為基礎的方式（造詞）或是劃記的策略。再者，我們強調有關嗜好與不同策略的相關性效能連結的知識之自我的知識類型，因為它能幫助學生變成更有彈性以及自我調整的學習者，而不是嘗試將新的已經學過的策略，毫無改變的應用到所有的作業和情境。另外，我們將這個當成是學習中，自我省思練習的一個很重要的觀點。

除了自我知識之外，我們也討論到自我效能信念的角色以及學習中的焦慮（或自我懷疑）。在情境中的自我效能信念，關係到他們完成學術作業能力的判斷（Schunk, 1991），我們假設這些信念與自我效能的理論同樣都關係到情境的特殊性（Bandura, 1986），但是我們只透過不同領域（例如針對數學的自我效能）或作業（例如針對測驗的研究）的一些一般性效能信念進行討論，所以我們無法討論學生面對的學術生涯中所有的學習情境或是學術作業。為了維持我們一般性的社會認知模式，我們也強調自我效能並不是一個特質或是學生相對性一致的特徵，但是它能夠改變以及像其他策略一般能加以調整（Schunk, 1994）。在這方面，

我們嘗試向學生傳遞他們能改變自我效能信念，以及其能力可以創造增加，而不是像本質論一樣固定不變（Dweck & Leggett, 1988）。許多學生在課程裡報告說人們在大學之初，對於課程抱著非理性高程度的自我效能，以高中時的高學業成就為基礎，很少付出努力，但經過幾次貧乏的表現後，這些學生的自我效能就降低了，因此這些學生就登記學習如何學習，以改善自己的成就和自我效能。

　　同時，我們強調擁有相關性能力的真實知覺之重要性，而不是極端的低效能知覺，知道了就會使學習和成就產生衰弱，或是非常樂觀以及非理性的高效能知覺（Pintrich & Schunk, 1996）。透過我們自我調整學習的模式，我們思考針對學習的判斷而提供合適的基礎資訊，讓學生擁有對其能力真實的知覺是非常重要的。也就是說，如果學生能相對地釐清他能做的與不能做的，那麼他們就更可能去使用這些資訊，在學習策略的運用上做合理的改變。相對地，如果學生對他們學習的能力過度地有信心，那麼他們可能會假設他們現在的學習策略和研究習慣是良好的而不需要改善。這個真正以及理性的自我評估的重點，與提高學生自尊或自我價值的一般性課程相較，不是以學生真實的成就作為基礎的。我們強烈的相信，真實的自我知覺與創造增加的信念之改變機率相配對，對於學習而言是更初階的，而不是過度樂觀和自尊的一般性情感，這些會真正的被誤導而最後對學習造成傷害。

　　討論了部分的自我效能後，我們也討論測驗的焦慮和自我懷疑的類型，以及在測驗情境中常產生的擔憂。雖然我們認為測驗

焦慮是從自我效能中分離出來的構念，但是通常在文獻中常討論到二個測驗焦慮的次要成份，也就是擔憂和情緒性。擔憂的成份較屬於認知並且在測驗的情境包含了「自我混淆的作用」（self-perturbing ideations）（Bandura, 1986），其常常超越控制扶搖直上，並且中斷注意力和作業（例如「我並不了解這個問題，這個測驗我將會不及格，這能解釋這個課程我將會不及格，以及我將被趕出學校」）。這些擔憂的想法與自我效能的信念有關，但是即便學生擁有良好的效能信念，在測驗的情境中也常常變得神經質和焦慮，造成他們自己本身思想及作業的中斷。我們的課程裡嘗試建議不同做測驗的策略（例如測驗時先從簡單的部分做起，如果答案無法立即出現，則先跳過然後再回頭作答），這能幫助學生重新獲取思想的控制並避免想法分散（Hill & Wigfield, 1984）。另外，這些策略針對控制測驗情境產生的一般性負面感情和情緒或許會有用。

　　除了效能和焦慮外，我們也和學生針對不同的課程討論他們的興趣和價值。興趣假設為學生對於課程內容的個人喜好，但不是由教室的特徵或是課程的內容所激發的情境式興趣（Hidi, 1990; Schiefele, 1991）。價值關係到學生既定的目標中，他們對於課程內容的重要性及利用性的知覺（Garcia & Pintrich, 1994）。我們並不強調所有的學生針對其所有的大學課程，都需發展出個人的興趣和高度的價值及利用，反而是採用了一種理性的觀點，針對個人的價值觀和興趣較低時，建議他們去選擇一些需要的課程。總之，我們嘗試去指出在這些例子中，針對他們努力和學習的自我

調整需要，與具有較高的價值和興趣者相較能變得更高（Pintrich & Schrauben, 1992; Sansone, Weir, Harpster, & Morgan, 1992）。當然，以一些他們的興趣和價值的自我知識作為準備，以及興趣、價值和他們的學習之間的關係，針對不同課程中更多的策略和自我調整的學習，希望學生都能辨認這個需求。

我們討論的動機性知識的最後觀點是精熟或學習目標，以及成就或外在目標之間的一般性差異，我們是採取目標導向的理論來定義這些研究（Ames, 1992; Dweck & Leggett, 1988; Maehr & Midgley, 1991）。精熟目標定義成學生將焦點集中於學習的取向，並且精熟這些材料和追求自我提升；相對地，在外在目標導向下，學生將焦點集中於獲得晉級或從他人處得到讚賞、追求報酬或超越他人。有一些研究建議，有必要將涉及分數和獎賞的外在目標導向，和相對來說強調競爭和打敗他人的能力導向予以區分（Pintrich & Garcia, 1991; Wolters et al., 1996）。

大致來說，研究建議採取精熟目標導向同時對於動機和認知的結果，以及整個學業成就有正向的關係（Ames, 1992; Pintrich & Schunk, 1996）。根據上述，我們鼓勵學生對於大學的作業要採取精熟的導向。同時，有一些證據建議針對大學生而言，若在學習上缺乏內在動機，最起碼也要採取外在的目標導向（最少要關心分數），那麼也能與自我調整策略的使用和學業成就間形成正向的關係（Pintrich & Garcia, 1991）。當然，採取理性的觀點來看，我們知道分數在大學的生活來說是項事實，並且與未來的生涯議題有關聯，我們並不鼓勵學生忽視分數，但是我們嘗試幫助他們

了解分數在情境脈絡中所扮演的角色，並且避免過度相信分數是他們大學課程的唯一明確（defining）目標。

　　雖然學生能夠在教室裡採用一些不同的動機策略（Garcia & Pintrich, 1994），但是我們在課程中還是將焦點放在歸因所扮演的角色。歸因理論和研究（Weiner, 1986）已經一再地證實學生對其成敗的歸因在其未來的動機與成就上的重要角色。特別是，在失敗的情況中，顯現將原因歸因於努力或策略的使用而非內在能力所造成的，而這樣的歸因是有其彈性的（Borkowski, Weyhing, & Carr, 1988; Pintrich & Schunk, 1996; Weiner, 1986）。也就是說，如果學生將他們的失敗歸因於缺乏努力和策略，這些歸因通常會被知覺成可控制的、內在的和不穩定的，因此提供了在面對未來任務時改變的可能性。雖然我們沒有進行正式的歸因性再訓練（Fo-ersterling, 1985），但我們針對歸因理論和一般性的歸因法則進行討論，而學生會利用這些來調整其動機，我們現在回頭討論這些概念性的架構如何在密西根大學裡真正的執行。

「學習去學習」介入策略的實施

一、描述

　　「學習去學習」是密西根大學心理學系提供給大學生的一套

緒論性的課程。這套課程最初施教是在一九八二年的秋季。這套課程包含了一個大學程度社會科學所需的內容，而且在註冊時不需要基礎的證明。

　　這個展現在學生的課程目標有二：第一個目標是教導學生認知與動機心理學的基本概念。我們給學生的解釋是：在學習與思考的方面，他們的經驗已經夠多了，但是他們可能很少去想一想學習和思考的過程。一個認知心理學的緒論課程可以使他們更了解關於學習活動、記憶、解題等等的心理過程。除此之外，經由對認知與動機基本過程的了解，我們希望這會幫助他們建立額外的、關於何時及如何使用這些不同策略的知識。

　　第二，更加重要的目標是讓學生將這些概念應用在大學中本身課程的學習上。課程的目標在於經由幫助學生發展他們在大學課程中和以後的學習技能，以及調整策略以增加學生在學習時的效能。除此之外，我們期望當學生應用這些概念時，也能夠反省他們自己的學習狀況。當終身學習的概念在教育中變得愈來愈重要時，我們的原理是，優良的教學是要包含教導學生如何學習、如何思考，以及如何激勵他們作為一位自我調整和自我反省的學習者（Weinstein & Mayer, 1986）。

二、學生

　　雖然本課程是對外開放，即每個人都可以註冊入學，但本課程的主要對象是針對大一及大二在第一學期的課程上遭遇困難的

學生。學生從大學各個學院前來註冊，對於這個課程的需求，遠超於每個學期能夠提供註冊的人數容量。

學業顧問與幾位進行註冊的學生進行諮商，然而其他的學生只能根據自己的狀況選課。在這個課程註冊的學生通常已經對自己的學業表現感到失望，並且希望在主修的領域上的表現變得更加精進。

根據註冊的自我選擇的特性，這些在不同學業見習期的學生，表示自己在遭遇學業困難的一個重要指標，就是第一次拿到「B」的時候。在這些真正遇到學業困難的學生中，原因各有不同：有些人在高中時缺乏適當的準備，有些人是因為過度沈溺於管理自己生活所擁有的自由空間，而有一些學生則是在安排要完成的目標時，把學業安排在後面的序位，有一些學生則是具有某種無法診斷出來的學習障礙，一些學生則認為在高中時習得的學習策略，在大學無法有效的使用。

這個課程的學生在自我調整上的巨觀層面與微觀層面兩者上常常都進行得不太順利。在閱讀、學習、工作與準備考試時，他們缺少對學習的監控和評估，而且他們十分缺乏關於本身反省與修正學習策略的實務。在許多方面，他們同時也遭遇到自我調整的難題，正如許多高中學生會被在學業上提供誘因結構或是支持的家長或老師所施予的他人調整（other-regulated）所影響，學生會覺得他們的自我調整時間、精力，以及動機等能力是相當不足的。在許多的狀況下，這種資源管理就是主要的焦點了。學生在這個課程的差異以及對需求的不同，對於課程的設計、教學，以

及教學內容取捨上形成了相當大的挑戰。

三、課程的形成

本課程的設計是四個學分，每週四小時。其中二小時是上課，另外二小時是實際的討論。整個班級共有七十五至一百名學生，授課的教授在班上帶領兩次一小時的講解，講解內容包括認知心理學的原理、概念，以及研究結果。除此之外，二十至二十五名學生組成的小團體一週聚會一次，在研究所學生擔任的導師之領導下進行實地討論。實際的討論以示範、團體工作、設計用來增進自我反省與自我調整的應用與實務的活動等，來提供上課中所呈現的概念，與學生本身的學習二者之間的連結。

四、課程的主題

正如前述，本課程最重要的主題在於讓學生成為自我調整及自我反省的學習者。因此，本課程的目標之一就是讓學生可以經由漸進的學習過程更加自我反省以及富有策略性，來掌控自己的學習狀況。班級提供學生學習與動機的理論、許多的學習策略，以及使用策略的理由與背景、應用這些策略的實務以及對這些實務的反省機會。一些關於注意力及其應用情形的特定領域將在以下加以描述以作為課程主題的說明。

(一)訊息處理

我們教導學生有關人類記憶的訊息處理模式，包括感官記憶（sensory memory）、工作記憶（working memory），以及長期記憶（long-term memory）的容量與處理過程。我們也指出記憶是如何被幾個變因來影響，其中包括增強記憶力以及遺忘的助長。我們強調教材的有意義與否，特別會影響學習與記憶的狀況。舉例來說，在一個簡短的班級實驗中，給予班上一半的學生一段主題句子，然後請學生大聲朗誦，而另外一半對於這段句子的脈絡毫無所悉。此後，要求學生盡可能的回憶句子的內容，結果顯示對於標的資訊脈絡的了解有助於理解以及回憶。接著我們教導學生如何利用概念構圖來組織課程的資訊，並且示範如何將資訊組織成為有利記憶的階層框架。利用同樣的方式，學生學到了精緻化和組織等策略，並將新教材與先備知識做連結。

(二)做筆記

在班級活動中，將學生加以配對來檢查他們在兩門課做的筆記，兩門課包括「學習去學習」以及主要科目（target course），主要科目係由每位學生將在「學習去學習」的課程中實際學到的原理、策略特別應用上的科目。學生討論筆記呈現的方式和彼此之間的異同，以及使用不同形式的理由。學生針對筆記的某些部分做重新改寫，以便重新組織教材以因應考試。我們對學生所強調的重點並不是學生運用所有的時間重新改寫上課筆記，而是學

生應當要練習更好的摘記筆記的技巧而使其成為自動化，然後學習可以做出更精緻的筆記。學生也應該要練習卡奈爾摘記系統（Cornell note-taking system）（Pauk, 1993），這是一套運用兩個欄位摘記來使課後的筆記更精緻化的方法。

(三)考試的因應與準備

我們依照慣例請學生收集考試的可能考題，對其他同學問題的寫作與回答也是在考前複習方法的一種。我們提供了一些包括沒有意義的複選題來討論應試技巧，這些題目可以讓活動的架構更加地顯而易見。相同地，我們也提供在論文題測驗上修正技巧的機會。學生以寫作來回答與「學習去學習」有關的論文題，並且給學生一套不具名的答案，請他們加以朗讀、評估並加以排序。學生可以從別人的答案中去確認、分辨什麼是好的答案。在小團體中，學生比較彼此的排名、以批判性的角度檢驗回應，並且考量選項中的最佳答案，這樣一來，以上的能力都能更加精進。班上也討論著一些議題，包括如何有效回答論文題的方法，例如先了解問題的各個部分、了解分析與報導之間的差異、忽略不重要的資訊等諸如此類的部分。然後學生可以改寫他們的論文式問題，並且學生們可以由研究所學生所擔任的導師處得到回饋，進而擴充視野。

(四)目標設定

為了要幫助學生將大的目標分解成為許多個可以處理的目標，

我們讓學生由遠而近去確認他們自己的目標。舉例來說，我們要求學生從下列的目標中去確認兩個目標：生活目標、大學目標、學期目標、課程目標、下一週的目標，以及今日的目標。我們鼓勵學生專注在目前他們本身可以做的部分，以便可以一步步接近最大的目標，並且能夠將他們的成功與失敗歸因於自己的努力以及策略。我們要求學生將他們的表現結果視為本身內在的以及可控制的因素，而且讓學生了解選修像「學習去學習」這樣的課程，就是達成目標的方法之一。

(五)時間管理

在課程裡有一次兩天的課程，老師期望所有學生記錄下一天所有的活動。學生利用一個以小時為單位的表格來說明每天不同的活動，如睡眠、上課、學習、社交、看電視、吃東西等等。學生帶著這些記錄到教室並且與同學一起討論。在學生上完時間管理的課以後，學生彼此扮演顧問的角色，評估現有的時間運用情形以及其他可行的策略，發展出一套密集且具有彈性的每週學習指引。這個活動的結果讓每位學生根據學期中在特定課程所付出的專注來改變課程的需要，例如考試以及作業。這個活動同時也讓學生利用一套監控未來與回饋的工具，來反省目前運用時間的情形，同時評估運用時間的效能，發展出更好的調整策略，並且得到一個能夠掌握本身時程表的感覺。

其他課程的主題（如合作學習、動機策略等等）也是以同樣的方式，運用講授以及課本來提供在教室以及回家作業上，自我

反省活動理論的架構。如果可能的話，這些主題可以用來作為繼續不斷的監控以及反省實務。舉例來說，學生做筆記的技巧在學期中仍被提出，以便來評估這個課堂習得技巧的效能，而課堂的考試也是用來反省學習策略的工具。對於動機策略的討論也包含在課程中，其主要概念在於未來的課程中會被提起，然後在課程中會以學生的角色扮演來加以說明。同時在這套課程實施的第一天，學習「動機策略問卷」（MSLQ; Pintrich, Smith, et al., 1993）來施測。

五、課程教材與需要的物品

(一)教科書

在這個課程中有兩本教科書，內文基本上是呈現學習的認知過程的理論，與研究的認知心理學教科書（Matlin, 1994）。一般來說，雖然這課程具有應用的性質，的確使這教材比其他的教材更容易讓學生了解。但是我們發現認知心理學的課本對沒有上過心理學概論的學生來說太難了。我們用實際的學習技巧書籍來作為教科書的補充材料（Pauk, 1993）。雖然這本書對學生來說是很容易閱讀的，而且提供對學生有用的特定建議，但是這些卻是非理論性的呈現。這個課程的確需要一套呈現實際學習策略與理論應用的認知心理學原理的教科書。一本理想的教科書可以對那些對心理學只有一點點或甚至沒有背景的學生介紹理論上的概念。

(二)考試

　　我們可以用兩次小考、兩次期中考試，以及期末考來增加學生對於教材、講課，以及教室討論的理解。這些評量是複選題、簡答題、論文式問題，包含著漸進的難度及要求所組合而成的。教室的討論包括對認知策略的專注、應用在應試技巧的後設認知過程，以及有效的展示，並重視各種不同的學習策略。整個課程中評量的長度與難度漸漸增加，對學生來說這是一種日益增加的挑戰。在這些考試上的得分，以及在課程上所需的部分，並非是競爭及扭曲的。總之，教師應當鼓勵學生必須從同班同學處學習，並且幫助同學學習。

(三)研究計畫

　　在整個課程實施的過程中，我們將學生以三到五名為一組去發展、執行，並且寫下一個實際的研究計畫。學生在教室裡針對研究以口頭做簡報。研究計畫有三個主要的目的：第一，以心理學家的方式進行研究，可以使學生增加實際的經驗。由於這些研究專注於學習等的相關議題，研究中所蒐集的資料可以幫助學生了解不同學習方式的優缺點，並增加他們的相關知識。第二，從研究計畫中，學生可以學到如何將課程中學習到的概念加以應用以及使其精緻化。第三，研究可以使學生在一種專注於團體過程與有效團體工作的狀況下，練習去和其他的同學合作學習。

　　研究計畫的主題聚焦在學習上，並且運用小型實驗、調查或

是觀察研究等形式來加以實施。舉例來說，在某個特定的研究中，學生比較複述（rehearsal）策略與精緻化（elaborative）策略的相關功效；在另外一個觀察研究中，學生去比較學生在圖書館中或校園學習分心與不在工作中（off-task）的次數。學生所選定的研究，通常提供學生一個反省本身學習狀況以及和他人合作實施研究所需要技巧的機會。如果需要的話，每一個研究團體會在教學者的指導之下，在期中實施一次團隊的效能評鑑，提供團體期中修正的機會。

(四) 日 誌

學生在整個學期中都保持著一份日誌（journal）。老師每週給予學生幾個導引的問題，讓他們在讀物、講演，以及教室中做反省，並且將這一課程的教材與他們自己作為學習者的經驗相互統整起來。導引問題的實例包括：「請你反省在本週的測驗準備，描述一下你是如何準備考試的，在考試時以及閱讀文章時你做了些什麼？什麼策略對你是有用的？什麼策略對你是無用的？哪些策略是你想在未來繼續使用的呢？」以及「在什麼狀況下，會產生減少效率的緊張與焦慮？在這些情形下如何降低有害的緊張和焦慮？」我們鼓勵學生寫下他們心中作為一位學習者的想法，像是在運用學習策略時，或是在一個特定的星期中他們的改變。我們設計這些作業來鼓勵學生在學習中養成自我反省的習慣。

學生日誌的基本焦點，在於讓學生報告在主要課程的學習與動機上的改變。我們也會加入一些學生在其他科目中也可以得到

益處的策略，我們也要求學生確認哪些科目是可以運用新策略去學習，並且報告他們這樣做的進步情形。我們期望學生在日誌中去描述他們在主要科目中所運用的特定策略，及其在學習中所表現出來的效果。

在學生與研究生導師之間，日誌也是一種對話的形式。學生在學期中繳交日誌給導師，然後導師提供回應。除此之外，學生與班上的同學可以交換日誌並給予對方回饋、回應、建議與支持，經由這種方式，學生可以學習到彼此的經驗。設計日誌的目的在於鼓勵學生的後設認知想法、自我調整，以及增強他們成為自我反省的學習者的實務。

 # 研究與實務的未來方向

關於教導「學習去學習」的課程上有著許多不同的觀點，我們實施研究來了解關於參與這個課程學生的動機與認知情形（如 Hofer, Yu, & Pintrich, 1997; McKeachie et al., 1985）。這個研究幫助我們修正我們的概念模式，以及對這個課程的教學。早期的研究指出，這個課程對學生的學業成績（GPA）有一些影響，而且降低學生的考試焦慮並增強了學習效果（McKeachie et al., 1985）。近來，我們考量了全面性的動機與認知的因素（Hofer et al., 1997），我們發現這個課程增加了學生對學習的掌握傾向、學習效能，以及對這課程的評價和興趣，並且降低了考試的焦慮。除

此之外,學生增加了對策略使用上的自我陳述次數。更加重要的是,在對這個課程的學生的相關研究分析指出,學生的動機信念(對目標的掌握、效能、興趣與價值)與學生的認知和自我調整策略是成正相關的(Hofer et al., 1997)。在這個模式中,指出了在自我調整學習中,動機與認知兩個因素都是十分重要的。

一般而言,除了在本章節中已經陳述過的四個主要主題外,我們的實際工作指出,對於大學學生而言,動機與認知因素的介入有其功效。當然,目前大部分的研究只關注學生在「學習去學習」這個課程中的學習表現,而未來的研究重點在於學生如何將課程中學到的部分移轉到其他的課程上。然而,早期的研究(McKeachie et al., 1985)以及韋恩斯坦的作品(如 Weinstein & Underwood, 1985)在大學學生的成績以及表現上有其貢獻。但是十分清楚的是,從我們的研究結果以及早先相關的研究(Pintrich & Schrauben, 1992; Wolters et al., 1996)和其他學者(Borkowski, Carr, Rellinger, & Pressley, 1990; Pressley & Woloshyn, 1995)的發現,認為動機是一個可以幫助去形成學生運用不同認知及自我調整策略的重要因素。總而言之,我們認為在教導任何認知與自我調整策略的時候,動機是一個必須加以考量的重要主題。

我們所關注的第二個主題是關於統整運用與附加課程設計。我們的研究僅僅運用附加課程,所以無法提供有利的實證證據。但是,我們認為這個主題與在學校實施的條件限制有關,而與實證證據無關。我們認為附加的課程,特別在大學程度中是十分有效的,因為在大學中,老師在特定內容的課程中是不太可能教導

一般的學習及自我調整策略。在此同時，一些大學生對附加介入措施的一般策略仍有其需求。然而，在研究上仍有一種如何在課程中運用作業以及教學策略，將附加課程設計得更好的要求。辛普森及其同僚（Simpson et al., 1997）建議有必要設計各種不同的作業，以適應不同的課程與科目。這種一般策略教學的脈絡化（contextualization）對於大學生來說是有效的，並且在他們的策略轉換過程中能有一臂之力。但是，在不同科目、不同作業的分類上，以及他們所學習得到的知識與策略的種類上，仍有必要來加以研究（Burrell, Tao, Simpson, & Mendez-Berrueta, 1997; Pintrich, 1994）。

　　除了轉換以外，在教導大學生運用自我調整學習策略上仍有許多未解的問題。我們在一般策略的轉換上有實際證據，例如在學業成績上有一些改變（McKeachie et al., 1985）。但是我們對於轉換的過程卻只有少許的資訊，也就是說，學生如何將他們在附加課程中所習得的策略加以應用在其他班級上。這種資訊很難用自陳量表的方式，或是全面的評量如學業成績，或是學後保留來取得。我們有需要作更多過程取向（process-oriented）的研究，這類的研究包含了許多的質化以及民俗誌觀察，在學生登記進入「學習去學習」以及離開時跟學生作面對面的會談。這類的研究包含了對學生在不同課程中嘗試使用（或不使用）學習策略的深度分析。除此之外，對學生所實施的縱貫性研究，對於檢驗學生在大學生涯中的自我調整的發展軌跡是有用的，以及檢驗任何在大學階段的介入策略的認知殘餘量（cognitive residue）。

最後，大部分在大學階段的介入策略，專注於策略的主要效果，而對於不同類型的學生所產生的潛在交互作用則未加檢驗。當然，有一些研究討論**在**大學階段學生的學習型態，以及學生課程特質之間的互動關係，但是我們認為在這領域中，強烈的特質模式與個人學習型態的假設並不一定有用。相反地，我們假設學生帶到學校課程不同的認知與動機信念與策略並非特質，而是可以改變與解決的。然而，在這些可能限制或是助長自我調整策略學習的不同信念與策略上，並未見有相關的研究。

　　舉例來說，在認識論信念的範圍內（參見 Hofer & Pintrich, 1997），史卡曼（Schommer, 1993）已經指出關於知識信念的特定類型似乎限制了深層過程策略的運用。因此，有可能並不是大學生不知道學習策略以及如何及何時使用策略，而是他們擁有其他限制使用策略的信念存在。如果是這樣的話，我們建議介入的策略應當針對這些信念來作為介入措施的一部分。這樣子的分析提供大學生的一般目標，以及這些學生的學習傾向目標。也就是說，學生可能會採取某些預先設定的目標，並只運用某些類型的策略（Pintrich & Garcia, 1991; Pintrich & Schrauben, 1992）。關於與這些不同的信念和目標與介入策略的特性互動的研究並不多見，而我們需要許多關於大學生策略教學的性向處理交互作用（aptitude-treatment interaction）的研究。

　　總而言之，我們在這個領域正在進步的情形是十分清晰的，我們的概念模式、研究，以及教學計畫愈來愈純熟而有效率。但是在未來的研究中仍有許多重要的理論與實證的主題需要解答。

除此之外，對於更多的如何去教導大學生或是任何需要的學生成為自我調整者的教學內容知識上的分享仍然是有需要的。我們希望對於在大學階段的自我調整學習教學的方法能夠加以討論，這有助於引起在教室中使用自我調整學習的不同方法、策略，以及課程上的討論。

致謝

我們向本書的編輯戴爾·香克、欽墨曼（對於前述草稿的評論）致謝。更重要的是，我們感謝我們在密西根大學的同事比爾·麥可基（Bill McKeachie）對這個領域上的領悟、知識，以及協助。身為在密西根大學「學習去學習」課程的開創者與發展者，比爾讓我們在這一章的工作得以完成。

參考書目

Ames, C. (1992). Classrooms: Goals, structures, and student motivation. *Journal of Educational Psychology, 84,* 261–271.

Bandura, A. (1986). *Social foundations of thought and action: A social cognitive theory.* Englewood Cliffs, NJ: Prentice-Hall.

Borkowski, J. G., Carr, M., Rellinger, E., & Pressley, M. (1990). Self-regulated cognition: Interdependence of metacognition, attributions, and self-esteem. In B. F. Jones & L. Idol (Eds.), *Dimensions of thinking and cognitive instruction* (pp. 53–92). Hillsdale, NJ: Erlbaum.

Borkowski, J. G., Weyhing, R., & Carr, M. (1988). Effects of attributional retraining on strategy-based reading comprehension of learning-disabled students. *Journal of Educational Psychology, 80,* 46–53.

Brown, A. L., Bransford, J. D., Ferrara, R. A., & Campione, J. C. (1983). Learning, remembering, and understanding. In J. H. Flavell & E. M. Markman (Eds.), *Handbook of child psychology: Cognitive development* (Vol. 3, pp. 77–166). New York: Wiley.

Burrell, K., Tao, L., Simpson, M., & Mendez-Berrueta, H. (1997). How do we know what we are preparing our students for?: A reality check of one university's academic literacy demands. *Research and Teaching in Developmental Education, 13,* 55–70.

Butler, D., & Winne, P. (1995). Feedback and self-regulated learning: A theoretical synthesis. *Review of Educational Research, 65,* 245–281.

Calderhead, J. (1996). Teachers: Beliefs and knowledge. In D. Berliner & R. Calfee (Eds.), *Handbook of educational psychology* (pp. 709–725). New York: Macmillan.

Corno, L. (1986). The metacognitive control components of self-regulated learning. *Contemporary Educational Psychology, 11,* 333–346.

Corno, L., & Snow, R. (1986). Adapting teaching to individual differences among learners. In M. Wittrock (Ed.), *Handbook of research on teaching and learning* (pp. 605–629). New York: Macmillan.

Covington, M.V. (1992). *Making the grade: A self-worth perspective on motivation and school reform.* New York: Cambridge University Press.

Cox, B. (1997). The rediscovery of the active learner in adaptive contexts: A developmental-historical analysis of transfer of training. *Educational Psychologist, 32,* 41–55.

Dweck, C. S., & Leggett, E. L. (1988). A social-cognitive approach to motivation and personality. *Psychological Review, 95,* 256–273.

Flavell, J. H. (1979). Metacognition and cognitive monitoring: A new area of cognitive-developmental inquiry. *American Psychologist, 34,* 906–911.

Foersterling, F. (1985). Attributional retraining: A review. *Psychological Bulletin, 98,* 495–512.

Garcia, T., & Pintrich, P. R. (1994). Regulating motivation and cognition in the classroom: The role of self-schemas and self-regulatory strategies. In D. H. Schunk & B. J. Zimmerman (Eds.), *Self-regulation of learning and performance: Issues and educational applications* (pp. 127–153). Hillsdale, NJ: Erlbaum.

Gaskins, I., & Elliot, T. (1991). *Implementing cognitive strategy training across the school: The Benchmark manual for teachers*. Cambridge, MA: Brookline Books.

Hattie, J., Biggs, J., & Purdie, N. (1996). Effects of learning skills interventions on student learning: A meta-analysis. *Review of Educational Research, 66*, 99–136.

Hidi, S. (1990). Interest and its contribution as a mental resource for learning. *Review of Educational Research, 60*, 549–571.

Hill, K., & Wigfield, A. (1984). Test anxiety: A major educational problem and what can be done about it. *Elementary School Journal, 85*, 105–126.

Hofer, B., & Pintrich, P. (1997). The development of epistemological theories: Beliefs about knowledge and knowing and their relation to learning. *Review of Educational Research, 67*, 88–140.

Hofer, B., Yu, S., & Pintrich, P. R. (1997, August). *Facilitating college students motivation and self-regulated learning*. Paper presented in a symposium on "Learning strategies: Conceptual and methodological issues" at the European Association for Research on Learning and Instruction, Athens, Greece.

Maehr, M., & Midgley, C. (1991). Enhancing student motivation: A schoolwide approach. *Educational Psychologist, 26*, 399–427.

Matlin, M. (1994). *Cognition*. New York: Holt, Rinehart & Winston.

McKeachie, W. J., Pintrich, P. R., & Lin, Y. G. (1985). Teaching learning strategies. *Educational Psychologist, 20*, 153–160.

Newman, R. S. (1994). Adaptive help-seeking: A strategy of self-regulating learning. In D. H. Schunk & B. J. Zimmerman (Eds.), *Self-regulation of learning and performance: Issues and educational applications* (pp. 283–301). Hillsdale, NJ: Erlbaum.

Paris, S. G., Lipson, M. Y., & Wixson, K. K. (1983). Becoming a strategic reader. *Contemporary Educational Psychology, 8*, 293–316.

Paris, S. G., & Winograd, P. (1990). How metacognition can promote academic learning and instruction. In B. F. Jones & L. Idol (Eds.), *Dimensions of thinking and cognitive instruction* (pp. 15–51). Hillsdale, NJ: Erlbaum.

Pauk, W. (1993). *How to study in college*. Boston: Houghton-Mifflin.

Pintrich, P. R. (1989). The dynamic interplay of student motivation and cognition in the college classroom. In C. Ames & M. L. Maehr (Eds.), *Advances in motivation and achievement: Motivation-enhancing environments* (Vol. 6, pp. 117–160). Greenwich, CT: JAI Press.

Pintrich, P. R. (1990). Implications of psychological research on student learning and college teaching for teacher education. In W. Houston (Ed.), *Handbook of research on teacher education* (pp. 826–857). New York: Macmillan.

Pintrich, P. R. (1994). Continuities and discontinuities: Future directions for research in educational psychology. *Educational Psychologist, 29*, 137–148.

Pintrich, P. R., & De Groot, E. V. (1990). Motivational and self-regulated learning components of classroom academic performance. *Journal of Educational Psychology, 82*, 33–40.

Pintrich, P. R., & Garcia, T. (1991). Student goal orientation and self-regulation in the college classroom. In M. L. Maehr & P. R. Pintrich (Eds.), *Advances in motivation and achievement: Goals and self-regulatory processes* (Vol. 7, pp. 371–402). Greenwich, CT: JAI Press.

Pintrich, P. R., Marx, R., & Boyle, R. (1993). Beyond cold conceptual change: The role of motivational beliefs and classroom contextual factors in the process of conceptual change. *Review of Educational Research, 63,* 167–199.

Pintrich, P. R., McKeachie, W. J., & Lin, Y. G. (1987). Teaching a course in learning to learn. *Teaching of Psychology, 14,* 81–86.

Pintrich, P. R., & Schrauben, B. (1992). Students' motivational beliefs and their cognitive engagement in classroom tasks. In D. Schunk & J. Meece (Eds.), *Student perceptions in the classroom: Causes and consequences* (pp. 149–183). Hillsdale, NJ: Erlbaum.

Pintrich, P. R., & Schunk, D. H. (1996). *Motivation in education: Theory, research and applications.* Englewood Cliffs, NJ: Merrill Prentice-Hall.

Pintrich, P. R., Smith, D. A. F., Garcia, T., & McKeachie, W. J. (1993). Predictive validity and reliability of the Motivated Strategies for Learning Questionnaire (MSLQ). *Educational and Psychological Measurement, 53,* 801–813.

Pintrich, P. R., Wolters, C., & Baxter, G. (in press). Assessing metacognition and self-regulated learning. In G. Schraw (Ed.), *Issues in the measurement of metacognition.* Lincoln, NE: University of Nebraska Press.

Pressley, M., Borkowski, J., & Schneider, W. (1987). Cognitive strategies: Good strategy users coordinate metacognition and knowledge. In R. Vasta & G. Whitehurst (Eds.), *Annals of child development* (Vol. 5, pp. 89–129). Greenwich, CT: JAI Press.

Pressley, M., Borkowski, J., & Schneider, W. (1989). Good information processing: What it is and what education can do to promote it. *International Journal of Educational Research, 13,* 857–867.

Pressley, M., Harris, K., & Marks, M. (1992). But good strategy instructors are constructivists! *Educational Psychology Review, 4,* 3–31.

Pressley, M., & Woloshyn, V. (1995). *Cognitive strategy instruction that really improves children's academic performance.* Cambridge, MA: Brookline Books.

Salomon, G., & Perkins, D. (1989). Rocky roads to transfer: Rethinking mechanisms of a neglected phenomenon. *Educational Psychologist, 24,* 113–142.

Sansone, C., Weir, C., Harpster, L., & Morgan, C. (1992). Once a boring task, always a boring task? The role of interest as a self-regulatory mechanism. *Journal of Personality and Social Psychology, 63,* 379–390.

Schiefele, U. (1991). Interest, learning, and motivation. *Educational Psychologist, 26,* 299–323.

Schneider, W., & Pressley, M. (1989). *Memory development between 2 and 20.* New York: Springer-Verlag.

Schommer, M. (1993). Epistemological development and academic performance among secondary students. *Journal of Educational Psychology, 85(3),* 406–411.

Schunk, D. H. (1991). Self-efficacy and academic motivation. *Educational Psychologist, 26,* 207–231.

Schunk, D. H. (1994). Self-regulation of self-efficacy and attributions in academic settings. In D. H. Schunk & B. J. Zimmerman (Eds.), *Self-regulation of learning and performance: Issues and educational applications* (pp. 75–99). Hillsdale, NJ: Erlbaum.

Schunk, D. H., & Zimmerman, B. J. (1994a). Self-regulation in education: Retrospect and prospect. In D. H. Schunk & B. J. Zimmerman (Eds.), *Self-regulation of learning and performance: Issues and educational applications* (pp. 305–314). Hillsdale, NJ: Erlbaum.

Schunk, D. H., & Zimmerman, B. J. (1994b). *Self-regulation of learning and performance: Issues and educational applications*. Hillsdale, NJ: Erlbaum.

Simpson, M., Hynd, C., Nist, S., & Burrell, K. (1997). College academic assistance programs and practices. *Educational Psychology Review, 9*, 39–87.

Snow, R., Corno, L., & Jackson, D. (1996). Individual differences in affective and conative functions. In D. Berliner & R. Calfee (Eds.), *Handbook of educational psychology* (pp. 243–310). New York: Macmillan.

Weiner, B. (1986). *An attributional theory of motivation and emotion*. New York: Springer-Verlag.

Weinstein, C. E. (1994a). Strategic learning/strategic teaching: Flip sides of a coin. In P. R. Pintrich, D. R. Brown, & C. E. Weinstein (Eds.), *Student motivation, cognition, and learning* (pp. 257–273). Hillsdale, NJ: Erlbaum.

Weinstein, C. E. (1994b). Students at risk for academic failure: Learning to learn classes. In K. W. Prichard & R. M. Sawyer (Eds.), *Handbook of college teaching: Theory and applications* (pp. 375–385). Westport, CT: Greenwood Press.

Weinstein, C. E., & Mayer, R. (1986). The teaching of learning strategies. In M. Wittrock (Ed.), *Handbook of research on teaching and learning* (pp. 315–327). New York: Macmillan.

Weinstein, C. E., & Underwood, V. L. (1985) Learning strategies: The how of learning. In J. Segal, S. Chipman, & R. Glaser (Eds.), *Thinking and learning skills: Relating instruction to research* (Vol 1, pp. 241–258). Hillsdale, NJ: Erlbaum.

Wigfield, A., Eccles, J., & Pintrich, P. R. (1996). Development between the ages of 11 and 25. In D. Berliner & R. Calfee (Eds.), *Handbook of educational psychology* (pp. 148–185). New York: Macmillan.

Winne, P. (1996). A metacognitive view of individual differences in self-regulated learning. *Learning and Individual Differences, 8*, 327–353.

Wolters, C., Yu, S., & Pintrich, P. R. (1996). The relation between goal orientation and students' motivational beliefs and self-regulated learning. *Learning and Individual Differences, 8*, 211–238.

Zimmerman, B. J. (1989). A social cognitive view of self-regulated academic learning. *Journal of Educational Psychology, 81*, 329–339.

Zimmerman, B. J., Greenberg, D., & Weinstein, C. E. (1994). Self-regulating academic study time: A strategy approach. In D. H. Schunk & B. J. Zimmerman (Eds.), *Self-regulation of learning and performance: Issues and educational applications* (pp. 181–199). Hillsdale, NJ: Erlbaum.

Zimmerman, B. J., & Martinez-Pons, M. (1986). Development of a structured interview for assessing student use of self-regulated learning strategies. *American Educational Research Journal, 23*, 614–628.

第五章

運用自我監控技巧
於統計教學

William Y. Lan

　　近年來自我監控（self-monitoring）吸引了研究自我調整學習專家的注意，它是自我調整學習中包含對個人行為的某些層面做審慎地注意的一個次歷程（Schunk, 1996, p.342）。自我監控被認為在學生的學習中是一項具有影響力的因素。研究指出，學生可以經由自我監控增進其學業表現（Malone & Mastropieri, 1992; McCurdy & Shapiro, 1992）、學業成就（Sagotsky, Patterson, & Lepper, 1978; Schunk, 1983）、做作業的時間（DiGangi, Maag, & Rutherford, 1991; Harris, 1986; Morrow, Burke, & Buel, 1985）、教室行為（Lloyd, Bateman, Landrum, & Hallahan, 1989; Maag, Rutherford, & DiGangi, 1992），以及解決問題的能力（Delclos & Harrington,

1991）。

　　因此，在自我調整學習的多元層面中，研究者對自我監控付出相當多的關注也就不足為奇了。不同理論背景的心理學家討論自我調整學習的次歷程時，都同意自我監控是最重要的次歷程，因為自我監控是自我調整中的啟動功能。舉例來說，普力斯萊和葛塔拉（Pressley & Ghatala, 1990）指出，自我監控是指學習者評估特定學習策略的一些標準，如：(1)策略如何幫助學習者朝向目標前進，以及(2)策略需要付出多少的時間與精力。學習者利用這兩個標準來決定哪項策略可以繼續採用，哪項策略必須放棄。然而，自我監控是一種活化與解除其他歷程的「執行歷程」，其功用在於作為思考歷程與產物的線上評估（Pressley & Ghatala, 1990, p.19）。正如欽墨曼（Zimmerman, 1989a）在回顧自我調整的理論模式時所提及，這種普力斯萊和葛塔拉所描述的學習中自我導向回饋循環是許多具有操作學派、現象學派社會認知及意志理論背景的研究者所提出模式的共同特徵。

　　如果自我監控是自我調整的主要次歷程，我們會期待了解自我監控在自我調整中的功用。根據社會認知理論（Zimmerman, 1989b），自我調整學習是由三個部分所組成：特定的自我調整學習策略、對自我效能的覺知，以及對目標的承諾。當我們在學習情境中選用一項自我調整學習策略來調整學習行為、學習環境，以及潛在的認知過程時，策略的選用必須以對目前策略及其他可行方法使用有效程度、自我監控的結果來作為基礎（Thoresen & Mahoney, 1974; Zimmerman, 1989b）。學習者的自我效能是指學習

者對學習進步的自我監控，以及對本身在工作表現能力的自我判斷（Diener & Dweck, 1978; Kuhl, 1985; Pearl, Bryan, & Herzog, 1983）。如果對目標及決定學習者的工作堅持力的自我調整策略，如自我推論或意志力沒有覺察，對目標的承諾就無法發生（Zimmerman & Ringle, 1981）。看起來，應用在學習上的自我監控啟動了讓學習者在所有學習歷程的層面，包含學習者的特性以及學習環境上仔細自我反映的功用。這種自我反映的功能就是自我調整學習者行為上、動機上及後設認知上，與別的沒有介入自我調整學習過程的學習者不同的地方，也是自我調整有助於學習的原因（Zimmerman, 1990）。身為一位對將自我監控運用於學生學習的效果有興趣的研究者而言，在本章中，我提出我在大學統計課所實施的效果，並且指出自我監控已經在大學生學習的各個層面產生了影響。

 # 一個自我監控與學生學習的教室研究

一、一門對研究生的統計緒論課程

我用自我監控來作為介入措施的這門課，是某州立大學教育學院研究所程度的統計緒論。一般學期的上課時間是在十五至十六週內，每週上課二次。暑期則是在六週內每天上一個半小時。

這門課包含了描述統計的主要內容，包括次數分配、集中量數與分布、常態分配、標準分數、相關、迴歸，以及某些推論統計包括在不同研究設計中機率、二項分配、符號考驗、Z 考驗、t 考驗，以及單因子變異數分析。這門課是教育學院及大學中某些學院的必修課程，這個課程每學期均開課（一年四次），而且由教育學院及人文科學的研究生選修，偶爾會有護理科系或是跨科系的研究生來選修。雖然有許多學生是當地的中小學老師利用暑期前來選課，一般與暑期學生的作品會以年齡、性別、畢業學校來加以比較。

身為教授統計的老師，我發現許多學生認為統計是研究所課業中最困難的科目。學生時常帶著高度焦慮與低度期望來選這門課。學生常常說：「我最後一次上數學課已經是二十年前的事了。」「不要嘗試教我統計，我搞不懂數字。」「這是我的學位最後一門必修課，我必須通過才行。」更奇怪的是，我發現當我們從相當簡單的部分進入到課程的困難部分，許多學生就不知所措了。舉例來說，當我們在進行迴歸這一章時，學生需要進行一些繁複的計算來算迴歸等式中的截距以及斜率，有些學生失去了計算的目的。雖然課本以及老師都強調迴歸分析的最後成果是用來預測的迴歸等式，但是學生時常會在找到一個迴歸參數時就停了下來，並且以為他們已經做完了題目。一些學生則找到了截距以及斜率，但是卻不能將它們形成等式，並且對如何去解決預測的問題感到困惑。在介紹相關的章節中，許多學生知道相關係數的範圍是界於 -1 與 $+1$ 之間，但是在交來的作業中，卻仍有人

自我調整學習：教學理論與實務

的相關係數是 32.06。一些學生學習推論統計感到比較自信，在測驗之前，認為推論統計比描述統計簡單多了。因為推論統計奠基於邏輯思考而非繁複的計算。但是在推論統計考試的表現上卻是比描述統計的表現還要差。很明顯的，學生在學習統計時缺乏自我監控，成為學習困難所在。

分析班上學生缺乏自我監控的原因中，個人發現造成缺乏自我監控的主因源自於認知因素。我相信這是學習歷程中最富挑戰性的部分，因為會耗費學生訊息處理能量的最主要的想法（擔心、焦慮，以及挫折）（Kuhl, 1985），以及使學生無法自我監控。如果是這個情形，便需要外在的線索來引發自我監控，幫助學生學習統計。先前的研究顯示，聲音的線索可以幫助學習障礙的學生專注於數學的計算上（Heins, Lloyd, & Hallahan, 1986）。

二、自我監控的介入

(一)操作

在統計課所運用自我監控的線索，是一種為使學生在學習活動上專心，以及了解學習材料所設計的原案（protocol）。從統計課本中共列出七十五個基本概念在原案的左邊欄位上，在原案的每一個概念列上有空格記錄學生閱讀課本、須完成的作業、主動參與課堂上與同學的討論、接受教導，以及所有熟悉概念所必須參加的活動所需要的時間與次數。最後一格則讓學生用來評定自

己在解決相關問題時的自我效能，量表是十點量表，1 是表示最低的自我效能，10 代表最高的自我效能。這是本研究中一個在自我監控狀況下學生所使用的自我監控原案。圖 5-1 列出自我監控原案的一個例子。

研究者對於提出七十五個統計概念，幫學生將課程內容加以組織，並且複習到底會不會影響學生的學習歷程提出疑問；因為將課程全部呈現出來，而不是自我監控的過程，會不會影響觀察的效果。為了控制這個課程呈現的這個混亂的變項，研究者為另外的實驗狀況設計了一個教學者監控的原案。教學者監控的原案包含了同樣的七十五個統計概念，但是這份原案卻是指引學生去

你的學號：_____				使用時間			
章	知識成分	內文使用時間	作業使用時間	討論使用時間	教學使用時間	合計教學時間	本成分的自我效能
1	觀察研究與實驗研究	A B					C
1	自變項與依變項						

圖 5-1 ✦ 自我監控原案

註：表 5-1 自我監控原案的實例，在方格 A 中，學生記錄他們在了解概念時利用的種種技巧所花費的時間。在方格 B 中，學生記錄下他們在接觸概念時所花費的時間。在方格 C 中，學生填入 1 到 10 顯現出在這個概念中解決問題的自我效能，其中 1 代表著低自信，10 代表著高自信。

監控教師的教學活動，而不是學生的學習活動。伴隨著每一個教學者監控的原案的概念是一列空格，學生可以就老師的教學進度、舉例的足夠與否、作業的數量、留下時間供學生發問等向度，以十點量表加以評定。如果數值是 1 的話，表示不適量的教學（教學速度較快、舉例與作業較少、給予較少時間讓學生發問等等），數值是 10 的話，表示足量的教學（教學速度較慢、舉例與作業較多、給予較多時間讓學生發問等等）。這個教學者監控的計畫書是在研究中讓學生來作為教學者監控所用。

心理學家指出有效的自我監控特徵有二（Bandura, 1986; Shapiro, 1984）：一為規律性（regularity），另一則為接近性（proximity）。規律性是指學習者監控自己的學習行為是持續性的而非斷斷續續的；接近性是指對自我監控與行為的發生十分接近，並非在一段時間之後。當研究者開始使用計畫書進行試驗性教學時，發現學生的反應既沒有規律也沒有接近，並不像研究者所預期的一般。有些學生在整個學期中一點也不使用計畫書，直到期末繳交計畫書才隨便填上幾個數字。這顯示只有供學生外在的線索並不會增進他們自我監控的歷程。為了確認學生是規律地與接近地使用原案，研究者鼓勵學生每次上完統計課時，就在原案上留下記錄。研究者亦為每位學生留下二份原案的拷貝（拷貝 A 與拷貝 B）。在第一次上課時，學生在做完自我監控或是教學者監控時就會收到拷貝 A，在第二次上課時，學生就將拷貝 A 換成拷貝 B。研究者可以在每一次上課後檢查拷貝，以便確認學生是否聽從指示填滿原案。這項記錄以及交換的程序，在整個學期中都繼續持

續下去。經過研究者頻繁的檢查，指出學生的原案記錄都正確的完成了。

除了實驗處理與其他的實驗狀況以外，另外仍有選了課卻沒有任何實驗處理的控制組學生。

(二)程序

為了招募學生參與這個統計課程，研究者提供參加者 10 點的加分（學期總分的 5%）。全班所有的學生幾乎都沒有例外的參加了。因為每學期只有二十到二十五名學生選這門課，研究者必須連續進行四個學期來蒐集足夠的資料。理想上，研究者以隨機方式將學生分為自我監控組、教學者監控組，以及控制組。但是如此一來，控制組的學生什麼都不必做就可以獲得加分了。研究者擔心這樣會引起前面兩組需要參與密集監控的學生之間的不滿。為了避免這樣的情形發生，研究者決定前三個學期的學生作為實驗處理及其他處理的參與者，第四學期的學生作為控制組的學生。

前三學期的學生被告知如果參與研究就可以得到加分。在簽署同意書之後，學生被隨機分配到自我監控組以及教學者監控組。學生亦被告知因為有超過一項的研究在班上進行，所以他們的原案可能會與班上的同學不一樣。

這兩份原稿是設計來導引學生監控本身的學習活動或是老師的教學活動，學生有無按照原先期望去使用原案就成為研究是否成功的關鍵。從學生蒐集來的對於原案的書面評論，指出這項操作是成功的。使用自我監控原案的學生指出，這份原案是保留學

習資訊的途徑（例如「是了解學習材料做自我評估的好工具，同時也幫助我澄清了該確認的領域」；「這份原案讓我了解了什麼地方是我所不懂的，而使我能夠更有效率的學習」）；而接受教學者監控的學生則覺得這份原案是一份改進教室教學的策略（例如「這是一個評估班級教學的好方法」；「這份原案指出你對於教學效率十分在意」）。

(三)蒐集資料

運用欽墨曼（Zimmerman, 1990）對於自我調整學習者的假設，他認為自我調整學習者在行為上、動機上與後設認知上與不介入自我調整學習者有所差異。研究者設計了不同的研究工具來蒐集三個組中關於學生行為、動機，以及後設認知上的差異。有三份測量行為的工具包括學科考試、自我調整學習策略的使用情形、精熟學習及尋求挑戰。測量動機的工具有二：對學習的控制覺知以及對統計的內在動機。測量後設認知的工具包括對自我判斷的準確度以及知識結構。除了這些工具以外，在實驗之前施測一份數學成就測驗，以測量學生的數學成就。

研究者在學期中利用四份學科考試來評估學生在統計課中的學習成果。每份考題是由四十題從題庫中挑選出來的複選題所組成，內容包括課本內三到四個章。這些測驗是用來評量學生對統計概念的了解，以及進行統計運算的能力。每一次測驗所需要的公式均附在試卷上，在測驗時，學生也可以攜帶計算機。在幾年後的修正，測驗對於測量學生的學習情形值得相信。在研究實施

的四個學期之間，測驗的「庫裡 20」（Kuder-Richardson-20）信度係數是.73 到.86。四次測驗均有測驗分數與平均數產生，而其範圍在 0 到 40 之間。研究者將測驗得分作為研究最重要的依變項。如果本研究中所操縱的自我監控因素不能增加學生的學習，即如測驗的分數所顯現的結果的話，那麼在行為、動機及後設認知上的改變都是無意義的。正如研究者以前所執行的一些研究顯示（Lan, Bradley, & Parr, 1993），自我監控可以增進學生的測驗成績，在此，研究者意圖重複驗證自我監控在學生學習上的增強效果。

如前所述，研究自我調整的學者認為，自我監控是自我調整學習的起端，而且也是自我調整學習中重要的次歷程。所以期待自我監控的學生能使用自我調整學習的策略也是合理的。為了檢驗這項預測，研究者檢驗選修統計課學生的自我調整學習策略使用情形。測量自我調整學習策略使用情形的工具，是利用欽墨曼和馬丁尼茲－邦茲（Zimmerman & Martinez-Pons, 1986）所提出的十三項策略，其中包括：自我評估、組織教材、目標的設定與計畫、尋求資訊、保持記錄與監控、環境構成、自我影響、複誦與記憶、尋求同儕的協助、尋求教師的協助、複習課本、複習筆記、在考前複習考古題和作業。在欽墨曼和馬丁尼茲－邦茲的策略表上，尋求父母的協助並不在研究者的研究工具中，因為所有的受試者都是成人。在表列的每一項策略上，研究者均舉例以加強策略的效果。例如「檢查回家功課」就是自我評估的一項，「列出教材的大綱」就是組織教材，「規劃學習時間與活動」就是目標

的設定與計畫，「將回家功課的錯誤列表」就是保持記錄與監控。然後請學生在五點量表上指出學習統計時的策略運用頻率：(1)從未發生；(2)很少發生；(3)有時發生；(4)時常如此；(5)總是如此。

為了檢查自我調整學習測量工具的建構效度，研究者計算了策略使用以及學生的平均成績之間的相關係數。結果發現在十三項策略中的六項策略，包括自我評估、尋求資訊、複誦與記憶、尋求同儕協助、考前複習課本、考前複習考古題等策略，與學生在測驗上的表現顯著相關。除了尋求同儕協助以外，其餘的策略均與學業表現成正相關。

成就動機理論學者指出，自我調整學習者與展現精熟學習、偏好挑戰任務的學習目標導向學習者（learning-goal-oriented）十分相像，研究者提供學生在統計課程中精熟學習以及挑戰的機會，以便研究自我監控在這些變項上的影響程度。在接受教師的回饋之後，學生可以去重做他們的作業以得到加分。如果學生覺得課本上的習題沒有挑戰性的話，研究者也提供了五套關於前五章的習題讓學生練習（在上完前五章時，沒有人要求更多精熟的問題）。學生可以繳交精熟的習題並得到教師的回饋，但這並不影響他們的學期成績。學生重做作業的次數與練習精熟問題的次數都會被加以記錄，以作為精熟學習與尋求挑戰的行為指標。

有一些相關的研究詳細記載著自我調整學習者是自我效驗的（self-efficacious）以及內在激勵的（intrinsically motivated）（Pintrich & De Groot, 1990; Zimmerman & Martinez-Pons, 1988, 1990）。研究者希望證明自我監控可以影響在本實驗中對學習的控制覺知

及對統計的內在動機。研究工具中測量學習的控制覺知有六個敘述，如：「當我在學習這門課程時，我知道我在做些什麼」；測量對統計的內在動機也有六個敘述如：「即使沒有人要求我，我還是會多修一些統計課程」。學生在這研究工具上以「6 點李克特量表」（6-point Likert scales）作回答，來表示他們對於以上敘述的同意程度。在兩份量表上的低分顯現出低層次的控制覺知以及內在動機，高分顯現出高層次的控制覺知以及內在動機。不幸的是，這兩份量表的 Cronbach alpha 相關係數相對較低，在控制覺知為.52，在內在動機上則為.60。

在本研究中，檢驗自我監控對後設認知的影響有兩個變項。一為在三種情形之下，學生比較正確答案與錯誤答案的自信程度，稱為自我判斷的正確性。在每次測驗之前有一個空格要讓學生填入 1 到 10 的數目字以表示對這次測驗的自信程度，其中 1 代表著低自信，10 代表著高自信。學生在四份測驗的答案的叢集以答對或答錯分開排列。而學生對於對錯的自信評定也加以分開計算。自我監控的學生被期望會比教學者監控與重組學生更加的精準，自我監控組答對的自信程度會比其他二組高，答錯的之自信程度會比其餘二組來得低。

研究者也指出自我調整學習與自我覺察有著正相關（Zimmerman & Martinez-Pons, 1988）。根據這種關係，研究者期望自我監控會幫學生覺察他們在統計課程中所學到的統計知識組織或架構。自我監控組的學生應當比其他二組的學生展現出更好的知識結構。知識結構的測量是以與四個測驗相關的十二個問題，在每一個問

題中，列出了幾個相關以及不相關的統計概念，要求學生刪掉不相關的統計概念，並將相關的統計概念以大綱的形式加以組織，最後並將這個大綱來加以命名。

　　舉例來說，研究者列了相關係數、分配變異、分配特性及標準差等四個概念作為知識結構的測驗題目。這個問題的正確答案是刪去相關係數這個概念，並且組織分配特性、分配變異、標準差等概念作為大綱的第一、第二、第三層概念。雖然有時會有超過一個以上的概念組織方法，研究者請學生在課本、講義、教學中重新做綱要以嘗試降低答案的專斷。這份測量知識結構的工具是由十二個問題所組成，分數分布由 0 到 12，高分組顯示知識結構良好，低分表示知識結構貧乏。

　　數學成就測驗是由二十二題複選題組成，難度由小學程度到大學幾何，學生必須回答考卷上的所有問題。測驗的信度係數為.86，測驗在學期開始施測，以了解三組學生的起始行為是否相等。結果顯示，三組學生的數學成就起始行為並沒有顯著差異，而且也確定了三組的可比較性。

　　四個課程測驗伴隨著自我判斷的精準性和知識結構，在學期中相隔三至四星期施測。自我調整學習策略的使用、學習的控制覺知、對統計的內在動機則在學期末施測，學期中學生重做作業、尋求挑戰性的問題的次數，研究者均加以記錄，作為精熟學習以及尋求挑戰的評量。

三、介入措施的結果

(一)量的分析結果

　　研究者在經歷四個學期一共蒐集到七十三位研究生的資料。其中有四位學生因為填答不完整而被剔除，所以研究樣本是由六十九位學生所組成。其中有二十三位是自我監控組，二十一位是教學者監控組，二十五位是控制組。六十九位學生有三十八位是女性，三十一位是男性。研究者就這三組學生所收集到的行為、動機及後設認知的預測分數上的差異作資料的分析。

　　正如假設所顯示，自我監控組的表現高於其他二組。自我監控組在測驗上的平均得分是 34.95，高於教學者監控組的 32.71 以及控制組的 32.53。深入的分析指出，自我監控組與教學者監控組之間的差異達到顯著，而自我監控組與控制組的差異不能達到.05 的顯著差異的水準。自我監控組測驗分數的標準差與教學者監控組的差異是 0.59，與控制組的差異是 0.66。依照寇恩（Cohen, 1977）的標準，自我監控組的教學效果值是介於中與大之間。

　　研究者檢驗十三個自我調整學習策略，結果發現其中有五個策略產生顯著差異。其中包括：自我評估、環境構成、複誦與記憶、尋求同儕的協助、在考前複習考古題和作業。除了教學者監控組在尋求同儕的協助上，比自我監控組與控制組更加頻繁之外，在其他四個策略的使用上，自我監控組均比其他二組頻繁。結果

顯示，在自我監控組的學生，較多使用像自我評估、環境構成、複誦與記憶，以及在考前複習考古題和作業等自我調整學習的策略。這可以將自我監控視為一個學習者自我省思（self-reflective）的開始。自我省思可以使學生省思執行學習歷程的許多層面，包括：社會與生理的學習環境、認知策略的運用、資訊與協助資源的利用、朝向學習目標前進等等。

　　研究者利用重交作業與作精熟問題的次數，來作為衡量尋求精熟行為的指標，結果並未顯示出顯著差異。幾乎所有的學生都交了額外的作業，但是二十五個自我監控組學生中，只有四位做了精熟問題；教學者監控組與控制組只有一位學生做了精熟問題。雖然這個差異是預先的假設，但是卻沒有顯著差異產生。這個發現的解釋可說是對學業成績有興趣的學生，會加強自我監控的效果。當回家作業伴隨著加分的回饋出現時，三組的受試者都會繳交回家作業。至於精熟的問題並沒有和分數有所關係，所以學生們對於做額外作業並沒有多大的興趣。

　　在探討自我監控對學生統計課的動機的效果方面，不論是對學習的控制覺知與對統計的動機而言，組間並沒有差異發現。實驗缺乏動機上的效果可以解釋為課程上的特色的原因，正如先前所提出，許多學生在選修統計課時就抱持著高度的焦慮以及低度的期望。身為課程的教學者，研究者嘗試著去改變學生對統計的負向態度。舉例而言，教學者在課程教學的初期放慢教學的進度，以減低學生的焦慮；提供學生充足的課後師生人際互動的機會；運用重做作業的機會以得到加分的方法。這樣的教學實務在班級

上創造了許多正向的學習態度，許多學生說他們最喜歡重做作業的措施，因為這項措施可以使學生自行掌握 20%的學期分數以確保自己的努力。學生們的正向學習態度反映在兩項動機因素上：對學習的控制覺知與對統計的內在動機上，在六點量表上的得分是 3.71 到 4.67 之間。這些學生的正向態度也抑止了學生在動機上的更加進步。另外，這兩項量表的信度相對較低，也影響了動機的實驗效果。

　　自我監控組的學生在後設認知能力上，比起其他非自我監控組的學生更加精確的預測，在資料上並未得到支持。一般而言，所有的學生均顯示了精確的自我判斷能力。在正確答案上的自信程度於十點量表上達到 8.00，與不正確答案的 6.50 相較之下達到顯著差異。在自我判斷上，三組之間的差異均未達到顯著差異。

　　另外一項關於知識結構後設認知變項的自我監控的效果，則得到支持。在自我監控組的學生比其他兩組的學生發展出較佳的知識結構。在十二題關於知識結構的問題中，自我監控組的學生得分是 7.68，比起教學監控組的 5.89 與控制組的 6.63，深入研究顯示，自我監控組與教學者監控組之間的差異達到顯著差異。

　　總而言之，研究結果量的分析指出，自我監控組加強了學生在學科考試與自我調整學習策略運用的表現，同時也幫學生在學習課程中重整知識，表 5-1 將結果做成摘要表。

表 5-1 ✦ 自我監控在行為、動機及後設認知等變項的效果摘要表

變項	比較
行為	
學科考試	S>I, S>C
運用自我調整學習策略	
自我評估	S>I
組織教學材料	S=I=C
目標設定與計畫	S=I=C
尋求資訊	S=I=C
保持記錄與監控	S=I=C
環境構成	S>I, S>C
自我影響	S=I=C
複誦與記憶	S>C
尋求同儕協助	I>S, I>C
尋求教師協助	S=I=C
為考試複習課本	S=I=C
為考試複習筆記	S=I=C
為考試複習考古題及作業	S>C
尋求精熟	S=I=C
動機	
對學習的控制覺知	S=I=C
對統計的內在動機	S=I=C
後設認知	
自我判斷的準確性	S=I=C
知識結構	S>I

S：自我監控組；I：教學者監控組；C：控制組

(二)結果的質性分析

研究者蒐集期末學生對於統計課所寫的評量單，並運用原案進行分析。結果發現，學生的意見單幫助研究者了解自我監控如何將自我省思帶進學習過程中。

許多自我監控組的學生喜歡原案，因為原案使學生能省思在班上的學習行為，並且幫助學生去診察自己較弱的知識領域。他們的意見如：「原案使我了解我哪裡還不了解，以及我如何可以更有效率的學習」。

學生的自我省思可以從他們在教學中的覺察看出來。與研究者以前在統計教學所觀察的學生消極的學習情形比較起來，自我監控組的學生如他們的意見指出，自我監控組是主動地監控學習內容與教學速度，並且嘗試著調和教學的進度與對特定內容的教學。學生的意見如下：「原案幫助我可以經常觀察班上的教學內容」、「我覺得這是一個幫助我檢核班上所教資訊的好方法」、「當我讀課本時，我對於自己所學的部分十分具有自信，但是在使用原案時，我卻發現了一些生字，使我必須再回頭多看一、二次，真是有用」、「原案幫我加強了每一章的重點」。

自我監控的原案亦幫助學生更有效率的管理時間。學生的意見如下：「原案幫助我管理學習的時間，讓我在學習時可以自己評定成績」、「這份原案讓我知道我應當利用多少時間去準備功課」，顯示出自我監控組的學生仔細地分配學習時間以達成最大效率。

此外，原案也可以減輕班上學生的焦慮並增加動機及興趣。學生的意見如下：「我原本有計算恐懼症，但是我很高興知道了這都是自我影響（self-imposed）的，我以後可能會避免上統計課，但是至少現在我對這個班沒有負面的想法」，某位學生反映說他的感覺是他被推進著，利用自己多餘的課外時間來學習。故自我監控可以增進學生的自我省思並增加時間的有效利用。

　　學生的書面意見回應了心理學家關於自我監控會使學生自省的假設（Corno, 1986; Mace & Kratochwill, 1988; Shapiro, 1984）。這些意見與研究結果量的分析部分一致，即自我監控增進了其他自我調整學習策略的使用。然而，自我監控的學習者可以被視為在學習歷程中不斷自我省思，包括學習者本身、學習者的行為、學習環境、學習成果等等，然後調整這些學習因素使學習歷程最佳化。

　　儘管如此，有些學生仍然覺得原案包含太多細節，有時會使他們在學習時分心。所有的正向與負向的意見對研究者來說，將這些研究發現運用到未來統計教學上都是有益的。

貳　研究在教育上的應用

　　在本章所討論的研究，提供想要改進學生學習及增強自我監控策略的教師們一些建議。本研究一個直接的成果就是「在統計課中你運用了足夠的時間學習嗎？」研究者運用這份學習單在所

有參與研究選修統計的三組學生上。在學習單上，研究者在兩種原案上列出七十五項基本統計概念。為避免學生對於使用原案的繁複而產生抱怨，研究者使用了一列表格來記錄學生學習活動所需要的時間與頻率，研究者在每個概念旁邊列出每位學生學習這個概念所需要的平均時間。這個平均學習時間的計算是從四十七位運用自我監控原案的學生所蒐集到的資料計算而成（Lan, 1996; Lan et al., 1993）。在學習單上的說明指示學生，平均學習時間（分）包含了上課、做家庭作業、參與同學之間的討論、需要時尋求教學者的協助等等。也就是說，這份表的用意是為了讓學生了解他們在學習這些概念上花費了多少時間。在另外一欄上記錄學生自評的自我效能（見圖 5-2），選修本課程的學生在這方面均表示正向的態度。他們這份表格不僅幫助他們計畫學習的時間，同時也讓他們運用更多的時間學習，有些學生則希望在其他課程中像這類的資訊也應當可以提供。

章	概念	使用時間	自我效能	章	概念	使用時間	自我效能
1	實驗與相關研究	25		1	自變項與依變項	39	
1	樣本與母群體	25		1	統計與參數	20	

圖 5-2 ✦ 「在統計課中你運用了足夠的時間學習嗎？」學習單的樣本

本研究亦建議教學者將自我調整學習策略融入教學當中，作為增強學生學習的教學元素。傳統教學強調將教學內容以及知識傳遞給學生，卻期待學生自行發展學習技巧及策略，包括自我調整學習策略。研究者的資料指出，甚至像老手——接受教育經驗豐富的研究所學生在進入有效自我調整學習中都需要協助。如果我們計畫設計教學內容、學習技巧，以及認知策略，我們就有機會幫助學生成為終身學習者，因為在離開學校時他們會具有自我監控、自我省思、自我動機，以及自我教學等策略。他們不會依賴外在的教學、動機及評鑑等資源來發動並保持學習。雖然愈來愈多的學者及教育家了解學習策略教學的重要性，並且發展了學習策略直接教學的課程（Ellis, Sabornie, & Marshall, 1989; McKeachie, Pintrich, & Lin, 1985; Pintrich, McKeachie, & Lin, 1987; Stahl, Brozo, Smith, & Henk, 1991; Wood, Fler, & Willoughby, 1992）。學習技巧與策略的教學在學校出現的機會並不多，也並未成為課程目標的一部分。更深入的說，今日自我調整學習的策略教學只有在大學中受到重視。如果我們相信自我調整學習策略對學生是有效的，而且是可以運用到教學上的研究結果，我們可以將自我調整學習策略系統化地應用到各階層的教學上，並且盡快地開始教學以增進學生的學習經驗。

　　在眾多的自我調整學習策略之中，自我監控似乎是學習策略教學的突破點。正如前述，不同理論背景的學者都同意自我監控在自我調整學習的重要性。自我監控對本研究或是其他研究中所指學習者行為、動機，及後設認知上的效果，同樣支持自我監控

是自我調整學習歷程中的一個元素，而這個元素可以促進學習者的自我省思。如果教育的最終目標是產生自我省思的學習者，自我監控的重要性不可以被過度強調。

對於即將以自我監控來幫助學生的教學者而言，本研究中有數種課程可以加以參考。對於較少使用自我監控的學生，介紹自我監控的過程會和學生以往的學習方法相互衝突，使得開始利用自我監控變成不愉快甚至干擾。我們不能期望學生僅利用外在的協助，如本研究中所利用的自我監控原案或是聲音的線索進行自我監控，如漢斯等人（Heins et al., 1986）的做法。正如這個研究所指出的，學生在學期中並未規律地使用原案，甚至有人連用都沒用過。以動機的觀點來看，學生只有在體驗到自我監控的益處後才會保持自我監控的習慣。有時候，教學者需要一些力量去驅使自我監控。在本研究中的一些學生，一開始利用原案時有些擔憂，因為使用原案會抽離他們本來的學習時間，而後來會感到樂於使用是因為原案有助於幫助他們學習以及了解統計。

不論學生在目前或是未來是否使用學習策略，提供學生練習自我監控的機會是十分重要的。自我調整學習策略只有在這些策略不會明顯地與其他認知活動競爭瓜分認知能量時，才有使用及轉化的可能，這種情形特別會在難度較高的學習工作中發生（Schunk, 1996; Winne, 1995）。在學習的連續過程中，我們要降低學習任務的難度實在有限，所以，唯一能做的就是在學習活動與自我調整學習之間，降低認知能量的競爭性，並經由重複練習讓自我調整學習的執行成為自動化。

最後，研究者與教學者對於已經發展出自我調整學習策略的學生付出更多的關心，有一些學生發展出來的自我調整學習策略是具有創造力與有效率的，這些都應當在策略教學中與其他同學相互分享。研究自我調整學習的學者往往忽略了這一點重要的資訊。從文獻上舉例來說，在許多自我監控的研究中，研究者在操作上將自我監控視為是可測量與操縱的。如溫勒（Winne, 1995）所指出，學者所發明的自我調整學習策略對於學生來說好像頗為新奇。有時這種策略的新奇會使學生看不出學習與策略之間的相關，而無法將策略轉移至學習上。未來的研究會證明學生可以運用自我調整學習於實際生活情境中，這個訊息對於自我調整學習的研究與教學上都是有用的。

參考書目

Bandura, A. (1986). *Social foundations of thought and action: A social cognitive theory.* Englewood Cliffs, NJ: Prentice-Hall.

Cohen, J. (1977). *Statistical power analysis for the behavioral sciences.* New York: Academic Press.

Corno, L. (1986). The metacognitive control components of self-regulated learning. *Contemporary Educational Psychology, 11,* 333–346.

Delclos, V. R., & Harrington, C. (1991). Effects of strategy monitoring and proactive instruction on children's problem-solving performance. *Journal of Educational Psychology, 83,* 35–42.

Diener, C. I., & Dweck, C. S. (1978). An analysis of learned helplessness: Continuous changes in performance, strategy, and achievement cognitions following failure. *Journal of Personality and Social Psychology, 36,* 451–462.

DiGangi, S. A., Maag, J. W., & Rutherford, R. B. (1991). Self-graphing of on-task behavior: Enhancing the reactive effects of self-monitoring on on-task behavior and academic performance. *Learning Disability Quarterly, 14,* 221–230.

Elliot, E., & Dweck, C. (1988). Goals: An approach to motivation and achievement. *Journal of Personality and Social Psychology, 54,* 5–12.

Ellis, E. S., Sabornie, E. J., & Marshall, K. J. (1989). Teaching learning strategies to learning disabled students in postsecondary settings. *Academic Therapy, 24,* 491–501.

Harris, K. R. (1986). Self-monitoring of attentional behavior versus self-monitoring of productivity: Effects on on-task behavior and academic response rate among learning disabled children. *Journal of Applied Behavior Modification, 10,* 235–254.

Heins, E. D., Lloyd, J. W., & Hallahan, D. P. (1986). Cued and noncued self-recording of attention to task. *Behavior Modification, 10,* 235–254.

Kuhl, J. (1985). Volitional aspects of achievement motivation and learned helplessness: Self-regulatory processes and action versus state orientation. In J. Kuhl & J. Beckman (Eds.), *Action control* (pp. 101–128). New York: Springer.

Lan, W. Y. (1996). The effects of self-monitoring on students' course performance, use of learning strategies, attitude, self-judgment ability, and knowledge representation. *Journal of Experimental Education, 64,* 101–115.

Lan, W. Y., Bradley, L., & Parr, G. (1993). The effects of a self-monitoring process on college students' learning in an introductory statistics course. *Journal of Experimental Education, 62,* 26–40.

Lloyd, J. W., Bateman, D. F., Landrum, T. J., & Hallahan, D. P. (1989). Self-recording of attention versus productivity. *Journal of Applied Behavior Analysis, 22,* 315–323.

Maag, J. W., Rutherford, R. B., & DiGangi, S. A. (1992). Effects of self-monitoring and contingent reinforcement on on-task behavior and academic productivity of learning disabled students: A social validation study. *Psychology in the Schools, 29,* 157–172.

Mace, F. C., & Kratochwill, T. R. (1988). Self-monitoring: Application and issues. In J. Witt, S. Elliott, & F. Gresham (Eds.), *Handbook of behavioral therapy in education* (pp. 489–502). New York: Pergamon Press.

Malone, L. D., & Mastropieri, M. A. (1992). Reading comprehension instruction: Summarization and self-monitoring training for students' with learning disabilities. *Exceptional Children, 58,* 270–279.

McCurdy, B. L., & Shapiro, E. S. (1992). A comparison of teacher-, peer-, and self-monitoring with curriculum-based measurement in reading among students with learning disabilities. *Journal of Special Education, 26,* 162–180.

McKeachie, W. J., Pintrich, P. R., & Lin, Y. G. (1985). Teaching learning strategies. *Educational Psychologist, 20,* 153–160.

Meese, J. (1991). The classroom context and children's motivational goals. In M. Maehr & P. Pintrich (Eds.), *Advances in achievement motivation research* (pp. 261–285). Greenwich, CT: JAI Press.

Morrow, L. W., Burke, J. G., & Buel, B. J. (1985). Effects of a self-recording procedure on the attending to task behavior and academic productivity of adolescents with multiple handicaps. *Mental Retardation, 23,* 137–141.

Nicholls, J. G. (1984). Achievement motivation: Conceptions of ability, subjective experience, task choice, and performance. *Psychological Review, 91,* 328–346.

Pagano, R. P. (1994). *Understanding statistics in the behavioral sciences.* St. Paul, MN: West.

Pearl, R., Bryan, T., & Herzog, A. (1983). Learning disabled children's strategy analyses under high and low success conditions. *Learning Disability Quarterly, 6,* 67–74.

Pintrich, P. R., & De Groot, E. V. (1990). Motivational and self-regulated learning components of classroom academic performance. *Journal of Educational Psychology, 82,* 33–40.

Pintrich, P. R., McKeachie, W. J., & Lin, Y. G. (1987). Teaching a course in learning to learn. *Teaching of Psychology, 14,* 81–86.

Pressley, M., & Ghatala, E. S. (1990). Self-regulated learning: Monitoring learning from text. *Educational Psychologist, 25,* 19–33.

Sagotsky, G., Patterson, C. J., & Lepper, M. R. (1978). Training children's self-control: A field experiment in self-monitoring and goal setting in the classroom. *Journal of Experimental Child Psychology, 25,* 242–253.

Schunk, D. H. (1983). Progress of self-monitoring: Effects on children's self-efficacy and achievement. *Journal of Experimental Education, 51,* 89–93.

Schunk, D. H. (1996). *Learning theories: An educational perspective.* New York: Merrill/Macmillan.

Shapiro, E. S. (1984). Self-monitoring procedures. In T. H. Ollendick & M. Hersen (Eds.), *Child behavior assessment: Principles and procedures* (pp. 148–165). New York: Pergamon Press.

Stahl, N. A., Brozo, W. G., Smith, B. D., & Henk, W. A. (1991). Effects of teaching generative vocabulary strategies in the college developmental reading program. *Journal of Research and Development in Education, 24,* 24–32.

Thoresen, C. E., & Mahoney, M. J. (1974). *Behavioral self-control*. New York: Holt, Rinehart & Winston.

Winne, P. H. (1995). Inherent details in self-regulated learning. *Educational Psychologist, 30*, 173–187.

Wood, E., Fler, C., & Willoughby, T. (1992). Elaborative interrogation applied to small and large group contexts. *Applied Cognitive Psychology, 6*, 361–366.

Zimmerman, B. J. (1989a). Models of self-regulated learning and academic achievement. In B. J. Zimmerman & D. H. Schunk (Eds.), *Self-regulated learning and academic achievement: Theory, research, and practice* (pp. 1–26). New York: Springer-Verlag.

Zimmerman, B. J. (1989b). A social cognitive view of self-regulated academic learning. *Journal of Educational Psychology, 81*, 329–339.

Zimmerman, B. J. (1990). Self-regulated learning and academic achievement: An overview. *Educational Psychologist, 25*, 3–17.

Zimmerman, B. J., & Martinez-Pons, M. (1986). Development of a structured interview for assessing student use of self-regulated learning strategies. *American Educational Research Journal, 23*, 614–628.

Zimmerman, B. J., & Martinez-Pons, M. (1988). Construct validation of a strategy model of student self-regulated learning. *Journal of Educational Psychology, 80*, 284–290.

Zimmerman, B. J., & Martinez-Pons, M. (1990). Student differences in self-regulated learning: Relating grade, sex, and giftedness to self-efficacy and strategy use. *Journal of Educational Psychology, 82*, 51–59.

Zimmerman, B. J., & Ringle, J. (1981). Effects of model persistence and statements of confidence on children's efficacy and problem solving, *Journal of Educational Psychology, 73*, 485–493.

第六章

利用電腦科技
發展自我調整學習

Philip H. Winne

Denise B. Stockley

　　政府、學校董事會、教師、父母，以及關心教育的每一位成員，都高聲疾呼讓學生在每一日的教學活動中有利用電腦科技的機會。雖然學校的電腦設備及周邊的設施不足以讓每位學生使用，甚至最平常的學校也列出需要的資源單如：數據機、印表機、掃描機、文字處理裝置、電子郵件、網際網路的瀏覽器、圖形的應用設備、表格、資料庫、光碟機及遊戲（發展者聲稱為教育性的）。事實上，如果有充足的意願、資金以及後續的服務支持的話，今日教室中大部分以紙為基礎的記錄、運用資訊的資源和工具，都可以被電腦科技所取代。一時之間，似乎所有的教學都可

以因此引人注目並能有效地加強。

　　在經過一陣承諾以及制定政策的旋風之後，學生忙著探索以及使用電腦科技。就像傳統的工具一般，學生們被教導著如何使用電腦科技。舉例而言，學習由書寫體轉變成為利用鍵盤以及滑鼠。這個主題相當地複雜，而包含電腦的能力與相關的核心教育目標成為評價的依據。由於軟硬體不斷的升級，包括學生及老師的知識與技巧也需要繼續不斷的提升。

 ## 電腦科技與教學的前景

　　電腦科技在教育上扮演何種角色的爭論已久（早先的資料可以參見 Papert, 1980; Schank, 1984）。這些對話的限制在於教育研究才剛剛從實驗室與實地實驗中，發展出一套廣闊而且可信的資料庫。赫爾曼（Herman, 1994）在回顧有關科技協助寫作的研究中提出結論，認為「在嵌入式的課程中，個人無法從教學的品質中抽離出科技的效果」（p.151，原著中所強調）。溫勒（Winne, 1993）與赫爾曼、哈提娃和李斯果德（Herman, Hativa, & Lesgold, 1996）的看法一致，他們指出「對於利用科技影響學生學習的教學設計而言，我們的認識仍然有限，幾乎所有的科技（尤其是電腦）都可以依據教學設計者的教育哲學與理念，運用在非科技教學上，許多個案研究的結果顯現出這個基礎仍嫌不足」（p.167）。

　　自我調整學習的本質是指學習被目標所指引（Winne, 1995;

1996a），某些自我調整學習的理論，是指讓學生在其學習範圍之內學得更多、發展並保持正向的動機、練習並增加學習技巧。先前的研究（Schunk & Zimmerman, 1994; Zimmerman & Schunk, 1989）指出了影響學生發展及運用包含有效學習的自我調整學習策略的複雜互動因素。當學生嘗試要獲得自我調整學習的有效形式時，這些因素的數目與複雜性便會增加（Winne, 1997）。

在設計引導學生朝向有效學習的自我調整學習介入措施時，必須了解「目前對於自我調整的獲得與發展，以及如何促進自我調整的發展的知識相當地少」（Weinstein, 1996, p.272）。雖然如此，在其他的主題教學上，目前的方法已經與研究者信度相當地接近（Pressley, 1995）。但是這樣的教學卻很難迅速地見到成果。如果發展自我調整學習的專家像發展其他領域的專家一樣，則大約必須要學生前十二年學習時間 12,000 小時的 85%才能達到。因為這種時間的限制，我們以及其他學者所聲稱的電腦技術，對教育改革的潛力、使今日的學習者更有競爭力，以及達成社會的教育目標都要加以修正，但是我們可以毫不保留的提出一項聲明：不論有無力量，沒有一項單一的教育工具可以改變學校中教師與學生在社會和機構中學習的面貌。

預期的結果

除了這些警告之外，我們對今日以及未來所發展的電腦技術感到樂觀，這些技術伴隨著教育的創新，可以增加學生自我調整

學習的效能、效率及內容。我們要避免這是一個「一整櫃教學的理論與實務，卻被修裁去搭配一枚又新又亮的按鈕」的科技機會主義（Salomon & Perkins, 1996）。相反地，我們較偏好以理論與研究為基礎，設計電腦科技支持學習的策略（Winne, 1992）。為了達到這個目的，我們回顧選擇能說明現今或急需能夠導引學生朝向發展自我調整學習的情感層面的理論與研究。而不是表面上提供一大堆關於學習適應的相關研究。我們將在下文提到自我調整學習中的四個主題。

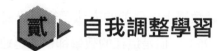 自我調整學習

　　自我調整學習在特質上具有態度上（Snow, 1996）與事件上（Winne, 1997; Winne & Hadwin, 1997）的雙重建構。以態度的觀點視之，自我調整學習是指學生在未來教學活動中，對於認知與動機的預測的認知因素。最近，自我調整學習可以利用學生在過去學習活動中問卷上的回應，或以學生在回憶原案中所蒐集的意見來加以衡量。正如其他的態度一般，自我調整學習會隨著個體在時間上、任務上及個人等因素的不同而有所差異（Pintrich, Wolters, & Baxter, in press）。

　　一些研究以在教學活動中的參與、在教室活動中的觀察指標（例如學生的發表；Perry, 1997）、計算追蹤學生對學業功課的投入為主（例如記錄學生在計畫一項報告的經過；Howard-Rose &

Winne, 1993）。這些自我調整學習的工作被認為是運用了兩個字，即「如果……就」（IF-THEN）。多位學者認為自我調整學習是學生應用在單一科目或一連串學習活動中大型的、暫時性的認知運作（Butler，本書第八章；Biemiller, Shany, Inglis, & Meichenbaum，本書第十章；Graham, Harris, & Troia，本書第二章）。有兩個方法用來彌補這項缺失，第一就是追蹤資料的有效工具已經被發展出來，第二就是檢驗認知事件的程序以及複雜程度等質的研究方法也已經創造出來了（Guzdial et al., 1996; Winne, Gupta, & Nesbit, 1994）。

溫勒和哈德溫（Winne & Hadwin, 1997）的三加一階段的理論，指出自我調整學習有三個必要階段，再加上一個選擇性的第四階段。即對任務的覺知、設定目標、運用策略朝向目標，以及選擇性的適應策略。每一個階段都會將資訊加以轉換或是重新建構，然後建立一個後設認知監控及控制的潛力（Winne, 1996a）。圖6-1描述了自我調整學習中每個階段、模式位置、資訊的種類，以及包括：(1)學習者認知系統，和(2)與環境之交互作用的資訊可能流向。雖然這個模式可以指出自我調整學習第一階段、第二階段的進行情形，但是也未必如此。一旦自我調整學習是默默進行，便會有迂迴以及弱連續性的情形產生。迂迴表示在監控的運作發現自我調整學習中某一階段蒐集到的資訊並沒有到達標準時，再回到同一個階段。弱連續性是指雖然自我調整學習是從第一階段（對工作的覺知）開始，一旦蒐集到資訊，不論是在哪一個階段，這事件就會在階段間跳躍或是繞回原來的階段。

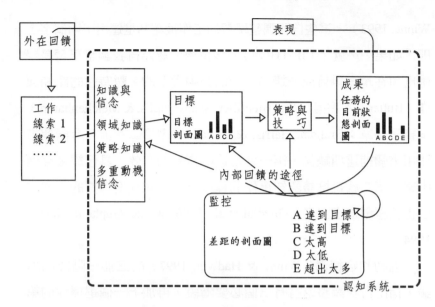

圖 6-1 ✦ 自我調整學習的模式

註：圖中指出目標的剖面圖，工作成果的目前狀態、監控造成的差距剖面圖。本
圖摘自「後設認知中自我調整學習的個別差異」（P. H. Winne, 1996, *Learning
and Individual Differences, 8,* p.331）

第一階段：對工作的知覺

在每一個自我調整學習的事件中，學習者蒐集了有關學習活
動的知覺，這種知覺是隨著工作而開展的。這些知覺是複雜的、
多層次的、富有個人風味的資訊，並加入伴隨著環境及工作的記
憶（Butler & Winne, 1995; Winne, 1997）。這些知覺中的一個層面
就是了解並推論工作的範圍（如科學的計畫或是論說文的文體）。
第二層面反映了這個範圍中有趣和有效的記憶。第三層面則包含

了應用在工作的記憶。

假設上，學習者在活動中至少會得到兩個知覺。當特定的技巧沒有融入學習活動，就會形成一個預設的知覺，這個知覺會經由其他融入教學活動的技巧加以補充。例如學生會利用全球資訊網（World Wide Web）來尋找資料。學生了解針對網頁上的資訊作筆記不只是大的計畫的支持工作，同時也是創造了本身的搜尋技巧記錄。記錄會提供自我調整學習搜尋策略的資料。但是，沒有什麼會驅使學生自動作筆記。這個功能與教學開展的預設知覺是相符的，不論作筆記是為了特定網頁或是一般的網頁。然而，甚至只有一個技巧可用，學生還是可以利用。假如學生知道其他作筆記的方法，舉例來說，記下網頁的標題、記下標題及加上畫出網頁上資訊的概念構圖、記下標題加上網頁資訊的命題摘要，如果運用了不同的技巧，這些對學習的知覺上的表達功用將會逐漸增加。

第二階段：設定目標

除非環境有所限制，學習者可以做的工作就是在預定活動與活潑的、另類的多元活動中去選擇（例如：假如電腦中並沒有具備作筆記的軟體）。當學生知道自己可以決定運用哪些策略時，將會使學習者對本身的學習活動賦予力量。在眾多活動中作決定就是自我調整學習的第二階段。這個作決定的結果創造了學生根據特定技巧選擇追求的目標（Winne, 1997）。如果記憶自動提供

（McKoon & Ratcliff, 1992）或是被搜尋出來確認作筆記的技巧，學習者就對目標作出計畫。正如圖 6-1 所指出，我們將目標模式定為一種多面向的資訊剖面圖（Butler & Winne, 1995）。剖面圖中的每一項指標或標準——代表著圖 6-1 的 A、B、C、D，這是學生藉著比較目標指標剖面圖的結果來監控學習活動。開始利用技巧與策略來接近目標，就是進入自我調整學習第三階段的轉捩點。

第三階段：使用技巧

我們所示範的技巧是一些記憶的集合，其中包括兩個部分：條件知識（IFs）形成了技巧使用的正確性；認知運作（THENs）則轉化以及建構資訊。條件知識不只是冷冰冰的、關於某些可以達成目標的認知運作命題而已。在條件知識中至少有兩種命題混合在一起，第一種是認識論上的信念（Schommer, 1994），舉例來說，是指在某些領域中的知識是確定的或是具有可能性，或是這類工作的完成需要多少的努力。另外就是指熱烈刺激情感的動機信念——效能期望、結果期望、與產生一連串結果的結合誘因以及歸因（Pintrich, Marx, & Boyle, 1993; Winne, 1995, 1997; Winne & Marx, 1989）。

當第一階段與第二階段的技巧開始發展，第三階段的自我調整學習也就隨著啟動了。技巧將資訊複製或在工作記憶中建構資訊。和多層面的目標理論一樣，我們也將技巧所產生的資訊模式以剖面圖來加以表示（圖 6-1）。如果學習者以目標剖面圖的技巧

來監控結果，就會得到內部的回饋。如果結果轉換成行為的話，外在的回饋就是指電腦、同儕，或是老師對於學生行為的反應。

第四階段：採用自我調整學習的技巧

學生在任何學習的階段或是停止學習活動的時候，都可能會啟動一個編輯知識、信念，及綜合技巧與策略的行動階段（Winne & Hadwin, 1997）。基本上，編輯需要抽象的思考過程，在這個過程中修正與創造出模式中不同層次活動以及融入活動的方法（Salomon & Perkins, 1989）。在此提出三種不同的活動（Rumelhart & Norman, 1978）：第一，條件知識（IFs）的呈現命題加上（或減去）認知的技巧與策略，或者是某些步驟加上（或減去）一些組合、轉譯及複誦資訊的行為。添加的部分是指學生在什麼時候正確地運用技巧或策略以及該做些什麼。簡化是指將行動類化（轉化）成為其他形式或是減少學生做的部分。第二，學生也許會調整在問題解決中條件知識命題的監控比重或是監控閾。這樣的決策過程比起以前的狀況是更好一些。第三，學生會在條件知識、行動與創造新技巧、策略之間重新安排連結。

監控：自我調整學習的關鍵

在自我調整學習的每個階段，後設認知監控是重點所在（Butler & Winne, 1995; Winne, 1996a, 1996b）。正如其他的認知運作，

監控可以產生資訊。在本例子的結果是一張在自我調整學習階段中，學生標準（基模）與工作記憶的表徵結果是否符合的表。舉例來說，在第一階段，得到教學活動的知覺包含了監控從相關環境中的工作所得到的輸入，在第三階段中，監控對從第二階段中朝向目標的技巧所產生的結果作了比較。

這個監控符合與否的表可以用歷程中的幾項要點來加以回饋：(1)學生對於教學活動的知覺；(2)奠基於學生對教學活動的知覺的目標設定；(3)對於達成目標所運用的技巧與策略。在認知資源的限制（工作記憶的容量、知識／信念）及外在的限制（如可利用的時間、參考的資料），學生可以運用後設認知的控制作為課程繼續開展中的調適。舉例來說，在第一階段中，學生可以尋找關於活動的進一步資訊，以及判斷是否成功的指標。而在第三階段中，學習技巧可以不斷地使用以及中斷（on and off）（Winne & Hadwin, 1997）。

利用科技幫助發展自我調整學習的四個目標

溫勒和哈德溫（Winne & Hadwin, 1997）的三加一自我調整學習模式以及圖 6-1 指出(1)教育科技可以邀請學生去探索自我調整學習的新形式；(2)採用電腦系統主要的課題在於幫助學生反覆不斷編輯自我調整學習為基礎的知識（Pressley, 1995）。以下是數點主題的介紹：

1. 學生如何覺知活動的因素，指具有影響自我調整學習的潛

自我調整學習：教學理論與實務

力。因為從對活動的知覺，可以了解學生參與開展的活動空間（與問題空間同一性質）。

2. 影響學生如何選擇目標的因素，會因為在後設認知監控中所運用的目標剖面圖的定義標準，而左右學生的自我調整學習的情形。

3. 在學習活動中影響學生採取技巧及策略的變因，具有影響自我調整學習的潛力。因為學生在活動中的參與程度不同，而導致技巧與策略所產生的收穫也有所不同。特別是影響學生如何根據目標所創造出來的結果加以監控的條件，將會具有影響自我調整學習的潛力，因為後設監控與本身產生的內在回饋是自我調整學習的關鍵。

4. 學生在編輯——增加、調和及重組——的知識與技巧上的支持情形，會加強自我調整學習的力量，使其成為影響立即表現的事件。如果編輯被保留在長期記憶區，便可以重新塑造自我調整學習成為一種才能，並且具有支持轉化的可能性。

　　簡單來說，我們以四個部分來討論支援學生在這個三加一的自我調整學習模式中所運用的電腦科技。在每一個階段裡，我們在設計一個適用且支持自我調整學習階段發展的學習系統時，也重視重要議題的理論基礎。我們想要提醒讀者的是，理論應當根據運用何種科技，然後來進行教學設計。這是與科技的機會主義不同的一種態度。利用這種理論基礎，我們可以勾勒出一幅學生

學習的前景。學習是指學生開始探索邁向目標的資訊活動（Winne & Hadwin, 1997）。在未來遠景中，我們假設學生均使用高科技的手提電腦，並能利用一般的周邊媒體（如光碟機、數位影像設備、數據傳輸卡、圖表、進入網路的科技如領航者3.0）。我們可預見的這個系統，是由目前可以得到或是在一年內可以發展完成的軟體工具所組合而成的（例如STUDY版本3.2，這是一套學生在學習時可以用來設計工具的系統；Field & Winne, 1997）。我們在每個遠景中，可以為這個系統如何發展成為有效的自我調整學習學業形式的鷹架作用（如：支持與謹慎的減少支持）作一個註解。

 ## 引導階段一：對努力與工作的覺知

一、努力的模式

當學習者進入教學活動中，學習者的自我調整學習會不停的運用認知的技巧向目標前進。在某些範圍內，有些技巧是自動執行的，學習者不必考慮是否要反覆運用，在運用了以後也不必去注意這些技巧是否還在執行當中。舉例來說，一位經驗豐富的讀者會默默的推論以得到理解，只有在文章與讀者的知識不符合，以及與巨觀結構不搭配時，才會謹慎的運用推論的技巧（McKoon & Ratcliff, 1992）。在許多場合中，對大部分的學習者而言，多數

的認知技巧的管理都需要付出努力。

　　什麼是努力？艾森柏格（Eisenberger, 1992）指出努力是一種「基本反應產生的經驗」（p.261），溫勒（Winne, 1997）假設努力的經驗指出三個因素：(1)在一個技巧之內個別步驟的數目；(2)確認與實施這些步驟所需要的時間；(3)可以達到標準的產生學習成果所利用的技巧的成功機率。自動的技巧具有以上三項因素的剖面圖：步驟層次＝1，時間＝瑣碎，機率＝1。因此，使用自動化的技巧時會產生花費最少力氣的感覺。其他我們認為耗費力氣的技巧，在上面三個因素的剖面圖則是步驟與時間均大於 1，機率的因素則小於 1。根據這個模式，努力的因素可以加以統整，因此，整體層面的努力便形成了經驗。所以，兩種不同的技巧在整體層面以及努力因素層次模式的區分上，有著不同的努力剖面圖。

　　舉例來說，我們可以利用幾個自動化的技巧在支票簿上作銀行財務報表的平衡。每一個技巧都奠基於自動化的算數規則（如利用計算機），在短短幾秒的時間內，每一種技巧的結果都具有高度的預測性。我們並不會覺得這項工作耗費太多精力。雖然我們在年度報稅表上所利用大部分的技巧與平衡銀行收支差不多，但是報稅需要更多個別的技巧、更多的時間，以及難以預測的結果（對我們而言）。所以，進行報稅所付出的努力是相當不同的。

　　我們的記憶會記錄實施技巧所需要的努力程度。這項資訊是學習者在反覆利用技巧，以及學生在形成自我調整學習第一階段中知覺的條件知識（IFs）中的一部分。當技巧開始實施時，「努

力的本質就在於如何運用努力」（the substance of effort, how effort is applied）（Winne, 1995, p.176）。

二、支持自我調整學習中的學習勤勉

正如練習其他領域的專業技術一般，審慎去練習自我調整學習這項專業技術，也是需要付出努力而且並不好受。個體會因為學業表現的進步而更有練習的動機，並不是單單付出努力練習或只是為了向他人證明自己的能力而已（Ericsson et al., 1993, p. 368）。審慎的練習是積極參與工作的動機及掌握目標導向的標誌（Ames, 1992）。為了保持這種學習如何去調整學習的勤勉程度，好學生必須去覺知努力—負擔技巧的誘因，以及收到努力結果的回饋。

正如艾森柏格（Eisenberger, 1992）所指出，我們相信人是學習勤勉的，也就是說可以堅持一種不斷努力挑戰工作的信念。以這樣的觀點來看，就產生了一個有趣的問題：勤勉是可以轉移的嗎？這並不是一個保持或轉移特定技巧的問題，而是學習者在任何領域中面臨挑戰性的任務時所選擇的技巧問題。

艾森柏格（Eisenberger, 1992）對這個問題的研究做了相當多的回顧。因為對第二回饋效應的敏銳感覺（p.261），他的結論是在某一件工作上的努力可以轉移至另外一件工作上。也就是說，運用努力的技巧時，經驗會比技巧練習介入更深。根據前述，條件知識模式是一些統整動機與認識論上的相關資訊的集合，審慎

的練習也可以加強面對難題時運用技巧的誘因。艾森柏格、瑪斯特梭魯和馬克德密特（Eisenberger, Masterson, & McDermitt, 1982）的研究指出了這種在審慎練習後努力的轉移情形。在實驗中的第一部分，大學生被分配到三種不同的問題類型：附加組、字謎組，以及在配對的卡通圖片中尋求差異組。其餘的組則以一種問題類型呈現。四組中的一半學生給予一些不必太過於努力的問題（如：字謎組的解答需要三至五秒鐘）；另一半的學生給予需要高度努力的問題（如：需要二十五至三十秒來解答的問題）。在實驗的第二階段，所有學生則寫一篇有關爭議性的文章。

　　論文的書寫以長度與品質來衡量學生所付出的努力。我們以前述兩個因素來指出學生在書寫技巧所運用的努力。先前在三種不同難題組的學生寫出最長與最高品質的文章。根據艾森柏格（Eisenberger, 1992）習得勤勉的觀念與條件知識的模式得知，曾體驗過不同難度問題的學生會更加相信，在作文中努力是正確的。學生可以感覺到正向的誘因，並且以應用寫作技巧寫出具有長度及內容的文章時來表達。在三種簡單問題中的學生寫出較短而且品質較低的作文。工作經驗成為自動化而且不必花費勞力，其他組的長度與品質則在這些極端值之間。我們的模式指出其條件知識尚未清楚地轉移到文章的寫作上。

　　這個背景說明了兩個有趣的研究成果：一個合適的學習系統就是在學習活動中去指導學生運用努力─需求的技巧。首先，學生每次練習一個技巧，等到接受或產生技巧的回饋，技巧就會漸漸地成為自動化，也就是說，經過適當的練習，自我調整的部分

將不再需要。其次，關於努力信念的轉移的研究，艾森柏格（Eis-enberger, 1992）主張習得勤勉，他指出學生會根據工作所需要花費的努力來調整條件知識的元素。當工作具有挑戰性時，便會以更具有努力因素的方法來加以應對。

設計用來實施這些原則的系統，可以幫助學生克服兩種發展有效自我調整學習形式的障礙：產出缺乏與使用上的缺乏（Miller & Seier, 1994）。產出的缺乏發生在學習者知道一種有潛力、有效的技巧，可是卻沒有使用出來。技巧沒有反覆使用的原因是因為學習者並沒有去尋找技巧；使用上的缺乏是指學習者反覆使用技巧的目的在於使工作有效進行，但是有時因為技巧練習得不夠，使得一連串的敘述性命題（步驟）無法成為順利進行的程序，而使得學生表現受到一些影響。學習的系統已經採用所羅門、基爾伯森和古特曼（Salomon, Globerson, & Guterman, 1989）所發展的閱讀同伴策略，以及席勒瑪雅、所羅門、基爾伯森和吉門（Zeller-mayer, Salomon, Globerson, & Givon, 1991）的寫作同伴計畫。

場景

為了簡單起見，我們稱這位學生為保羅（Paul），此處所運用的電腦系統為STUDY，這是一套用來設計適當教學的工具，以及提供電腦協助教學的軟體（Field & Winne, 1997）。

保羅是一位九年級的學生，他從十週前開始使用STUDY。他對這套軟體的功用十分熟悉，包括操作具有 STUDY 的筆記型電腦。他也成為了一位全球資訊網的上癮者，經常為了班上作業而

上網尋求資訊。這種 STUDY 的筆記型電腦具有四個領域用來進行記錄文字資訊的視窗，這四個領域的名稱是：主要術語（Key Terms）、來源（Source）、全球資源定位（URL），以及分析（Analysis）。這部筆記型電腦具有選取目錄單可以使其出現在保羅選取的文件上。這些選取單的功用使得被選取的文件「產生效用」。保羅在過去兩週以來，利用上網尋找資訊的時候已經發展了兩種技巧。第一種技巧是從網頁中去尋找資料，另一種技巧則是將網頁中所得到的資訊加以組合，以便能繼續尋找到這個網頁。基本上，前者稱為搜尋（searching），另一則為索引（indexing）。

目前保羅正專注一個三到五年內關於市政府如何處置被認為是危險的橋樑的計畫。他和夥伴提爾（Tia）在網路上尋找與建橋有關的資訊，如花費了多少錢、這種等級的橋所需要支付的計畫、環境的議題、橋的替代方案如隧道或是渡船的系統。一開始，保羅和提爾進行腦力激盪，經由老師的協助，他們在報告中列出了一張主要主題表。他們將這些術語輸入筆記型電腦內，這就叫做主要術語。

現在，保羅要開始上網了。當保羅開始要利用搜尋技巧的時候，他用主要術語來標定可以提供提爾和他有效資訊網頁的位置。在搜尋中，保羅在一個主題術語上輕敲了一下，他稱為「主題連結」。STUDY會跳出一個選單，保羅在選單上選了一個「複製這個主要術語」的功能鍵，然後他移動網頁瀏覽器的視窗，STUDY會自動將主要術語加入瀏覽器的搜尋工具中。保羅現在利用瀏覽器以及工具來掃描網頁以繼續進行主題連結。

保羅對於他所找到的例子都詳加研究。有時他決定將一些材料拷貝放在自己的筆記型電腦的資源領域。在一篇文章之前，STUDY 也將加入主要術語作為搜尋標題。這樣一來，資源領域就會列出保羅所用來指示他從網頁上拷貝下來有關資訊的關鍵字〔在本文中稱為「事件連結」（bond issue）〕。STUDY 將這些指示所用到的關鍵字以顏色來加以標示。在手提電腦的 URL 上，STUDY 會自動的記錄下保羅所瀏覽過的網頁紀錄，因此他可以隨時返回他所想到的網頁上。當保羅利用事件連結作為關鍵字搜尋過網頁之後，他可以利用下一個關鍵字稱為「重複搜尋」（cost over-run）來重複這些工作。對保羅來說，從他三年級開始，搜尋便成了他運用百科全書的一個自動化技巧。

　　因為保羅並沒有在資料搜尋上的練習耗費許多時間，所以索引技巧的利用是有效用的。在他將資料由資源區域拷貝下來後，就開始進行更完整的分析。首先，他利用關鍵字字彙表上的關鍵字進行掃描。保羅發現幾乎每一個訊息都與他和提爾討論的部分有關，例如許多文章討論到關於過橋費的不同預算方法。保羅將「過橋費」加入「主題連結」，就把這個單一目錄加入資源領域之中了。保羅移至關鍵字字彙表上，然後選擇「過橋費」，STUDY就會跳出一個選項視窗。其中有一個選項是「用這個目錄資源」，保羅選了這個選項，STUDY就將這個「過橋費」關鍵字加入在關鍵字字彙表「主題連結」的後面。現在，這個資源就可以用兩個項目來加以標示。

　　當保羅繼續分析這項資訊來源時，他發現一項新的想法就是

「公民投票」（referendum）。他決定用這個名詞來指示資源，所以將文章中的這個字挑選出來，而 STUDY 也跳出一個視窗，上面寫著「用這個目錄資源」。現在就有三個目錄：「主題連結」、「過橋費」、「公民投票」在資源裡了。

當保羅使用目錄技巧時，他建立了一個可以尋找多重目錄的資料庫。他必須監控在網頁中何種資料值得加入關鍵字字彙目錄，以及將何種有效的資源加入目錄中。我們推斷保羅編目錄的技巧比搜尋技巧來得有效。編目錄的技巧包含了更多的監控，因為保羅正在學習如何發展他自己的名詞目錄，所以這項技巧具有較少的預測性。換言之，保羅在編目錄時會比搜尋時來得更加勤奮。

到目前為止，保羅還沒有在關鍵字字彙表中再加入新的項目，如果要加入新字，他必須做的事，就如他再創造原有的關鍵字字彙表腦力激盪會議中所做的一樣——像將「公民投票」這樣的新字鍵入字彙表中。

這樣的一個努力以及習得勤勉（learned industriousness）的模式，描寫了前述的 STUDY 如何指引保羅去改變它的搜尋技巧，也就是說，將這項技巧在工作中加以管理。首先，這樣一套習得勤勉的模式建議保羅要在搜尋上更加努力。為什麼呢？因為保羅尚未將搜尋工作形成自動化的程序，而新目錄的功用也尚未得到保證，所以增加新的目錄是需要努力的。當他在搜尋時將新項目加入關鍵字字彙表也是相同的情形。

以此視之，這兩種技巧均擁有艾森柏格等人（Eisenberger et al., 1982）的研究中所提到的特徵。他可以藉由在關鍵字字彙表加

入新項目，或是從資源區域中的全文加入新目錄來運用他的努力。

　　STUDY可以承擔這種轉變，但是要不要在做筆記時製造新的的目錄以增進搜尋的技巧，則要保羅自己來決定。STUDY亦具有教學性，舉例來說，我們可以計算保羅在網頁上所有拷貝下來的資源所建立的新目錄的數目，當數量到達某個預定門檻（arbitrary threshold）時，比如說 8，STUDY 已經記錄了保羅尚未在關鍵字字彙表增加新字，就會在保羅建立新目錄時以一則訊息來提醒他：「運用這個想法到其他的地方會使你的學習更好嗎？」要如何去做，仍然需要保羅去決定。更直接來說，STUDY提醒了保羅關鍵字字彙表的編輯，以及要求他去想一想何者可以增進他的工作。

　　STUDY手提電腦的教學設計內容包括兩個目標：第一，提供保羅後設認知上對學習活動的監控機會，特別是在何時及如何運用努力。因為努力是一種天生的感覺，對努力的監控並不代表著保羅了解他真正運用了多少努力。這種習得勤勉的模式並不需要審慎的監控，雖然它未曾預測何時必須努力才會增加勝算。當保羅覺得需要更加努力時，就會得到工作上努力的技巧。如果他這樣子做，他就進入了自我調整學習之中。第二，如果保羅可以將建立關鍵字字彙表的想法轉移至建立資源材料目錄上，他就是練習建立資訊目錄庫的程序。當這種學習的成分成為自動化的步驟時，保羅的認知資源就可以得到釋放，然後可以將資源分配到學習的其他層面上。

肆 ▶ 引導階段二：協助學習者重新形成目標

　　正如前述，後設認知監控就是自我調整學習轉變的樞紐。在自我調整學習中，學習者將目標視為監控外在任務的條件，以及繼續更新他們創造的任務中所應用的認知技巧，如對資訊的搜尋、整合，以及轉化這兩種歷程的標準。

　　當後設認知監控確認了以上的更新與目標，產生了分離或是不符合的情形時，自我調整學習者會運用後設認知控制來當作控制運用技巧與否的開關。這種模式建議兩種控制運用支持自我調整學習發展的技巧：幫助學習者改變用來判定哪一種特定技巧為合適的條件知識，以及幫學習者以監督活動的進行來改變目標。

設定目標來導引技巧的選擇

　　我們主張學習者都是目標導向的（Winne, 1995, 1997）。不同的目標會引導學習者採用不同的技巧（當特定的技巧有效的服膺多重的目標時就是例外）。根據香克（Schunk, 1996）指出，目標的成分會影響成就，「與特定表現標準相符合的、在手邊的、中難度的目標，比起一般的、太超越範圍的，或者感覺起來是太難或是太容易的目標來得更能增進表現」。這種說法符合早先所提

出的理論，即任務的價值是付出努力的、被知覺是運用技巧的、對介入是具有貢獻的、指出目標的價值的，都是具有特定特質的目標。

　　摩根（Morgan, 1985）的研究建議指出，學習者可能不會設定具有上述所有特質的目標。在一門兩個學期的教育心理學課程中，四分之一的學生在學習時沒有任何的介入措施。其他三組的學生以設定學習目標的課程來加以訓練。檢驗的標準係以目標是否已經到達，並在每次學習結束的時候，記下預定目標執行的情形。其中一組設定一個單一的、對每一次學習狀況的全面性的表現目標（例如：我要了解這些學習理論）；另外一組在學習材料上訂定一些數目較少的、相對較接近的次目標，這些教學目標確立了達成目標所需的情境、成果與標準（例如：不必參考書籍，我可以利用課本內行為結果的兩個向度來比較正增強與負增強）；第三組設定了學習的時間（例如：我將要研讀四十五分鐘）。在這四組中，有一半學生被要求每兩週必須寫下筆記。對於這些材料的分析，確認了學生在預定介入措施的參與情形。

　　在課程的成就與興趣的測量上，設定特定漸進次目標的學生在各組中得分最高。在這些設定精確、漸進目標的學生之中，有無依據目標設定的程序去監控而表現出來的成績則沒有差異。但是每隔一週必須交出筆記的學生對於課程內容，比起同樣設有精確、漸進目標但是沒有加以監控的同學更有興趣。這個結果指出，學習與動機都不會因為有外在機制檢驗學生的目標而受到侵蝕。

　　設定了監控學習時間目標為指標的學生，的確比其他各組學

習得更長久。但是他們也了解這種努力在成績與興趣上並沒有獲得。有一種假設是指努力是一種學習技巧運用上的某種實體，不論這些學生對學習技巧做任何調整，如果學習的內容沒有精確的、漸進的目標，還是沒有效率的。

在另外一個不同的背景裡，香克（Schunk, 1996）研究四年級的學生在前六堂課老師沒有設定學習目標或是表現目標時，如何學習分數的加減法。學習目標被描述為「嘗試學習去解決問題」以作為初步監控技巧有無效用的標準。表現目標的焦點在於「試著去解決問題」作為監控的目標。在第一個實驗中，每一個目標組的學生在每一堂課的最後，半數都能以自己曾經做過類似的例題對自己的技巧加以自我評估。在第二個實驗中，自我評估只有在第六次（即最後一次）才需要。

香克（Schunk, 1996）兩個實驗的結果並不相同。當實驗條件需要學生在每一次的上課之後就做自我評估時，設定學習目標以及表現目標的兩組學生，在實驗後的自我效能、任務取向，以及學業成績上並沒有差異。而在第二個實驗中，自我評估延遲到最後一次才做的學生中，設定學習目標的學生比設定表現目標的學生展現出高度的自我效能、任務取向，並且學得更多。

香克（Schunk, 1996）的研究指出：年輕學生的自我調整會因目標的主題是學習目標或是表現目標而有所差異，這種差異會隨著監控的隨時使用而得到改變。這個三加一階段的自我調整學習模式，指出運用表現目標的學生、時常成功地以標準來監控運用學習技巧的學生，是較有生產力的。

雖然我們必須對於學習領域的顯著差異、參與者的發展層次小心考慮，但是結合摩根（Morgan, 1985）與香克（Schunk, 1996）的研究，學習者不是缺乏設定有效目標的技巧，就是不會運用他們已經擁有的技巧。他們所建立的目標不能提供精確的、漸進的標準來監控學習技巧的效果。如果學習者能運用學習技巧（諸如時間運用）的話，他們還是沒有辦法建立自我調整的策略。

　　這些關於不同類型目標的研究指出，學生在自我調整學習模式三加一的第二階段中，所設定的目標是影響投入（engagement）的重要變因。因此，適用的學習系統應當是設計來幫助學生設定有助於學習的目標。摩根（Morgan, 1985）的研究建議幫助學生以更加精確及漸進的標準來形成目標，可以增加在學習中後設認知監控的品質。香克（Schunk, 1996）的研究指出，引導學生時常以良好架構（well-framed）的目標來檢視工作成果，便可以形成自我調整學習的場合。重要的是，不論學生採用學習目標或是表現目標，這種介入都能幫助學生的獨立自主。

場景

　　安迪（Andie）剛剛開始閱讀老師所指派的關於語言藝術的論文。她打開手提電腦使用 STUDY。在 STUDY 開啟安迪所要閱讀的論文這個檔案之前，它首先會展示一個視窗，上面有五個欄位寫著：條件（Conditions）、操作（Operations）、產物（Products）、評估（Evaluation）、回饋（Feedback）。在條件底下有三個選項：隨堂筆記（Class Notes）、題目與標題（Title and Headings），以

及耐特（Nate）（她在語言藝術班的夥伴）。在操作中有下列的選項：掃描（Scan）、第一個念頭（Jot First Thoughts）、預測（Predict）、念過（Read Through）。產物有下列的選項：新字彙（New Vocabulary）、主題（Theme）、頁邊的問題（Questions in Margins）、摘要（Summary）。評估則包括：我（Me）、外在資源（Outside Sources）。標準則包括：我的呼叫（My Call）、教師的名單（Teacher's List），以及耐特得到了（Nate Gets It）。在每一個欄位的最下面都有一個寫著新加入（New）的按鈕。

所有的這些功能都是安迪自己關於設定目標的字彙。她按一下New以及在欄中鍵入一些字來創造新字。現在，她在每一個欄位內選擇一個或多個功能來命名。她選擇隨堂筆記、題目與標題、掃描、第一個念頭、主題、我、我的呼叫。然後，在具有不同難度的按鈕（包括困難、適中、容易）之中，她按了容易來決定她任務的難度。

安迪在開始學習之前會根據任務以及自己的標準，設定一個漸進的、特定的簡單目標。對她來說，就是指「我會複習隨堂筆記但是不會太深入，我也會看一看論文的題目與標題。然後，我會寫下這一篇論文讓我印象深刻的部分，並且盡量的作自我評估以確定自己是否仍然在學習（on track）。」在安迪每個學習階段之前，她設定了一些目標，STUDY 記錄下她的所有選項。

安迪打開了手提電腦的 STUDY 軟體並且找到今天的筆記。然後，她開啟了包括指定作業的檔案並開始加以掃描。當她閱讀到文章的結束部分時，她又將論文捲回開始處重新閱讀。STUDY

擔任著觀察的角色。它會檢驗手提電腦內的筆記，如果沒有近一步的內容就會結束記錄。如果尋找工具沒有找到一些特定的資訊，電腦視窗的捲動也不會被記錄下來。當安迪進入手提電腦中的資訊時，在第一次閱讀中她並沒有記下重點，也沒有用視窗捲軸捲回文章的開始處。然而，電腦裡的指示字彙「主題」並沒有運用在任何的資訊上（正如保羅在前一個場景所指出的資訊一樣）。STUDY 開始設定一段時間，最多大約 1.5 分鐘。STUDY 根據前一個階段得知，這段時間大約是安迪閱讀一百個字的平均間隔。在這段時間內，安迪在電腦裡沒有輸入新的資訊。

　　STUDY 計算了安迪設定但是未達成的目標數量，STUDY 會提醒安迪「嗨！安迪，妳忘了目標一的工作了嗎？」然後，STUDY 會出現一個安迪在學習時用來設定學習目標的視窗，並且將安迪在每一個欄位的選擇由黑色轉變成為紅色，顯示出安迪真正選擇的目標。十秒之後，STUDY 會出現另外一個訊息「對了，妳的意思是要訂立另一個比較簡單的目標嗎？妳還記得我們曾經提過，最好是訂定難度適中的目標嗎？」在訊息的視窗中有幾個功能的按鈕。其中有一個就叫做「哇！」（Oops！），如果安迪選了這個按鈕，STUDY 就會記錄下安迪是否滿足她的目標。第二個按鈕就是「幫我」（Help），如果安迪按了這個鍵，STUDY 就會出現一些難度適中的目標如何營造出最佳進行自我評鑑的環境來學習領域的資訊。第三個按鈕是「跳過」（Skip It），如果安迪按了這個鈕，STUDY 就停止監控安迪在設定目標上的訊息。

　　在學習階段的最後，安迪告訴 STUDY 她已經結束了。STUDY

出現了最後的訊息：「安迪，在達成目標方面，妳覺得自己做得如何？」STUDY提供安迪一個空白表格來幫助她記錄她的目標達成狀態與學業成績的相關情形。

在這個場景中，STUDY 導引了安迪去設定目標並幫助她監控，在學習上是不是可以達成這些目標。當安迪忘了目標，或與她設立的目標背道而馳時，STUDY就會提醒她，但是不會指示她該做些什麼。經過幾次學習階段之後，安迪已經有練習形成「適合」她的目標的機會。STUDY 經由對環境的鷹架作用（scaffolding）來檢驗學習與設定目標的關聯性，同時也指引安迪管理自己所設下的目標，以及要達成這些目標所需要的技巧協調工作。因此，STUDY 提供了兩個目標：讓安迪設定了像摩根（Morgan, 1985）和香克（Schunk, 1996）的研究中所建議的目標，幫助她在學得更多的同時，能夠提供邀請安迪去改變以及重建在有效達成這些目標時所要運用的學習技巧。

 ## 引導階段三：建構基模的支持技巧

免用目標的問題

正如許多理論家（Austin & Vancouver, 1996）一樣，我們認為學生是像主動者。我們在理論上示範的事件，如設定目標、選擇

朝向工作目標的技巧，主動者蓄意的將他們在學習活動中的努力加以疏通。有足夠的證據（McKoon & Ratcliff, 1992）指出，能夠引起並應用自動化技巧的部分並非是深思熟慮的，不是每天都覺察得到的。如此，目標設定並不需要向自動化形成知覺活動的認知過程環境求取深層認知。的確，真正的自我調整學習是以自動化的目標設定介入的能力，以及記憶的自動活化擴展，朝向達成目標的過程（Anderson, 1991）。

　　不論是有意或是無心的，許多課程設計者教導學習者一成不變地將解決問題的活動，以一種我們稱為方法—目的分析（means-ends analysis）的技巧教學。簡單的說，方法—目的分析的技巧包括任務起始狀態的比較、為任務作目標準備的工作、在遇到起始狀態與目標有些許差異時可以找到轉換的技巧。譬喻說，工作的起始狀態和目標之間的距離，會經由對狀況的不斷更新以及對次目標不斷修正的轉化而縮短。這種差異一旦縮短以後，這個技巧就會一直重複著分析以及解決問題的步驟。在每一次的重複當中，如果技巧運用正確的話，目前的狀況與繼續建構的次目標之間，差距會愈來愈少。如果方法—目的分析的策略是成功的話，在經過一定次數之後，運用一個次目標接連著另一個次目標的策略，就會聚集一連串的次目標。再一次以譬喻來說，也就是發展出一條由起點到終點的路徑出來。瞧！問題就解決了。

　　雖然方法—目的分析是相當有效的，但是其缺點有二（Sweller, 1989）：一是這個策略需要耗費相當的有限工作記憶資源。所有的中間階段都必須記錄，當發生差距時也要加以記錄，學習成果

也要和任務連成一氣。學習系統（包括紙張的筆記簿）可以補救這個明顯的狀況，學生可以記錄每一個中間階段。要經常提醒學生的軼事記錄包括展示他們的工作、作文草稿。這情況也提醒他們自我調整學習並不是那麼常被運用著。

方法—目的分析法的第二個缺點就是將焦點放在學習者在每一個轉換步驟上的專注程度。當學生以這種方式來看問題時，描述工作的大基模就會被忽視了。因為大基模是專家在專業領域中了解工作的重要關鍵，方法—目的分析會延緩生手朝向專家的進步過程。生手會有見樹（在解決問題上的個別步驟）不見林（基模）的狀況發生。

有一個方法可以避免以上方法—目的分析的兩個缺點。在解決多重步驟的問題時，不必專注於去解答特定的問題（如：在圖中找出角 D）可以運用改變目標的方法，用另一個不同的目標代替。先確認情境中可以解決的每一項事務，然後從最簡單的目標先下手。這樣的解法可以增加解決問題的資訊，而這些問題是一些表列的容易達成的未知數所形成的。解決了這些表列的簡單目標，並且一再地重複這個步驟直到一開始所定的目標都解決為止。

這樣的方法將一個單一目標的問題轉變成為免用目標（goal-free）的問題（Sweller, 1989）。本質上，能運用免用目標的學生在目前的狀況下會更努力地工作。當他們不斷地增加解決問題的空間時，他們也增加了問題解決的鷹架數量與豐富程度。就在他們探討現有知識與繼續不斷更新的「起始」狀態之間的交互作用時，他們也發展出解決問題的基模。而且由於每一次的解題都是

使用最簡單的方法去解題，對學生而言，這種自給自足（self-contained）的步驟可以將工作記憶的耗損降到最低。這可以釋放學生的認知資源，因為在問題資訊的整體架構會展現出來。也就是說，可以看出「基模」來了。

研究指出，從單一問題目標釋放出來的方式，可以幫助學生得到解決問題的基模（Sweller, 1989）。學習系統可以模擬一些介入措施，如請學生由目標特定轉變成免用目標的改變目標結構，以幫助學生發展自我調整學習。這套系統提供一張以往學生解決問題所運用的策略清單，來幫助學生避免遇到當技巧不熟時所發生的困難。這個系統更進一步地提供學生追蹤實施成果，以及在何種狀況實施效果較好的工具。在真誠的理解之基礎上，這可以作為發展基模的鷹架。這是學生在成為擅於選擇有效的學習策略的熟手之前，所必須知道的條件知識。免用目標的另外一個優點是比單一目標練習了更多的問題解決技巧，練習可以使技巧更加自動化。

場景

TJ（Theodore Jonathan最喜歡的外號）正開始他的論文作業，題目是：「低音大喇叭的歷史」。STUDY提供了一個叫做「解題者」（SOLVER）的解題工具，這個工具是他在上英文作文時發現的有效工具，而在科學實驗室進行科學計畫時也同樣有效。TJ的老師先解釋如何使用「解題者」，TJ和他的同學已經利用這套軟體工作幾個月了。TJ發現這套軟體以兩種型態運作著，一是記

錄他在這些不同的作業上所運用的技巧，另外則是在特定作業上擔任鷹架的工作。

STUDY 的「解題者」是一個具有三個方格的視窗：工作（Tasks）、方法（Methods；在本章技巧的術語）、評分（Ratings）。在工作的方格中，TJ追蹤了許多他被分派的不同類型工作。開始的時候，工作只有簡單的列出他修習的科目名稱：英文、數學，以及其他。然而，當他以「解題者」來做記錄時，它列出一張內容包括較多的工作種類術語如：論文、實驗、圖畫資料（TJ表示指畫圖與製表呈現），以及較少科目術語的表來描述工作。TJ利用一份老師所發展出來利用教室當地的網路送給TJ的字彙表，並將這份表加入 TJ 的 STUDY 檔案夾中。這份表幫助他決定在何種科目採用何種工作。STUDY 請 TJ 在每天工作結束前描述工作的情形，並建議他展開字彙表去尋找任何適合的形容詞。

在「解題者」方法的這個方格裡，TJ可以用縮寫的方式來代表工作中的技巧。方格的內容會隨著TJ在工作方格中所選擇的項目而有所改變。TJ選擇了「論文」這一項，「解題者」就展示了TJ以前在寫作論文時記錄下來的所有方法。目前這些方法包括背景、解組、百科全書、開始、主要觀點、相反的觀點、引述、同義字等等。有些上面的技巧是TJ自己發明的，有一些則是他從同學傳給他的 e-mail 中學來的，有一些則是來自於老師的建議。

當 TJ 點選了方法方格中的選項，STUDY 會開啟一個描述 TJ 所使用技巧的視窗。舉例來說，當 TJ 點選解組（break up）時，視窗裡會出現：「看看你寫的想法，並且找一找這些想法立論根

據的部分，當你找到了，問問你自己要如何再繼續進行論文」的描述技術的語句。當點選百科全書（encyclopedia）時會出現下列的描述：「如果你有一個想法，可以在百科全書裡查一查，因為百科全書裡有許多資料可以和你的想法做連結」。「解題者」將視窗設計了第二個領域，稱為「同時可以看……」（See Also...）。這樣 TJ 可以記錄另一個主要查詢中所運用到的技巧。舉例來說，TJ 記下了百科全書可以和解題者配合得很好。點選「同時可以看……」這個查詢，並且開啟有關這個技巧的描述。

TJ 點選「開始」（get started），這個選項的描述是：「開始進行老師給你的作業，並將你所想到的想法列出一張表來」。他在「同時可以看……」的查詢中想起了要去檢查一下「同義字」（thesaurus）和「百科全書」的技巧。他開始蒐集有關低音大喇叭的論文資料，利用 STUDY 簡單的文字處理器來發展他的文章。他有時也會從文字處理器中轉換到「解題者」去。這時，STUDY 就會發出一則訊息：「嗨！TJ，怎麼了，只是想要問問你是否記得去思考一下關於如何組織你的作品，讓作品對其他的人具有意義」。這個訊息視窗有兩個按鈕可以結束：「等一下」（Later）和「是的」（Yeah）。如果 TJ 按了「等一下」，STUDY 會將展示這個訊息的參數值增加，由三次增加兩次變成五次。如果選擇「是的」，STUDY 會將參數值轉成零，但是會設定一個狀況是：當 TJ 不再使用文字處理器的時候，STUDY 會再出現這些同樣的訊息。

在「解題者」第三個方格「評分」（Rating），TJ 可以在每

件工作中記錄每個技巧的價值。評分包含兩套評分系統以及一個做筆記的文字區。其中一個評分表是 TJ 所需要的相關技巧的判斷，第二個部分則是關於一般有效技巧的評定。在自由筆記區裡，TJ記下關於技巧的摘記。有位小朋友說：「百科全書太有趣了，當你開始查詢作摘記時，最好將 STUDY 的時間設為十分鐘，只要注意看看一些簡單的材料，才不會陷入泥沼。」

「解題者」在每件工作上，以選擇目標的方式來幫助TJ建構工作。藉由提供一些額外技巧以及關於工作和技巧協調的記錄，TJ 可以投入在免用目標的解題歷程中，並且將認知資源釋放出來，使他可以去探索一些以問題為中心的工作基模。TJ練習自己和同儕、老師間所提出的技巧之後，他有了一個機會使自己的條件知識更加鞏固，以支持他擁有不斷尋求解答問題的專家特質。

陸 ▷ 引導階段四：採用學習策略

如果目標導向的學習者是天生自我調整的（Winne, 1995），也就是學生是天生運用調整目標來處理技巧，在我們對各個年齡層的學生的一般對話中來說，這種推論是滿合理的。他們已經準備好去描述他們本身，包括同儕以及老師所建議已經發展好的技巧，以及對學習技巧的因應措施（Winne & Marx, 1982）。

不論學生使用學習技巧的頻率為何，在學生有效學習上所表現出來相當大的差距，證明了有一些程序上的瑕疵或是誤用。有

幾個解釋的原因是產物的不足，及年幼學生在程序上的記憶有限（Winne, 1997）。另外一個有效運用學習技巧的障礙，可能是學生對於如何有效運用學習技巧持有迷思概念（misconceptions）。

普力斯萊和阿佛勒巴哈（Pressley & Afflerbach, 1995）曾經對於主動的閱讀者在閱讀時所使用的閱讀策略進行探討。主動的閱讀者在第一次閱讀一段文字之後，常常利用自我發問以及自我測驗的方法來做內容檢核。這是一個比較平常而且受到推薦的學習技巧，雖然在各個發展階段的學生，在有效的自我發問以及如何應用上需要支持，但是對於學習與解題來說仍有其貢獻。舉例來說，我們教導小學生在學習時去產生自我測驗的問題。但是，他們所產生的問題並不像那些同儕所創造出來的，運用一整系列具有特定線索的問題題幹（question stems）那麼的有效率（King, 1991）。

較年長的學生如果沒有給予增強和直接運用線索訓練技巧課程的話，就無法得到教學上有效的自我測驗。在金（King, 1992）的另一份研究中指出，其中一組參與訓練課程的大學生學到運用一套問題題幹來產生自我測驗的問題。上述的學生與另一組沒有特別準備、以講述的方式上課、作筆記的學生都在考試前五分鐘有複習筆記的機會。金確信在複習的階段裡，受過訓練的學生的確能蒐集並解答問題。未受訓組在自我蒐集問題上，只有少於10%的學生在複習階段中運用了可觀察的學習技巧，如畫線、加註記。受過訓練的學生在立即的成就測驗及一星期後實施的保留測驗中，分數都高於「以自己的方式」來學習的同儕。

不論是由教師或是 STUDY 的系統所提供的自我蒐集問題，都可以引導學生在記憶中搜尋答案。在深入完全的記憶搜尋之後，獲得資訊的同時，對內容的檢索以及搜尋的過程也可加以反覆練習，反覆練習可以增強檢索成功的可能性。有趣的是，雖然在某些狀況下，回饋可以強化學習（Kluger & DeNisi, 1996），但是回饋並不是學習中必要成分（Foos & Fisher, 1988; Glover, 1989）。單純的記憶搜尋和記憶提取可以增進學習，這種現象叫做測驗效應（testing effect）。另外一個研究結果將學習（例如記憶搜尋）分成數次的活動，比起將學習聚集成為一個連續的活動更為有效（Dempster, 1989）。這個堅定的發現被稱為間隔效應（spacing effect）。

　　葛勒佛（Glover, 1989）實施了一系列嚴謹的實驗以調查測驗效應與間隔效應的影響。第一個配對的研究包括了大學生以及七年級學生，兩組的樣本都閱讀了一份合乎年齡的文章，並且告訴他們在閱讀之後會給予一次自由回憶的測驗。其中有一組被告知在兩天後進行自由回憶測驗，之後又過了兩天，即是學習之後的第四天，這一組與另一組學生一同進行測驗。這些經過兩天「練習」的學生並未得到任何的回饋。但是實質上，進行第二次的回憶測驗中，他們比學習後第四天才進行回憶測驗的同儕記得較多（將近另一組的兩倍）。這個結果留下了一個問題──「你如何記得這些的？」──這是一種測驗效應。

　　另一個實驗中，控制組的大學生學習一段文章，然後在四天後進行自由回憶測驗。另一組的大學生實施了密集的測驗，這一

組學習了文章以後，立即進行自由回憶測驗，然後在四天後進行自由回憶測驗。第三組體驗間隔測驗，他們在學習文章之後，兩天後進行自由回憶，再兩天後（也就是第四天），進行另一次的自由回憶測驗。在控制組和密集測驗組內的學生所回憶的資訊數量只有間隔測驗組回憶量的三分之一。

在這個系列還有一個實驗，葛勒佛（Glover, 1989）發現對記憶作深入的搜尋有其效果。他將大學生分為四組，控制組學習文章然後在四天後進行自由回憶測驗。其他三組學習文章，在兩天後進行一次期中測驗，然後再兩天之後（也就是在學習後的第四天）進行自由回憶測驗。這三組所實施的期中測驗在所需要的深度記憶搜尋的順序上有所差異。其中一組被要求在十二個句子中認出何者出自於原文。第二組則進行一次線索回憶（填空題）測驗。第三組則進行自由回憶測驗。整體而言，葛勒佛的研究相信，只要有「練習檢索」資訊的機會就能增進學習，不論這個機會對於一開始的學習是延遲的或是有間隔的。除此之外，在搜尋的過程中愈有挑戰性，效果就愈強。

這些從自我蒐集問題、測驗效應，以及效應間隔的研究中所得的結果，建議學生在學習中要自行安排發問的技巧。首先，如果他們在學習材料上沒有自我蒐集問題的習慣，應該輔導他們養成這個習慣。這個技巧是與學生們的學習方法一起存在的。測驗的效應係指學生應當嘗試著去解答問題，我們必須事先設想學生對於這些一開始就蒐集的問題如何進行。但是間隔效應指出在記憶的搜尋上必須延遲幾天，利用改變回答問題的情境做技巧的轉

變。最後，因為最有效的問題需要記憶的深度搜尋，應當要指引學生去蒐集關於需要深度搜尋的問題。依據學生的知識，這可把技巧加以協調或建構一個大範圍的關於學習技巧與知覺的重新組織。

場景

潘（Pam）在她工程設計問題的第一年課程中，她的指導教授寫了一篇文章，並將文章放在STUDY裡面。這個科目的STUDY套裝軟體內，包括了一台具有不同功能來幫助潘增加學習效率的手提電腦。潘在電腦的一個視窗中閱讀第一章，通常，她會在某些資訊畫下重點。有時，她會移動手提電腦的視窗來鍵入一些簡單的搜尋。STUDY會自動的將每一個搜尋連接到潘所閱讀的文章部分（除非潘特別以文章下面一個小方格來加以指出）。在先前的一個關於手提電腦的自我教導中，STUDY建議潘先將她在手提電腦中所建立的有助於複習的材料加以分類。手提電腦中出現了一連串的檢查方格，每一個STUDY的方格在教導中都有所解釋。這四個檢查方格是：澄清（在這裡潘以她自己的話來使得這一章的資訊更加精緻化）、與其他的摘記做連結（潘進入手提電腦中的交互參照資訊）、連結其他的文章（將這份摘記與本章節中的資訊以及目前的搜尋做交互的參照），以及問題（關於測驗的自我收集問題或是潘想要詢問教授的問題）。

在前面的三個學習階段，STUDY記錄了潘並沒有在她的手提電腦中將問題搜尋加以分類。所以，在下一階段的開始，STUDY

以電腦發出的聲音提醒潘：

嗨！潘！對於妳閱讀的部分，妳並沒有提出問題，對不
對？妳知道嗎？甚至妳認為妳了解每件事了。能提出自己的
問題是很好的學習方法，如果妳願意讓我為妳介紹一些提出
問題的基本類型，妳可以按一下「Show Me」的按鈕。不然，
按一下「OK」，我會打開上次妳留下來的章節。

潘知道 STUDY 了解在她的摘記中缺少問題，這使她產生好
奇。她按了「Show Me」，STUDY 打開了一個從 STUDY 的儲存
區中教授所採取主幹問題的視窗（King, 1991, 1992）。STUDY 提
供了一些準則：

並不是教材的每一個部分都可以成為問題的核心。在章
節的一開始介紹主要概念時，有一些蒐集問題的線索，如確
認規定或原則、在相關的資訊或部分做下記號，例如：「回
想起……」、「與……比較」。

這裡有一些問題在妳蒐集時可以用得到或是運用。如果
妳要繼續參考就繼續讓這個視窗開著。如果妳點選兩次，我
會將妳打字的部分存檔下來，並且在電腦上直接張貼一個主
幹。

妳要我常常提醒妳去蒐集問題嗎？如果是這樣的話，請
點選「Remind Me」的按鈕。否則，就請點選「OK」。

大部分的問題主幹是針對指出介入潘的記憶深度搜尋的高層次關係。潘認為她要應付文章的資訊就已經夠忙的了，所以她選擇了「Remind Me」。如果她一連寫了三個摘記，沒有在問題主幹上點選兩次或是檢查將摘記分類成為問題的空格，STUDY就會發動提醒潘去蒐集問題的程序。當以上三者的情形再度發生時，STUDY會發動第二次的程序來加以介入。

　　經過三個階段以後，STUDY會記錄潘布題的比例大約是摘記的四分之一。STUDY 在下一個學習階段中會繼續介入，STUDY會開啟一個問題主幹的視窗以及另外一個訊息視窗：

　　　週一快樂，潘，很高興可以看到妳蒐集的問題，因為妳沒有在我建議的主幹上點選兩次，我希望妳能在我做紅色記號的地方多加注意。（STUDY在特定的文字主幹上的顏色由黑轉紅）研究指出，設計像紅色的這類題目的學習效果會較強。

　　STUDY 繼續指出：

　　　我想要建議妳一些學習技巧的事項。題目是用來回答的，是嗎？咦，這就奇怪了，妳並沒有嘗試著立刻去解決妳的問題。我要建議的是，不論妳何時遇到問題，不要立即回答問題。反而在妳進行下一階段的學習時，妳該回到問題本身。不論妳信不信，這個方法會使妳的記憶加倍。

潘決定遵照 STUDY 的規範，STUDY 會將潘在每一個學習階段中所蒐集到的問題編成目錄。在每一次的學習階段中，一一地排列提供潘來填入答案。經過一學期的進步，潘學會了 STUDY 的所有功能。她不會再為了 STUDY 的視窗所出現的問題主幹，以及自行啟動伴隨著她前一次自己所布題的學習階段而困擾。反而，她會運用手提電腦中的功能來處理同樣的事情。在學習結束前，潘已經可以經由問題的蒐集，在幾個先前的學習階段進行瀏覽，而不僅是最近的學習階段。我們會說她已經明顯地再重組複習教材的技巧了。

 柒 ▶ 結論

因為學生是目標導向的個體，我們主張讓他們由內在去發展關於學習管理的技巧（Winne, 1995）。通常我們用「自我調整學習的形式」，來代表不同步驟的學習調整技巧，並且推論不同形式的自我調整學習會有不同的效應。事實上，輔導學生朝向自我調整學習的形式前進，是教育的一項有效重要議題。

韋恩斯坦（Weinstein, 1996）和我們（Winne & Hadwin, 1997; Winne, 1995, 1996a, 1997）都同意自我調整學習目前的模式領域，和自我調整學習的發展正一起成長。然而，我們對於有效的自我調整學習的教學原理採取一種暫時性的態度，不管這些原理是應用在人或是電腦的代用品上。但是，當這些書籍上的章節內容被

證實在研究自我調整學習上有重大成果時，如何將自我調整學習設計成為讓學生在學業上可以成為自我調整學習者的教學方式，也得到相當的注意。像電腦科技這種適當的形式可以作為有效的教學工具。但是，今日電腦科技能提供的比這個還多，我們現在可以建構一個學生自行設計及教學的活動系統。這些自我教學的設計是自我調整學習的明確證據。

電腦科技同時也提供自我調整學習的研究者一套強有力的工具，因為合適的系統可以讓學生在自我調整學習的教學活動中帶著一起學習。作為研究者侵入性的蒐集資料替代方法，科技工具可以細心地、可靠地觀察，不會累也不會出錯。並且有效地聚集以及協調眾多的學生成績，以及學生運用在追求成就的學習技巧等資料上。因為電腦在任何教學情境中是學生的隨身良伴。這樣一來，關於自我調整學習的資料之深度與廣度，是一種利用多元層次的解答方法，也是一種擴展自我調整學習的領域模式（Howard-Rose & Winne, 1993）。我們預測這會是有效增進有力的教學之設計基礎。

我們所提供的場景（scene）說明了今日電腦科技如何可以在自我調整學習上支持學生。但是，更直接的說，這些假設需要明顯的實證研究。目前的電腦科技能夠做的並不會比一位敏感的老師或是同儕來得多。事實上，電腦科技能做的事情比想像中來的少。但是，這並不是說，電腦科技僅能提供相當輕微的功能。因為這些科技只有在老師以及同儕不方便時才能發揮互動的功能，而老師與同儕是提供學生回饋的重要來源。如果說資訊就是力量，

這樣的回饋便提供了增強學生學得更深入以及學得更好的潛能。

　　解開電腦科技教學力量的要點，就是一段緩慢的根據考驗實地實驗成果，去形成基礎研究的嚴格過程。這也就是我們為什麼首先選擇研究本位的模式作為描述電腦支持工具的原因。正如前面所提及，我們希望教育工作者與研究者都不要被科技的投機主義所引誘，而應當要去了解學習與教學，引導教育的改革。科技的進步可以引發教育的創新，但是我們堅持這些創新必須被視為一種轉變中、富有生產力的改變途徑，而不是一個手段而已。教育科技可以幫助學生發展知識、技能、動機，以及學業上自我調整學習的形式，學生應當可以愈早利用這些工具愈好。教育工作者以及諸如政府部門和出版業者，應當努力去建立完善的科技系統。研究者要利用科技工具的優點來增進研究的成果（Guzdial et al., 1996; Winne, 1992），並且合理的運用這些科技。

致謝

　　本研究承蒙加拿大社會科學人文研究委員會 Philip H. Winne 的大力協助（序號 410-95-1046）。我們也對 Allyson Hadwin 對於本章初稿所提供的寶貴意見。

參考書目

Ames, C. (1992). Classroom goals, structures, and student motivation. *Journal of Educational Psychology, 84,* 261–271.

Anderson, J. R. (1991). The adaptive nature of human categorization. *Psychological Review, 98,* 409–429.

Austin, J. T., & Vancouver, J. B. (1996). Goal constructs in psychology: Structure, process, and content. *Psychological Bulletin, 120,* 338–375.

Butler, D. L., & Winne, P. H. (1995). Feedback and self-regulated learning: A theoretical synthesis. *Review of Educational Research, 65,* 245–281.

Dempster, F. N. (1989). Spacing effects and their implications for theory and practice. *Educational Psychology Review, 1,* 309–330.

Eisenberger, R. (1992). Learned industriousness. *Psychological Review, 99,* 248–267.

Eisenberger, R., Masterson, F. A., & McDermitt, M. (1982). Effects of task variety on generalized effort. *Journal of Educational Psychology, 74,* 499–506.

Ericsson, K. A., Krampe, R. T., & Tesch-Römer, C. (1993). The role of deliberate practice in the acquisition of expert performance. *Psychological Review, 100,* 363–406.

Field, D., & Winne, P. H. (1997). *STUDY: An environment for authoring and presenting adaptive learning tutorials* (Version 3.2) [Computer program]. Simon Fraser University, Burnaby, BC.

Foos, P. W., & Fisher, R. P. (1988). Using tests as learning opportunities. *Journal of Educational Psychology, 80,* 179–183.

Glover, J. A. (1989). The testing phenomenon: Not gone but nearly forgotten. *Journal of Educational Psychology, 81,* 392–399.

Guzdial, M., Berger, C., Jones, T., Horney, M., Anderson-Inman, L., Winne, P. H., & Nesbit, J. C. (1996). *Analyzing student use of educational software with event recordings.* Manuscript submitted for publication.

Hativa, N., & Lesgold, A. (1996). Situational effects in classroom technology implementations: Unfulfilled expectations and unexpected outcomes. In S. Kerr (Ed.), *Ninety-fifth yearbook of the National Society for the Study of Education: Part II. Technology and the future of schooling* (pp. 131–171). Chicago: University of Chicago Press.

Herman, J. L. (1994). Evaluating the effects of technology in school reform. In B. Means (Ed.), *Technology and educational reform* (pp. 133–167). San Francisco: Jossey-Bass.

Howard-Rose, D., & Winne, P. H. (1993). Measuring component and sets of cognitive processes in self-regulated learning. *Journal of Educational Psychology, 85,* 591–604.

King, A. (1991). Effects of training in strategic questioning on children's problem-solving performance. *Journal of Educational Psychology, 83,* 307–317.

King, A. (1992). Comparison of self-questioning, summarizing, and notetaking-review as strategies for learning from lectures. *American Educational Research Journal, 29,*

303–323.

Kluger, A. N., & DeNisi, A. (1996). The effects of feedback interventions on performance: A historical review, a meta-analysis, and a preliminary feedback intervention theory. *Psychological Bulletin, 119*, 254–284.

McKoon, G., & Ratcliff, R. (1992). Inference during reading. *Psychological Review, 99*, 440–466.

Miller, P. H., & Seier, W. L. (1994). Strategy utilization deficiencies in children: When, where, and why. In H. W. Reese (Ed.), *Advances in child development and behavior* (Vol. 25, pp. 107–156). San Diego: Academic Press.

Morgan, M. (1985). Self-monitoring of attained subgoals in private study. *Journal of Educational Psychology, 77*, 623–630.

Papert, S. (1980). *Mindstorms: Children, computers, and powerful ideas.* New York: Basic Books.

Perry, N. E. (1997). *Young children's self-regulated learning and contexts that support it.* Manuscript submitted for publication.

Pintrich, P. R., Marx, R. W., & Boyle, R. A. (1993). Beyond cold conceptual change: The role of motivational beliefs and classroom contextual factors in the process of conceptual change. *Review of Educational Research, 63*, 167–199.

Pintrich, P. R., Wolters, C. A., & Baxter, G. P. (in press). Assessing metacognition and self-regulated learning. In G. Schraw (Ed.), *Issues in the measurement of metacognition.* Lincoln, NE: Buros/University of Nebraska Press.

Pressley, M. (1995). More about the development of self-regulation: Complex, long-term, and thoroughly social. *Educational Psychologist, 31*, 207–212.

Pressley, M., & Afflerbach, P. (1995). *Verbal protocols of reading: The nature of constructively responsive reading.* Hillsdale, NJ: Erlbaum.

Rumelhart, D. E., & Norman, D. A. (1978). Accretion, tuning, and restructuring: Three modes of learning. In J. W. Cotton & R. Klatzky (Eds.), *Semantic factors in cognition* (pp. 37–53). Hillsdale, NJ: Erlbaum.

Salomon, G., Globerson, T., & Guterman, E. (1989). The computer as a zone of proximal development: Internalizing reading-related metacognitions from a reading partner. *Journal of Educational Psychology, 81*, 620–672.

Salomon, G., & Perkins, D. N. (1989). Rocky roads to transfer: Rethinking mechanisms of a neglected phenomenon. *Educational Psychologist, 24*, 113–142.

Salomon, G., & Perkins, D. (1996). Learning in Wonderland: What do computers really offer education? In S. Kerr (Ed.), *Ninety-fifth yearbook of the National Society for the Study of Education: Part II. Technology and the future of schooling* (pp. 111–130). Chicago: University of Chicago.

Schommer, M. (1994). Synthesizing epistemological belief research: Tentative understandings and provocative conclusions. *Educational Psychology Review, 6*, 293–319.

Schank, R. (1984). *The cognitive computer.* Reading, MA: Addison-Wesley.

Schunk, D. H. (1996). Goal and self-evaluative influences during children's cognitive skill learning. *American Educational Research Journal, 33*, 359–382.

Schunk, D. H., & Zimmerman, B. J. (Eds.). (1994). *Self-regulation of learning and performance: Issues and applications.* Hillsdale, NJ: Erlbaum.

Snow, R. E. (1996). Self-regulation as meta-conation? *Learning and Individual Differences*, 8, 216–267.

Sweller, J. (1989). Cognitive technology: Some procedures for facilitating learning and problem solving in mathematics and science. *Journal of Educational Psychology, 81*, 457–466.

Weinstein, C. E. (1996). Self-regulation: A commentary on directions for future research. *Learning and Individual Differences*, 8, 269–274.

Winne, P. H. (1989). Theories of instruction and of intelligence for designing artificially intelligent tutoring systems. *Educational Psychologist, 24*, 229–259.

Winne, P. H. (1992). State-of-the-art instructional computing systems that afford instruction and bootstrap research. In M. Jones & P. H. Winne (Eds.), *Foundations and frontiers of adaptive learning environments* (pp. 349–380). Berlin: Springer-Verlag.

Winne, P. H. (1993). A landscape of issues in evaluating adaptive learning systems. *Journal of Artificial Intelligence in Education, 4*, 309–332.

Winne, P. H. (1995). Inherent details in self-regulated learning. *Educational Psychologist, 30*, 173–187.

Winne, P. H. (1996a). A metacognitive view of individual differences in self-regulated learning. *Learning and Individual Differences*, 8, 327–353.

Winne, P. H. (1996b, June). *Children's decision making skills and the development of self-regulated learning*. Paper presented at the meeting of the Canadian Association for Educational Psychology, St. Catharines, Ontario.

Winne, P. H. (1997). Experimenting to bootstrap self-regulated learning. *Journal of Educational Psychology, 89*, 397–410.

Winne, P. H., Gupta, L., & Nesbit, J. C. (1994). Exploring individual differences in studying strategies using graph theoretic statistics. *Alberta Journal of Educational Research, 40*, 177–193.

Winne, P. H., & Hadwin, A. F. (1997). Studying as self-regulated learning. In D. J. Hacker, J. Dunlosky, & A. C. Graesser (Eds.), *Metacognition in educational theory and practice* (pp. 279–306). Hillsdale, NJ: Erlbaum.

Winne, P. H., & Marx, R. W. (1982). Students' and teachers' views of thinking processes for classroom learning. *Elementary School Journal, 82*, 493–518.

Winne, P. H., & Marx, R. W. (1989). A cognitive processing analysis of motivation within classroom tasks. In C. Ames & R. Ames (Eds.), *Research on motivation in education* (Vol. 3, pp. 223–257). Orlando, FL: Academic Press.

Zellermayer, M., Salomon, G., Globerson, T., & Givon, T. (1991). Enhancing writing-related metacognitions through a computerized writing partner. *American Educational Research Journal, 28*, 373–391.

Zimmerman, B. J., & Schunk, D. H. (Eds.). (1989). *Self-regulated learning and academic achievement: Theory, research, and practice*. New York: Springer-Verlag.

Snow, R. E. (1980). Self-regulation as a meta-cognition. *Learning and Behavior*, ??, pp. 216-267.

Sweller, J. (1990). Cognitive technology: Some procedure for facilitating learning and problem solving in mathematics and science. *Journal of Educational Psychology*, 81, 457-466.

第七章

以楷模教導小學生數學技巧
的自我調整練習

Dale H. Schunk

很多文章常提到美國學生數學成就的低落，特別是和其他國家的學生相比較時（Steen, 1987; Stevenson, Chen, & Lee, 1993; Stigler, Lee, & Stevenson, 1987; Uttal, Lummis, & Stevenson, 1988）。美國學生與歐洲和東亞國家學生在一年級開始就有差異，而在整個教育年段持續擴大（Geary, 1996）。這些差異並非是原始生物性的，而是學校教育一開始即呈現的，並深受其影響（例如國中數學）（Geary, 1995）。

研究者假設文化、背景和個人因素，是影響美國孩子數學表現低落的原因。在跨文化中，重不重視學校數學，似乎反映了該文化中的數學成就價值（Geary, 1996）。研究指出東亞老師花較

多的時間在大班教學活動，而美國教師在教學活動上的時間卻很少（Stigler et al., 1987）。美國學生在數學課有很大部分從事非工作性的活動（Stigler et al., 1987）。中國和日本高中學生比美國學生上課時間更多（Fuligni & Stevenson, 1995）。和美國白人學校相比較，亞裔美國學生比較可能：(1)相信成功是經由努力獲得的；(2)對數學持有正向的態度；(3)努力學習；(4)很少因工作和同儕活動而對學校功課分心；(5)父母對小孩持有高的數學標準（Chen & Stevenson, 1995）。

動機過程也是美國小孩低數學成就的主要成因。多數學生發現數學學習困難並對學習和操作而獲得的能力沒興趣（Kloosterman, 1988; Stipek & Gralinski, 1991）。在中國、日本和美國文化中，母親對孩子和自己在數學能力上的比率評價與孩子數學成就的程度有直接差異（Uttal et al., 1988）。其他研究指出亞裔和非亞裔美國學生對數學能力的信念、成功的歸因，和他們父母對孩子數學能力的信念有顯著的差異（Whang & Hancock, 1994）。

近年來的研究者假設低自我調整技巧亦是數學低動機和低學習的原因（Meece & Courtney, 1992; Newman, 1994; Schunk, 1994）。自我調整（或是自我調整學習）被認為是影響個人知識和技巧學習所自我產生的思想、情感和行動（Zimmerman, 1989, 1990; Zimmerman & Kitsantas, 1996）。自我調整過程包括加入和注意於教學；組織、編碼，以及複習資訊以便記憶；建立生產性環境；有效地利用資源；對自己能力持正向信念，學習價值，影響學習因素，參與行動的結果；對自己努力的榮耀和滿足（Schunk,

1994）。

　　自我調整之重要性逐漸增加。研究顯示學生學習時是心智的主動，而非資訊被動的接受，並且努力控制目標的達成（Pintrich & Schrauben, 1992）。教育者正了解除了學科技巧外，學生發展自我調整能力的重要。

　　本章旨在討論小學生在習得數學技巧時，自我調整楷模的影響。數學教學時楷模的應用，顯示提升了學生的學習至正向成就信念的發展（Schunk, 1989）。楷模的應用可能是一個背景因素，此因素區分了跨文化中數學成就差異，美國式教室和其他國家的不同。史提格勒等人（Stigler et al., 1987）發現在數學課的跨文化顯著差異是全班學生一起工作、觀察和傾聽的時間量的不同（日本 74%；台灣 82%；美國 41%）；美國學生花更多的時間在自己的工作上（52%），而非參與全班性活動。而楷模（老師、父母、其他成人或同儕）常在大團體的環境中解釋和示範數學操作而不常在學生認真工作時做數學操作。

　　在過去幾年來，我一直指導研究小學生在數學教學時自我調整的習得。這些中介計畫的焦點，在於經由楷模應用而改進孩子的技巧。這些研究的概念焦點是社會認知理論（Bandura, 1986）。下節討論包括楷模化的自我調整的社會認知理論。自我調整和楷模化的主要變項是自我效能或是學習者的信念，此信念是有關於學習者在設計階段學習或改善行為的能力信念（Bandura, 1986, 1997）。我會描述很多中介研究和學生在自我調整、動機和成就的功效，包括討論自我反思訓練，或是自我調整能力發展的過程，

如自我語言表現和成就信念的自我調整。

 ## 自我調整的社會認知理論

一、三者交互

　　班都拉（Bandura, 1986, 1993）認為人性功能是在行為的、環境的和個人的變項之一系列交互作用。例如研究顯示自我效能（一個個人變項）影響成就行為（任務的選擇、努力、堅持）；有效率的學生更有可能選擇加入數學工作，更加努力，以及堅持克服困難、獲得成功（Schunk, 1996; Zimmerman, 1995）。行為亦是影響個人的變項，如學生從事數學工作（行為），他們心智上會注意他們的進展（個人變項），而讓他們知道他們有學習的能力並能提升他們的自我效能（Schunk, 1989）。

　　環境影響行為的例子是當老師教了一個新的數學公式（環境變項），並且學生將注意力放在式子上（行為）。行為也可能影響環境，如果學生被老師的解說（行為）搞亂，老師可能會再重教（環境變項）。

　　個人和環境的變項也同時彼此影響。當高自我效能的學生在注意力分散的環境中努力集中精神（個人變項）試著解決數學問題，環境影響個人變項是當老師給予學生口頭上的回饋（如「正

　自我調整學習：教學理論與實務

確，你的數學愈來愈好了。」）而引起學生的自我效能（個人變項）。

二、自我調整的次步驟

　　社會認知理論假設自我調整包括三個次步驟：自我觀察、自我判斷、自我反應（Bandura, 1986; Kanfer & Gaelick, 1986）。**自我觀察**（或自我監視）是將注意力放在個人行為的特別之處。班都拉（Bandura, 1986）和其他學者（Mace, Belfiore, & Shea, 1989）建議評估行為時要注意質、量、比率和原始性。當自我觀察導致有進步的概念時，會激勵個人更進步（Schunk & Zimmerman, 1997）。自我記錄協助自我觀察，記錄行為的時、地和發生頻率（Mace et al., 1989）。孩子在從事數學工作時，會時段性的記錄他們解決了多少問題，此意味著進步。

　　自我判斷是以現時的表現和標準相比較。自我判斷受類型使用的標準所影響。絕對標準是固定的（例如學生在課堂中嘗試完成一項數學作業）；相對標準是根據別人的表現（例如學生想要在班上第一個完成數學作業）。標準可能是觀察楷模而得（Bandura, 1986）。和他人的社會比較幫助個人評估行為的適當性。如果沒有絕對標準，社會比較就變得很重要（Schunk & Zimmerman, 1997）。

　　自我判斷亦同時受標準的重要性所影響。人們更喜愛判斷他們所看重的工作進步與否，而不願嘗試改進他們不看重的工作技

巧。學生在數學工作上沒興趣可能是因為只關心通過水準而已。

　　自我反應牽涉到對個人表現判斷做評估（例如，好壞、接受／不接受）。信念就是一個人有可接受的目標進展，及達成目標所期待的滿足，加強自我效能和延續動機（Schunk, 1996）。假使學生相信自己有能力進步（例如努力用功、使用好的策略），則負面評價不會削減動機。如果學生認為自己沒有能力成功且其他因素也沒有幫助，則動機也會減損。自我反應亦被實質的獎賞所影響。學生在完成困難題組後給予自由活動時間，他們會相信自己愈來愈有能力。

三、自我效能

　　自我效能假設會影響活動的選擇、付出的努力、堅持，以及成就（Bandura, 1986, 1997; Schunk, 1996; Zimmerman, 1995）。和對自己能力有所懷疑的學生相比較，高自我效能的學生對於習得技巧或執行工作會更穩定、更努力，遭遇困難時堅持更久，達成更高的水準。

　　學習者從自己的表現、替代（觀察）的經驗、說服的形式和身體的反應，獲得有關自我效用的資訊。學生自己的表現對評估自我效用提供可靠指標。成功提升效能，而失敗則減低（Zimmerman & Ringle, 1981）。學生藉由與他人的表現比較獲取效能資訊。相似的他人也提供有效的比較標準（Schunk, 1987）。觀察同儕在工作上的成功（失敗）可能提高（降低）觀察者的效能。學習者

常會從老師、父母和其他人那裡得到他們有能力完成工作的有力資訊（例如，「這你能做到」），這種資訊提升效能，但也可能被失敗所否定（Bandura, 1997）。學生亦從身體的反應獲得效能資訊（例如流汗、心跳頻率）。焦慮徵兆可能傳達一個人缺乏技巧；低焦慮形成一個能力的象徵。

自我效能不單只影響成就，如缺乏知識和技巧，高效能也不會有精湛的表現。結果期待（outcome expectations，預期行為的後果）是有影響的，因為學生正從事他們所相信會有正向結果的活動（Shell, Murphy, & Bruning, 1989）。價值感受（perceived value）（重要性或用什麼方法促成學習）影響行為，因為學習者沒有興趣在他們認為沒有價值的活動上。

四、自我效能和自我調整

我們利用技巧達到精熟的自我效能，造成有效的自我調整（Bandura, 1986, 1997; Bouffard-Bouchard, Parent, & Larivee, 1991; Schunk, 1996; Zimmerman, 1989）。當學生從事一項工作時，他會拿他的表現和目標相比較。進步的自我評估加強自我效能和動機延續。學生感覺有效就傾向使用有效的策略，如集中注意力於工作、使用適當的程序、有效的時間管理、必要時尋求協助，以及監控表現和必要時調整策略（McCombs, 1989; Pintrich & De Groot, 1990; Zimmerman, 1994）。

欽墨曼所提的楷模，強調自我調整中自我效能的重要性（本

書第一章）。此楷模假設技巧的自我調整者，帶有特別目的和強烈的自我效能進入學習情境。當他們工作時，他們監控自己的表現並和所設定的目標做比較。進步的自我評估導致不斷使用有效策略、改進的動機，以及積極的成就信念。在欽墨曼的預慮階段（forethought phase），學習的高自我效能感成為執行和自我省思階段的成就自我效能。而後者依斜體楷模為更進一步的學習設定自我效能的循環階段。

　　雖然低自我效能不能獲得有效的自我調整，然而非常高的自我效能也不能獲得。所羅門（Salomon, 1984）認為稍低的自我效能感會比那些完全自信者更努力且學得更好。在數學上，學生可能引用錯誤的演算式或是錯誤的規則而得到錯誤的答案（例如不管大數目是否在上頭，直接在每欄上大數減小數）（Brown & Burton, 1978）。因為錯誤的運算法則所得到的解答，學生可能發展出不正確的高自我效能。雖然極低的自我效能沒有動機性，但對成功抱怨懷疑者比過於自信者更可促動努力及有效策略的使用。

五、楷模作用

　　楷模作用是在一個或多個楷模呈現後，觀察者組合自己的思想、信念、策略和行動的過程（Schunk, 1987）。楷模作用是取得技巧、信念、態度和行為的一個重要方法（Bandura, 1986; Rosenthal & Zimmerman, 1978）。老師、父母、其他成人和同儕成為孩子重要的楷模（Schunk, 1987）。

觀察學習（observational learning）發生在觀察者展現楷模先前沒有示範的新的行為（Bandura, 1977, 1986; Schunk, 1987）。透過楷模作用，觀察學習包括注意、保留、產出和動機（Bandura, 1986）。對相關環境事件的注意，是觀察者有意義的接受且是必要的。在記憶階段保留要求編碼和轉換楷模的訊息，並且認知性的組織及複習資訊。產出包括轉變楷模事件的心智概念而成為真實的行為。許多行動可能經由觀察而以粗糙的形式被學習著，但練習和回饋對於技巧精緻化是有必要的。

　　動機影響觀察學習，因為學生相信楷模有技巧，也容易注意楷模，並且嘗試保留他們所學的。透過觀察，學生不用展示所學的所有知識、技巧和行為。期待的結果是很重要的：學生執行行動有其功能的重要性（例如那些相信的人就會有回報的結果），以及避免負面結果的產生（Schunk, 1987）。學生完成他們認為有價值的活動，而避免那些他們不滿意的。

　　楷模觀察提升觀察者的自我效能（Bandura, 1986, 1997）。看到成功的楷模，會讓觀察者相信如果楷模可以學習，自己也可學得好。當學生執行行動並且注意他們的學習過程，他們的自我效能感是很重要的，會維持學習的動機。

　　在楷模和觀察者之間，知覺的相似性被假設為資訊與動機的一個重要的資源（Schunk, 1987）。許多情況被建置成為視個人因素而定的行為者屬性（如年齡、性別、地位），一般而言，觀察者和楷模愈相似，產生相同行為的機率就愈大。當觀察者對行為的功能性價值都不清楚時，相似性尤其重要。相似同樣會加強動

機。觀察同儕解決困難的學生，可能相信他們自己會成功。高自我效能會提高動機和學習（Schunk, 1989）。

六、楷模作用和自我調整能力

楷模是教導自我調整技巧和建構學習者自我效能執行應用技巧的重要資源。最初所提出的自我調整技巧社會楷模很容易教導：計畫、管理時間、加入及注力於教學、組織、複習、資訊編碼、建立一個生產的工作環境，和利用社會資源（Schunk & Zimmerman, 1997）。舉例來說，藉觀察老師從事學習材料的有效複習，學生相信自己能學習複誦資訊，此信念產生了自我調整的自我效能感以及激勵學生從事複誦。

當社會性教導配合學生工作上的調整技巧程序時，經由楷模作用的觀察學習才是完美。對於自我調整過程的過早或過晚信賴會阻礙學習的速度和程序（Schunk & Zimmerman, 1997）。起初，學生可能需要多方的楷模、正確的回饋和練習。學習者因為挫敗而也可能需要重複早期的教導。

社會認知理論預測學生會在社會教導支持面漸減之下，學到特殊的工作。更上層的學生從楷模所獲得的支助漸少。只有在楷模會教許多自我調整成分時，楷模才會被利用到。因此，學習者能獲得學術技巧以及他們自己的技巧學習工具。舉例來說，他們可能觀察楷模運用好的組織技巧，自我監控自己的學習過程，並使用策略因應難題。這些技巧在學習者從事自我省思練習時而被

安置妥當。

貳 ▶ 中介實驗

一、教學背景

在這一節，我要說明一個社會認知教學楷模，此楷模已在中介研究中使用過，並在下一節做摘要。背景是和美國小學中常做的數學教學很相似。不同的教學內容用在不同的學習，但所有的計畫有著共同的特點：教學包括楷模的解說，解題策略的示範；學生因操作而學到立即的經驗，並因需要而有正確的回饋而被指導練習解題；學生從事需要自我調整活動的獨立的、自我省思的練習。

模式列述在表 7-1。起初學生被放置在情境中（例如減法、除法、分數），初步評估包括數學成就測驗（例如給予學生不同困難度的難題要其解決），以及一份解決問題的自我效能（成就）測驗。因為此評估，學生知道難題的範例組合，每一期間很短而無法解題，但有足夠時間去評估難題的難度。學生判斷他們所感知的能力而正確地解決難題；即是說，不管問題的難易，都有相同的形式和長度。在成就測驗上，有效率的問題反應在形式和難度，但不會是相同的問題。

學生典型地呈現當前數學成就的低落水準，因為他們沒有機會被教導要呈現的內容或是操作不精熟。另一測驗所測試的是堅持度（花在解題的時間）。班都拉（Bandura, 1977, 1986）假設當學生的自我效能和技巧改進時，堅持度應該增加。

根據前測，學生被指定到情境中。在某些研究中，學習的自我效能測驗是正確的。這種評估和前測自我效能測驗配合，除非學生判斷他們獲致的學習能力可解決各式的問題，而不是已經準備解題。學習的自我效能是假設在教學中與動機有正向相關（Schunk, 1989）。

表 7-1 ◆ 以小孩的數學為中介實驗的社會認知教學模式

前測	中介實驗	後測
成就	楷模的示範	成就
成就的自我效能	（認知的、多樣的；因應的、	成就的自我效能
堅持度	自我）	堅持度
學習的自我效能	指導的練習	
	自我調整訓練	
	（口語化、策略使用、目標）	
	獨立的／自我省思練習	
	（自我監控、口語化、成就信	
	念、自我評價）	

在一個典型的中介課程（約四十五分鐘），一個計畫團隊的成人團員由給予適合孩子情況的教學開始，之後參考孩子擁有的教學資料而口語解釋和示範相關的數學操作，並在黑板上證明範

例。這時楷模的變化發生了。這種楷模教學之後（約十分鐘），學生從事親手操作即時活動，開始並解決一些實際難題（指導練習，約十分鐘）。老師給予正確的回饋和有趣過程的自我調整訓練（例如目標設定、策略使用）。一旦老師對於學生了解如何去做覺得滿意，學生可以在剩餘時間（約二十五分鐘），獨立（自我省思）練習解題。

在典型的中介實驗中，有許多教學練習，那是因為學生通常要求很多練習去獲得技巧，也因為楷模實驗實施較多的緣故。一兩天之後，最後的教學流程會有後測，後測和前測相似，但不包括學習的自我效能。

這類教導數學技巧的教學型態，反映當前數學教師國家協會的適合幼稚園到四年級的學校數學課程，與評鑑標準中的假設。第一，形式是概念的原創性並且加強數學了解能力。第二，它主動要學生在即時活動中做數學。第三，它加強學生思考技巧的發展且有意建立學生的學習自我效能。第四，它強調對現實世界問題的概念和原則的應用。第五，在一個範圍內（例如分數），它包括很廣泛多樣的內容。

二、目標和假設

中介學習的研究有很多目標。一是決定學生學習楷模、成就信念和自我調整活動的影響。二是確定好的背景如何提供學生評估他們學習進度的線索。三是在某些研究中，成就的因果楷模用

來測試變項中調查影響組型。

基於社會認知理論，關於學生數學學習、成就信念和自我調整的楷模效果有諸多預測。很多研究採用認知楷模，認知楷模混合楷模解說和楷模思想的口語示範，以及執行行動的理由（Meichenbaum, 1977）。以下的說明是楷模口語化敘述如何解決 276 ÷ 4 的問題：

> 首先，我必須決定哪個數字被 4 除。我拿 276，從左向右移，直到我有一個數字和 4 一樣或比 4 大。2 比 4 大嗎？不，27 比 4 大嗎？是的，所以我用 27 除以 4。現在我需要用一個數字乘以 4 會得到和 27 相等或稍微小一點的答案。5 如何？$5 \times 4 = 20$。不，太小了。試試 6。$6 \times 4 = 24$。或許吧！讓我們試 7。$7 \times 4 = 28$。不，太大了。所以 6 是正確的。

孩子練習應用他們所學的正確楷模。認知楷模被認為是比其他的方法更能加強孩子的數學成就成果和自我調整。證據顯示，提供孩子解說的原則和範例楷模，會比只提供解說原則更有效力（Rosenthal & Zimmerman, 1978）。

有些研究調查多重楷模的效果。接受的相似性在楷模中是重要的，多重楷模的好處是允許每個學生接受他或她自己至少與一個楷模相似（Schunk, 1987）。因此，和一個單一楷模相比較，多重楷模比單一楷模更可提高成就成果和提升自我調整是可預測的。

另一組假設包括精熟和因應楷模。精熟楷模一開始就勝任執

行。可能口語化敘述反映高度信心、能力和積極的態度。精熟楷模示範快速學習和無誤。相反地，因應楷模演示決心的努力和正向的自我思考如何克服困難。首先，他們找出學習困難和可能的憂懼，但漸漸地，他們改善自己的表現並且獲致信心。他們可能將工作難度和低度信心口語化敘述，但口語化因應敘述隱含高度努力、堅持和注意力。最後，他們的表現和口語化改進了精熟楷模所描繪的階段。

雖然精熟楷模教導技巧，它預測了因應楷模對那些常碰到學習困難的學生會更好。學生有學習困難，自己會認為與因應楷模相似，一開始有困難，慢慢的進步，並且感覺楷模可以學，他們亦可以。

最後的預測是關於自我楷模，或觀察別人行為而導致行為改變的效果（Dowrick, 1983）。自我楷模呈現楷模—觀察者高度相似性，因為自己是自己的楷模。一個小孩可能在學習或執行工作時被攝影而後觀看影帶。觀察自我楷模的影帶是一種溫習的方式，且看見一個人在學習或技巧性的表現自己的進步，知道一個人的能力，而提升自我效能和動機。和沒有自我楷模的情況相比，自我楷模可提高學習、成就信念和自我調整是可預測的。

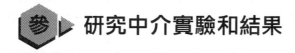 研究中介實驗和結果

中介研究的摘要呈現在表 7-2。

一、成就結果的改變

香克（Schunk, 1981）的一項研究探討孩子在數學成果的改變。數學低成就水準的孩子接受教導和練習解決長除法的問題。半數的孩子從成人楷模接受認知楷模訓練；另一半接受直接教學，提供教導和材料但不包括認知楷模。在每一教學情況，一半孩子得到成功和困難的口語屬性的回饋。例如，當一個學生在困難的工作成功時，老師會說：「你真的有努力工作」；而一個努力不足的學生碰到困難後，老師會說：「你需要更努力」。

表 7-2 ◆ 研究中介教學和結果

研究	中介變項	效果
香克 （Schunk, 1981）	認知楷模，努力回饋	認知楷模（成就）；認知楷模＋努力回饋（自我讚賞）
香克和韓森 （Schunk & Hanson, 1985）	精熟楷模，因應楷模，教師楷模	精熟楷模，因應楷模（成就、動機、自我效能）
香克、韓森和寇斯 （Schunk, Hanson & Cox, 1987）	單一楷模，多重楷模，精熟楷模，因應楷模	單一楷模－因應楷模，多重楷模－因應楷模，多重楷模－精熟楷模（成就，自我效能）

（下頁續）

（續上頁）

香克和韓森 （Schunk & Hanson, 1989a）	單一楷模，多重 楷模，精熟楷模 ，單獨因應楷模 ，情緒因應楷模	情緒因應楷模（學習的自我 效能）
香克 （Schunk, 1982）	策略口語化，自 我口語化	自我口語化（成就，動機） ；策略口語化＋自我口語化 （自我效能）
香克和寇斯 （Schunk & Cox, 1986）	連續口語化，不 連續口語化，努 力回饋	連續口語化（成就，自我效 能）；努力回饋（成就，自 我效能）
香克和甘恩 （Schunk & Gunn, 1985）	楷模策略應用， 楷模成就信念	楷模策略應用（成就，動機 ）；楷模策略應用＋楷模成 就信念（自我效能）
香克和韓森 （Schunk & Hanson, 1989b）	自我楷模	自我楷模（成就，動機，自 我效能）
香克和甘恩 （Schunk & Gunn, 1986）	自我口語化策略 ，自我口語化能 力，自我口語化 努力	自我口語化策略（成就）； 自我口語化能力（自我效能 ）；自我口語化努力（成就 ）
香克 （Schunk, 1996）	學習目標，執行 目標，自我楷模	學習目標，學習目標＋自我 楷模，執行目標＋自我楷模 （成就，動機，自我效能）

兩種教學處理加強除法成就、堅持和自我效能，但認知楷模在正確性上有更大的成果。努力歸因不能提高自我效能或技巧；無論如何，接受歸因回饋的楷模作用更能展現他們能力的正確判斷。楷模作用有助學生集中於所需的操作，在抽象原則之後，提供一組具體的可觀察的操作，為不足的資源做準備。孩子會接受努力的歸因，並在獨立練習時對於學習進展有更多的自我省思。在缺乏楷模作用或歸因回饋時，學生會受成功影響且高估自己。

　　香克和韓森（Schunk & Hanson, 1985）比較同儕和成人楷模的效果。有減法學習困難經驗的小學生，觀察同儕楷模和重組操作學習減法、成人楷模示範操作，或是沒有楷模。在成人楷模情況下的孩子觀察精熟楷模或因應楷模。精熟楷模正確解決問題及口語化陳述，反應高度的自我效能和能力，低度的工作難度，積極的態度。因應楷模起初有錯誤和有口語化的負向陳述，但開始口語化因應陳述（例如「我需要集中精神在我正在做的」），最後口語化與表現和精熟楷模一樣好。然後所有孩子接受教學和練習減法。

　　精熟和因應楷模比成人楷模或沒楷模增加了自我效能、動機和減法成就；成人楷模的學生勝過沒有楷模的學生。在一連串的問題解決期間，經由同儕觀察，高度自我效能發展會導致更好的自我調整策略並有更好的成就。成人楷模的觀察會讓學生反映他們是否有能力學習數學技巧。

　　精熟和因應楷模之間差異愈少，是因為孩子先前有減法的經驗。如果同儕能學習而重組，他們也能反映出成功和思想。香克、

韓森和寇斯（Schunk, Hanson, & Cox, 1987）更進一步探究精熟－因應楷模差異，發現觀察因應楷模比觀察精熟楷模更加強孩子的自我效能和成就。不像香克和韓森（Schunk & Hanson, 1985），香克等人（Schunk et al., 1987）和一群先前沒有成功經驗的孩子所做的一項實驗（分數），當孩子對工作不熟或有學習困難時，則因應楷模更有益。香克等人（Schunk et al., 1987）也發現多重楷模（精熟或因應）和單一因應楷模，比單一精熟楷模更能提高效果。

　　香克和韓森（Schunk & Hanson, 1989a）更進一步探究同儕楷模的效果。孩子使用同性別同儕精熟、因應－情緒，或單一因應方式，不管用觀察單一或多重楷模學習解決分數問題，精熟楷模學習快；因應－情緒楷模開始有學習困難及口語化反面情緒的陳述（例如「我不認為我能做到」），但呈現因應行為之後，最後表現和精熟楷模的表現一樣好；單一因應楷模表現與精熟和因應楷模雷同，但沒有口語化反面情緒的陳述。因應－情緒楷模學習產生最高的自我效能。接受精熟和單一因應楷模的孩子認為他們的能力和楷模相當；精熟和因應楷模受試者卻認為他們比楷模更有能力。在接著的分數教學和練習中，三種情況在自我效能和成就上並無差異。

　　在教學或後測結果，學習的自我效能差異並不影響自我調整的問題解題，或許因為大部分孩子已經學過。因應－情緒的孩子高估他們的學習效能，如果孩子不斷地遭遇困難和開始懷疑他們的學習能力時，則學習效能並不能成為教學動能。

二、自我調整陳述的用法

　　研究證實在數學解題的過程中，培養學生使用自我調整陳述的用法很重要。香克（Schunk, 1982）證實了不能解長除問題的學童，在班上的數學成就掛在倒數第三。在做過自我效能和除法前測之後，孩子接受楷模教學和自我導向的問題解決。成人的認知楷模口語化策略的陳述話語在適當的時候出現（例如「乘」、「檢查」、「除」）。在自我導向練習中，有些孩子口語化了策略的陳述話語，有些則建構自己的口語（例如：「7 要乘多少會變22？」），三分之一的孩子會有口語化策略和自我建構，但四分之一的孩子卻不會。

　　自我建構口語化在解題當中產生最高的除法成就和動機。有口語化策略和自我建構的孩子表現了最高的自我效能。口語化分析顯示自我建構典型的，包括策略和導向問題解決的策略。

　　香克和寇斯（Schunk & Cox, 1986）要了解有學習不良的學生口語化的除法自我調整策略，如何影響自我效能和技巧。連續口語化學生在解題時大聲唸出，中斷口語化的學生在教學的前半段大聲唸出，在後半段被禁用明顯的口語化，而非口語化的學生不能大聲唸出。所有的學生在計畫的前半段或後半段，給予與努力、成功相關的口語回饋，或者是不給予努力的回饋。

　　連續口語化有最高自我效能和成就；提供努力回饋的比不提供的結果要好。當教學要中斷大聲口語時，中斷口語化的學生不

會自我調整他們的策略使用。要策略內在化，學生要被教導從明顯到不明顯的一系列階段中淡化口語化（例如大聲講出、小聲講出、輕聲、內心講）。在訓練課中，孩子會序列的經歷這些階段，並且要在每一階段花足夠的時間解題。

三、策略能力發展

強調使用策略重要性的楷模會加強策略能力和自我調整策略使用。香克和甘恩（Schunk & Gunn, 1985）在一所孩子沒有長除法技巧的小學，主導一項中介教學計畫，指導他們在課堂上接受認知楷模教學和練習。在第一種情況下，楷模口語強調使用工作策略的重要性（例如在正確的命令下跟著解題步驟）；在第二種情況下，楷模強調積極成就信念的重要性（例如想想每個人都能解題）；在第三種情況下，楷模強調工作策略和成就信念的重要性；在第四種情況下，楷模示範解題步驟，但沒有強調策略或信念。強調應用工作策略的重要性的楷模，加強學生的動機和技巧的發展；強調工作策略應用和成就信念的楷模，有最高的自我效能。

香克和韓森（Schunk & Hanson, 1989b）也支持自我楷模的影帶對學習有顯著的進步，且有助於自我調整策略的問題解決、自我效能和成就的論點。孩子在解數學難題時被攝影，之後觀看自己的影帶。影帶清楚地呈現當孩子獲得策略能力時，他們更熟練解題。在後續的教學計畫中，和那些有攝影但沒有看影帶的孩子

比較，看影帶的孩子呈現更高的自我效能、動機和學習。

四、策略和成就信念的相關

香克和甘恩（Schunk & Gunn, 1986）決定了解在數學學習中，工作策略的自我調整應用和成功的屬性，如何影響自我效能和技巧。缺乏除法技巧的小學生接受楷模教學（包括工作策略的自我調整應用）。當孩子解題時和使用有效的工作策略（例如可成功解題的策略）時，要大聲唸出。路徑分析結果顯示，高能力的成功歸因，最能影響自我效能。使用有效的工作策略，影響數學成就最大；自我效能對成就亦是一個重要的預測力。成功的努力歸因對成就有直接的影響。這個研究不能顯示孩子失敗歸因於低能力的影響。其他研究則顯示低能力的失敗歸因和低自我效能、動機和成就有關，而且自我效能在成就和堅持力上有直接影響。

其他研究證實數學成就上自我效能的影響。以高中生為試驗，帕嘉勒斯和柯瑞滋勒（Pajares & Kranzler, 1995）利用路徑分析發現數學能力和自我效能影響成就最大，而且數學能力也影響自我效能。以大學生為試驗，帕嘉勒斯和米勒（Pajares & Miller, 1994）指出數學自我效能比數學自我概念、數學有用論、數學的先前經驗和性別，對成就更有預測力。

五、目標導向

香克（Schunk, 1996）探討了數學學習中目標導向的角色。目標導向是行為意向性的組合，影響學生的學習和學習方法，主要在工作導向（希望獨立了解與精熟學業）和自我導向（希望表現良好以取悅老師和避免麻煩）。

在兩個計畫中，一般成就學生接受認知楷模教學，應用分數解題策略及有練習的機會。學生在學習目標（學習如何解題）或成就目標（解題）的情況下作業。在第一計畫中，半數學生每天就每個目標情況評估自己的解題能力。有使用或沒使用自評的學習目標和有使用自評的成就目標的學生比沒有使用自評的成就目標的學生有較高的自我效能、動機、成就和工作導向，而且本我導向較低。在第二個計畫中，所有的學生評估習得技巧進步的情形。使用學習目標的學生比使用成就目標的學生有較高的自我效能、動機、成就和工作導向，而且本我導向較低。這些結果認為楷模策略的教學、學習目標、自我評估的機會有助於學生集中注意力於工作，並且引導學生解題的自我調整策略。

肆　自我省思練習

自我省思練習允許學習自我監控、評估和調整他們在學習時

的表現。基於對學習進步的評估，學習者要調整自己的策略，且要決定何種活動對他們完成學習目標最有助益。

中介教學計畫教導自我調整的活動，對於自我省思的練習有益。自我監控、自我口語化和成就信念的自我調整是重要的活動。

一、自我監控

香克（Schunk, 1983）教導學生在數學學習時自我監控自己的進步情形。缺乏減法技巧的學生，整堂課接受楷模教學及練習。有些學生（自我監控的）在每次教學時記錄他們的解題數，而其他的學生（外力監控的）則由大人記錄。第三組並不記錄進步情形。結果顯示自我和外力監控組比未監控組有較高的自我效能、堅持力和成就。兩個監控組在測驗上並無顯著差異。外力監控組有退步是需要老師的協助，限制了自我指導練習的優點。教導學生一個自我監控的程序有實質的優點，就是允許學生在老師的指導下獨立工作——自我調整學習的重要元素。

自我監控有助於提升自我調整策略應用的長期維持，很多策略教學研究指出，學生可學會和練習有益執行的策略，但當不再有需要時，會中斷使用策略（Pressley et al., 1990）。學生則相信對改善他們的表現已不再有用（Schunk, 1989）。繼續監控和記錄策略使用的學生較少中斷他們的使用策略。

欽墨曼、波納和柯發克（Zimmerman, Bonner, Kovach, 1996）描述自我監控程序對許多學科很有用。此程序使用一種學生能完

成的形式。例如，對自我監控研究時間的學生，記錄諸如日期、指定的作業、開始的時間、所花的時間，以及研究內容有關的資料（地點、人物、分心）。對監控學習的自我效能而言，學生可能記錄他們怎樣期望在考試中得分，和他們對達成預期分數的信心。

　　就像其他自我調整程序，自我監控並非自動完成的。教師可能需要以用法及行程表訓練學生的自我監控。一旦自我監控成為習慣，老師所要做的就是催促學生工作於其中。

二、自我口語化

　　自我調整策略的口語化幫助學生學習、應用和繼續使用。在自我省思練習期間，口語化的學生易於集中和維持他們的注意力，這可提高編碼、資料的保留和更高的可用性。口語化是複誦的一種方式，此方式有利於學習，並可讓學生有一種強烈的個人控制感，而這種控制感能提高自我效能和維持學習的動機（Schunk, 1982）。

　　口語化的缺點是它多了額外的工作，並且干擾了學習工作的執行（Zimmerman & Bell, 1972）。如果學生太過專注於口語，就不能適當地進入口語化的內容，而且學習也會受阻。就如早先討論過的，當要求學生不再大聲說出的時候，學生可能中斷有效策略的使用（Schunk & Cox, 1986）。

　　口語化對於那些不做正常組織、複誦，或成功表現所需策略

和操作的學生是最有利的（Denney & Turner, 1979; Schunk, 1982）。學生的成就表現可能因對自己能力的自我懷疑而有阻礙。能夠理解認知操作和監控自己表現的學生，口語化對他們並沒有好處（Denney, 1975）。

當學生習得技巧和策略或是遇到學習困難時，口語化對他們才有用（Schunk, 1982）。在自我省思練習期間，學生會將因應陳述語口語化，陳述指向成功、努力和能力歸因、積極的態度等自我效能（例如：「我終於了解了，我開始喜歡上它了。」）。當學生被要求停止並且記錄是否他們正在說話，或說話是否和工作有關時，這時學生才會同時用到自我監控而與自我口語化。

三、成就信念的自我調整

自我省思練習用來發展和維持積極的成就信念。這包括了學習的價值、所學資訊的使用，以及屬於成功的因素（例如自我效能、歸因、態度）。

研究指出，成功信念在從事工作的學生的思想中只占一小部分。香克和甘恩（Schunk & Gunn, 1986）發現只有 6%學生的口語化和成功信念有關；94%是與工作策略的陳述有關。在香克和甘恩的研究中，學生一般在解題上是成功的，所以大部分成就信念的口語化是正向的。我們可能希望在學生經驗到困難時，口語化扮演重要角色，以致學生會以積極的信念調整他們的工作。學生需要老師在關鍵時刻加強口語化。

自我省思練習提供學生自我評估自己的能力或學習進步的機會。香克（Schunk, 1996）發現自我評估在學生沒有其他事使之分心和課中機會頻繁的環境之下，是最有效的。當自我評估使用不頻繁時，它和成就結果沒有強烈相關。如滲入其他的自我調整活動，當學生認為學習進展不適當時，學生會需要被訓練從事自我評估和尋求協助。

伍　結論

　　在本章，我力主數學教學時楷模的使用是一個重要的背景因素，此因素提高了小學生的數學自我效能、動機、自我調整和成就。楷模作用在美國教室有使用上的限制，加強座位作業，教室楷模低的使用情況，可說明美國小孩和其他國家學生相比，數學成就低落的原因。我已總結了許多有益楷模的中介研究結果。除了認知技巧和策略，楷模也將積極的成就信念口語化，而此成就信念幫助學生因應困難和維持工作重心。自我省思練習期間，學生能應用數學解題策略和其他重要的自我調整活動，如進步情況的自我監控和成就信念的自我加強。我的希望是美國的教育者能了解楷模的價值，以及設計課程與環境而擴大他們的巨大潛力。

參考書目

Bandura, A. (1977). *Social learning theory*. Englewood Cliffs, NJ: Prentice-Hall.

Bandura, A. (1986). *Social foundations of thought and action: A social cognitive theory*. Englewood Cliffs, NJ: Prentice-Hall.

Bandura, A. (1993). Perceived self-efficacy in cognitive development and functioning. *Educational Psychologist, 28,* 117–148.

Bandura, A. (1997). *Self-efficacy: The exercise of control*. New York: Freeman.

Bouffard-Bouchard, T., Parent, S., & Larivee, S. (1991). Influence of self-efficacy on self-regulation and performance among junior and senior high-school age students. *International Journal of Behavioural Development, 14,* 153–164.

Brown, J. S., & Burton, R. R. (1978). Diagnostic models for procedural bugs in basic mathematical skills. *Cognitive Science, 2,* 155–192.

Chen, C., & Stevenson, H. W. (1995). Motivation and mathematics achievement: A comparative study of Asian-American, Caucasian-American, and East Asian high school students. *Child Development, 66,* 1215–1234.

Denney, D. R. (1975). The effects of exemplary and cognitive models and self-rehearsal on children's interrogative strategies. *Journal of Experimental Child Psychology, 19,* 476–488.

Denney, N. W., & Turner, M. C. (1979). Facilitating cognitive performance in children: A comparison of strategy modeling and strategy modeling with overt self-verbalization. *Journal of Experimental Child Psychology, 28,* 119–131.

Dowrick, P. W. (1983). Self-modelling. In P. W. Dowrick & S. J. Biggs (Eds.), *Using video: Psychological and social applications* (pp. 105–124). Chichester, UK: Wiley.

Fuligni, A. J., & Stevenson, H. W. (1995). Time use and mathematics achievement among American, Chinese, and Japanese high school students. *Child Development, 66,* 830–842.

Geary, D. C. (1995). Reflections of evolution and culture in children's cognition: Implications for mathematical development and instruction. *American Psychologist, 50,* 24–37.

Geary, D. C. (1996). International differences in mathematical achievement: Their nature, causes, and consequences. *Current Directions in Psychological Science, 5,* 133–137.

Kanfer, F. H., & Gaelick, L. (1986). Self-management methods. In F. H. Kanfer & A. P. Goldstein (Eds.), *Helping people change: A textbook of methods* (3rd ed., pp. 283–345). New York: Pergamon Press.

Kloosterman, P. (1988). Self-confidence and motivation in mathematics. *Journal of Educational Psychology, 80,* 345–351.

Mace, F. C., Belfiore, P. J., & Shea, M. C. (1989). Operant theory and research on self-regulation. In B. J. Zimmerman & D. H. Schunk (Eds.), *Self-regulated learning* and academic achievement: Theory, research, and practice (pp. 27–50). New York: Springer-Verlag.

McCombs, B. L. (1989). Self-regulated learning and academic achievement: A phenomenological view. In B. J. Zimmerman & D. H. Schunk (Eds.), Self-regulated learning and academic achievement: Theory, research, and practice (pp. 51–82). New York: Springer-Verlag.

Meece, J. L., & Courtney, D. P. (1992). Gender differences in students' perceptions: Consequences for achievement-related choices. In D. H. Schunk & J. L. Meece (Eds.), Student perceptions in the classroom (pp. 209–228). Hillsdale, NJ: Erlbaum.

Meichenbaum, D. (1977). Cognitive behavior modification: An integrative approach. New York: Plenum Press.

National Council of Teachers of Mathematics. (1989). Curriculum and evaluation standards for school mathematics. Reston, VA: Author.

Newman, R. S. (1994). Adaptive help seeking: A strategy of self-regulated learning. In D. H. Schunk & B. J. Zimmerman (Eds.), Self-regulation of learning and performance: Issues and educational applications (pp. 283–301). Hillsdale, NJ: Erlbaum.

Pajares, F., & Kranzler, J. (1995). Self-efficacy beliefs and general mental ability in mathematical problem-solving. Contemporary Educational Psychology, 20, 426–443.

Pajares, F., & Miller, M. D. (1994). Role of self-efficacy and self-concept beliefs in mathematical problem solving: A path analysis. Journal of Educational Psychology, 86, 193–203.

Pintrich, P. R., & De Groot, E. V. (1990). Motivational and self-regulated learning components of classroom academic performance. Journal of Educational Psychology, 82, 33–40.

Pintrich, P. R., & Schrauben, B. (1992). Students' motivational beliefs and their cognitive engagement in classroom academic tasks. In D. H. Schunk & J. L. Meece (Eds.), Student perceptions in the classroom (pp. 149–183). Hillsdale, NJ: Erlbaum.

Pressley, M., Woloshyn, V., Lysynchuk, L. M., Martin, V., Wood, E., & Willoughby, T. (1990). A primer of research on cognitive strategy instruction: The important issues and how to address them. Educational Psychology Review, 2, 1–58.

Rosenthal, T. L., & Zimmerman, B. J. (1978). Social learning and cognition. New York: Academic Press.

Salomon, G. (1984). Television is "easy" and print is "tough": The differential investment of mental effort in learning as a function of perceptions and attributions. Journal of Educational Psychology, 76, 647–658.

Schunk, D. H. (1981). Modeling and attributional effects on children's achievement: A self-efficacy analysis. Journal of Educational Psychology, 73, 93–105.

Schunk, D. H. (1982). Verbal self-regulation as a facilitator of children's achievement and self-efficacy. Human Learning, 1, 265–277.

Schunk, D. H. (1983). Progress self-monitoring: Effects on children's self-efficacy and achievement. Journal of Experimental Education, 51, 89–93.

Schunk, D. H. (1987). Peer models and children's behavioral change. Review of Educational Research, 57, 149–174.

Schunk, D. H. (1989). Self-efficacy and achievement behaviors. Educational Psychology

Review, 1, 173–208.

Schunk, D. H. (1994). Self-regulation of self-efficacy and attributions in academic settings. In D. H. Schunk & B. J. Zimmerman (Eds.), Self-regulation of learning and performance: Issues and educational applications (pp. 75–99). Hillsdale, NJ: Erlbaum.

Schunk, D. H. (1996). Goal and self-evaluative influences during children's cognitive skill learning. American Educational Research Journal, 33, 359–382.

Schunk, D. H., & Cox, P. D. (1986). Strategy training and attributional feedback with learning disabled students. Journal of Educational Psychology, 78, 201–209.

Schunk, D. H., & Gunn, T. P. (1985). Modeled importance of task strategies and achievement beliefs: Effect on self-efficacy and skill development. Journal of Early Adolescence, 5, 247–258.

Schunk, D. H., & Gunn, T. P. (1986). Self-efficacy and skill development: Influence of task strategies and attributions. Journal of Educational Research, 79, 238–244.

Schunk, D. H., & Hanson, A. R. (1985). Peer models: Influence on children's self-efficacy and achievement. Journal of Educational Psychology, 77, 313–322.

Schunk, D. H., & Hanson, A. R. (1989a). Influence of peer-model attributes on children's beliefs and learning. Journal of Educational Psychology, 81, 431–434.

Schunk, D. H., & Hanson, A. R. (1989b). Self-modeling and children's cognitive skill learning. Journal of Educational Psychology, 81, 155–163.

Schunk, D. H., Hanson, A. R., & Cox, P. D. (1987). Peer model attributes and children's achievement behaviors. Journal of Educational Psychology, 79, 54–61.

Schunk, D. H., & Zimmerman, B. J. (1997). Social origins of self-regulatory competence. Educational Psychologist, 32, 195–208.

Shell, D. F., Murphy, C. C., & Bruning, R. H. (1989). Self-efficacy and outcome expectancy mechanisms in reading and writing achievement. Journal of Educational Psychology, 81, 91–100.

Steen, L. A. (1987). Mathematics education: A predictor of scientific competitiveness. Science, 237, 251–252, 302.

Stevenson, H. W., Chen, C., & Lee, S. (1993). Mathematics achievement of Chinese, Japanese, and American children: Ten years later. Science, 259, 53–58.

Stigler, J. W., Lee, S., & Stevenson, H. W. (1987). Mathematics classrooms in Japan, Taiwan, and the United States. Child Development, 58, 1272–1285.

Stipek, D. J., & Gralinski, J. H. (1991). Gender differences in children's achievement-related beliefs and emotional responses to success and failure in mathematics. Journal of Educational Psychology, 83, 361–371.

Uttal, D. H., Lummis, M., & Stevenson, H. W. (1988). Low and high mathematics achievement in Japanese, Chinese, and American elementary-school children. Developmental Psychology, 24, 335–342.

Weiner, B. (1992). Human motivation: Metaphors, theories, and research. Newbury Park, CA: Sage.

Whang, P. A., & Hancock, G. R. (1994). Motivation and mathematics achievement: Comparisons between Asian-American and non-Asian students. Contemporary Educational Psychology, 19, 302–322.

Zimmerman, B. J. (1989). A social cognitive view of self-regulated academic learning.

Journal of Educational Psychology, 81, 329–339.

Zimmerman, B. J. (1990). Self-regulating academic learning and achievement: The emergence of a social cognitive perspective. *Educational Psychology Review, 2*, 173–201.

Zimmerman, B. J. (1994). Dimensions of academic self-regulation: A conceptual framework for education. In D. H. Schunk & B. J. Zimmerman (Eds.), *Self-regulation of learning and performance: Issues and educational applications* (pp. 3–21). Hillsdale, NJ: Erlbaum.

Zimmerman, B. J. (1995). Self-efficacy and educational development. In A. Bandura (Ed.), *Self-efficacy in changing societies* (pp. 202–231). New York: Cambridge University Press.

Zimmerman, B. J., & Bell, J. A. (1972). Observer verbalization and abstraction in vicarious rule learning, generalization, and retention. *Developmental Psychology, 7*, 227–231.

Zimmerman, B. J., Bonner, S., & Kovach, R. (1996). *Developing self-regulated learners: Beyond achievement to self-efficacy*. Washington, DC: American Psychological Association.

Zimmerman, B. J., & Kitsantas, A. (1996). Self-regulated learning of a motoric skill: The role of goal setting and self-monitoring. *Journal of Applied Sport Psychology, 8*, 60–75.

Zimmerman, B. J., & Martinez-Pons, M. (1992). Perceptions of efficacy and strategy use in the self-regulation of learning. In D. H. Schunk & J. L. Meece (Eds.), *Student perceptions in the classroom* (pp. 185–207). Hillsdale, NJ: Erlbaum.

Zimmerman, B. J., & Ringle, J. (1981). Effects of model persistence and statements of confidence on children's self-efficacy and problem solving. *Journal of Educational Psychology, 73*, 485–493.

Journal of Educational Psychology, 81, 329-339.

Zimmerman, B. J. (1990). Self-regulating academic learning and achievement: The emergence of a social cognitive perspective. Educational Psychology Review, 2, 173-201.

Zimmerman, B. J. (1994). Dimensions and regulation of academic learning: Instructive and self-regulatory. In D. H. Schunk & B. J. Zimmerman (eds.). Self-regulation of learning and performance: Issues and educational applications. Hillsdale, NJ: Erlbaum.

Zimmerman, B. J. (2000). Self-efficacy and educational development. In A. Bandura (ed.). Self-efficacy in changing societies. (pp. 202-231). New York: Cambridge University Press.

Zimmerman, B. J., and Bandura, A. (1994). Impact of self-regulatory influences on writing course attainment. American Educational Research Journal, 31, 845-862.

Zimmerman, B. J., Bonner, S., & Kovach, R. (1996). Developing self-regulated learners: Beyond achievement to self-efficacy. Washington, DC: American Psychological Association.

Zimmerman, B. J., and Martinez-Pons, M. (1986). Development of a structured interview for assessing student use of self-regulated learning strategies. American Educational Research Journal, 23, 614-628.

Zimmerman, B. J., and Martinez-Pons, M. (1988). Construct validation of a strategy model of student self-regulated learning. Journal of Educational Psychology, 80, 284-290.

第八章

一個提高學習障礙學生自我調整學習策略內容的學習方法

Deborah L. Butler

　　成功的學習者會策略性地處理課業上的工作（Borkowski, 1992;
Butler & Winne, 1995; Pressley, 1986）。他們分析工作內容，定義
成功表現的標準，和設定可實現的目標。他們選擇適應，甚至想
出策略的方法來達成他們的目標、監控努力，以及適時地調整活
動（Butler & Winne, 1995）。簡言之，有效率的學習者是自我調
整的（Butler & Winne, 1995; Carver & Scheier, 1990; Zimmerman,
1989, 1994）。

　　教育研究者花費相當大的努力去定義提高學生自我調整發展

的教學方法（例如 Ellis, 1994; Harris & Graham, 1996; Pressley et al., 1992）。本章描述每個教學模式的效能研究，策略內容學習（strategic content learning, SCL）方法。本章開始有簡短的學生需求背景的概覽，其次呈現後來實驗教學模式，以及解釋教學特徵和學生自我調整發展間的關係。接下來，是研究發現的摘要。本章包括理論、更進一步的研究和實際，及對 SCL 的調查討論。

 ## 提高大學生的自我調整

　　SCL 中介教學模式已改編為適合學習障礙的大學生。這項成就有兩項背景因素：第一，研究指出學習障礙的學生對於工作策略不是沒能力（Torgesen, 1977）就是「主動性不足」（Swanson, 1990, p.51）。已知此類的學生可從實驗教學受益，如SCL就能讓學生更有策略性的完成學習工作（例如 Graham & Harris, 1989; Sawyer, Graham, & Harris, 1992; Schumaker & Deshler, 1992; Wong, Butler, Ficzere, & Kuperis, 1996）。

　　第二，為學習障礙的大學生找出有效的實驗教學有研究的必要。除了少數的異例（例如 Policastro, 1993; Schumaker & Deshler, 1992），為學習障礙的學生而設計有效的實驗教學已在小學或中學實驗過。本研究為如何建構教學而提高學生的自我調整發展，提供了最佳的指導。資料顯示缺乏策略的學習障礙學生會延續到成年（Bursuck & Jayanthi, 1993; Deshler, Schumaker, Alley, Warner,

& Clark, 1982）。此外，大學中逐漸增加的學習障礙學生正在求學，且正尋求協助（Vogel & Adelman, 1990），而需要特別的研究來指導此類的發展（Gerber & Reiff, 1991; Vogel & Adelman, 1990）。

像學習障礙的大學生這類年輕族群，需要被協助去更有效率地學習自我調整（Policastro, 1993）。同時，為大學生決定 SCL 遞送服務形式需要很小心。例如學習障礙的大學生在入學時，需要協助完成課程作業。因此，SCL 必須以提高學生的自我調整發展為最大的效益。

另一遞送服務的限制是協助學習障礙的大學生需要個別化。部分因為學生認為有困難的作業種類視她[1] 選擇的課程而定，也依其所有的優缺點而定。選修不同課程的學習障礙學生需要以多種閱讀、聽寫，以及／或數學作業協助他們。此外，兩個學生選擇同樣的作業（例如閱讀課本），他們所感到的困難度也會有很大的差異（例如一個學生會專注細節而試著記憶句子，而另一個學生可能瀏覽文章而沒有精讀）。為權宜提供協助，SCL 指導者需集中目標找個別的困難，快速告知學生工作的困難之處。

本章從四個研究結果摘取重點，這四個研究檢驗了做為協助學習障礙的高中生的 SCL 效能。從這四個研究中發現，取樣範圍是要入大學學校的學習障礙生，參與者是取自大學或學院。他們選修了許多的學術或專業的課程，學生的閱讀、寫作技巧程度從四年級到大學都有。最後，學習障礙生具有特別的困難是變化太大，以及他們所選的工作是需要協助的。如此之外，同質性的參

與者包括對 SCL 模式評鑑有助益的四個研究,所有的學生、背景、計畫和工作。

貳 ▶ SCL 方法

　　本節要介紹SCL方法的理論基礎。討論從認知過程中心開始到自我調整,如此弄清楚教學目標和建立 SCL 的架構。接著,SCL 的教學程序已有大概的輪廓。最後,以主要教學特徵的理論分析,以及和學生的自我調整發展的假設相關作為結束。

一、認知過程中心到自我調整

　　圖 8-1 提供認知過程中心到自我調整的大意(Butler & Winne, 1995; Carver & Scheier, 1990; Corno, 1993; Zimmerman, 1989, 1994)。自我調整學習者省思地、彈性地、循環地在整個有程序的過程中努力著。當他們計畫、監控和修正所從事的工作時,他們的學習活動在不停地重新形塑(Butler & Winne, 1995)。

　　為了提高學生的自我調整發展,必須協助學生彈性地從事包含自我調整學習的認知過程序列。首先,學生要學會如何有效地分析工作並且設定合宜的工作目標。在自我調整中,此步驟相當嚴厲,因為學生所選的目標是往後學習活動的指標(Butler, 1994; Butler & Winne, 1995; Dweck, 1986)。學生的工作目標限定了他所

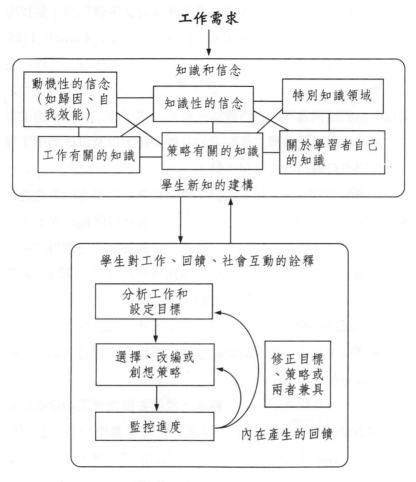

圖 8-1 ✦ 自我調整的學習模式

希望成就的結果及他用來揀選或修正學習策略的標準。再者,當
學生監控他努力所得的成功時,他判斷他的進步,修正他的努力,
全部基於他對工作需求的詮釋。不幸的是,學習障礙生對他們的

工作要求在描述上有困難（例如認為閱讀是文字解碼而不是找出大意）（Baker & Brown, 1984; Campione, Brown, & Connell, 1988; Jacobs & Paris, 1987）。學習障礙生常不能理解要求詮釋工作是主要的學習活動（Buter, 1994）。結果提升學習障礙生的自我調整是要協助他們建構適宜的工作理解，協助他們了解工作分析的重要性，協助他們學習詮釋工作要求的具體策略，以及以他們所了解的工作要求自導自己的學習活動。

從先前的 SCL 研究例子驗證工作分析在形塑學生的策略性表現的重要性（Butler, 1992）。鮑伯[2]，一個有自閉症的大學生，為他的第一年生物課考試而努力時，小心翼翼地記住教科書中研究的每個細節。無論如何，他都不能找到研究組間的關聯，漸漸地考試有了最終的結果。鮑伯考試失敗，並不因為他不努力或是使用策略記住細節，而是因為他設定了不適當的工作目標。當他愈了解工作需求時，他就更能適宜地自導自己的學習活動，並成功地準備考試。

第二，一旦學生了解工作需求，他們必須找到成功達成目標的學習方法。許多研究重點在印證有效學習者使用的學習型態（例如 Bereiter & Bird, 1985; Dole, Duffy, Roehler, & Pearson, 1991），以及無效能學習者失敗在策略的應用（例如 Borkowski, Estrada, Milstead, & Hale, 1989; Englert, Raphael, Anderson, Gregg, & Anthony, 1989; Montague, Maddux, & Dereshiwsky, 1990），和教導學習策略的教學方法（例如 Borkowski & Muthukrishna, 1992; Ellis, 1994, Englert Raphael, Anderson, Anthony, & Stevens, 1991; Harris &

Graham, 1996; Palincsar & Brown, 1984; Pressley et al., 1992; Schumaker & Deshler, 1992）。這個研究明白的顯示，許多學生需要協助了解有用的策略，有效地引導他們，經由時空背景而改變策略的執行。其次，學習障礙生在面對多變的工作要求時，需要協助、而學習如何彈性地採用所知的策略（Swanson, 1990）。

最後，提升自我調整需要協助學生監控自己的表現。近年來著重於自我調整過程的學者巴特勒和懷恩（Butler & Winne, 1995）描述監控是「自我調整工作的中心」（p.275），是環繞自我調整過程循環的中心。在監控的過程中，學生拿當前的進度和目標比較，因而產生努力成功的內在回饋。這種內在回饋包含提供學生判斷要如何進行的概念。在監控中所產生的這類內在回饋，「在形塑學習者的工作型態是具有決定性的」（Butler & Winne, p.275）。

無論如何，學習者常不能成功地監控自己的表現，或有效地以監控自己所為而改採策略（Baker, 1984; Bereiter & Bird, 1985; Pressley, Ghatala, Woloshyn, & Pirie, 1990; Swanson, 1990）。學生可能碰到了這些困難而有許多理由（Butler & Winne, 1995）。例如，假設學生設定了不適宜的學習目標，他們所使用的判斷表現品質的標準，會引導他們用錯誤的方法。或者是，學生可能在監控的過程犯錯和錯誤地以表現和目標比較。或是，學生由於缺乏注意力，不了解監控的重要性，或是對同時使用多重認知活動的認知資源不足，而不會監控自己進度。

研究者了解到學生從事自我調整活動會產生外在意識知覺。例如，當閱讀理解有誤時（Brown, 1980），及他們的注意力從流

暢的認知策略（例如閱讀大意）轉移到學習自我省思導向（例如分配注意力到認同一個理解的問題和執行除錯工作時），閱讀專家才會注意自我監控活動（Bereiter & Bird, 1985）。同時，有效自我調整的特徵是在要求學生有更佳的表現時，學生的能力已經可以到知覺意識的自動控制。例如，當閱讀中理解中斷，或面對困難或不熟悉的工作時（Butler, in press-b）。除此之外，學生省思試著去認同工作需求和適當地執行策略，是策略過程的重點，而不是學習良好循環的自動執行（Brown, 1978; Reeve & Brown, 1985）。此即提示教師要提高自我調整學習，不僅要教學生在熟識的工作環境背景下，如何應用有效的特殊工作策略，並且必須協助學生去學習，在面對變動的工作需求時，如何自我省思地安排自己的策略活動（Butler, 1995; Harris & Graham, 1996）。

對提高學習障礙大學生的策略學習協助要個別化，早期對此有所爭議。基於本節對自我調整學習的描述，此爭議可能會擴大。特別的是，個別化教學需評定學生現有對工作的自我調整方法，而後調整教學去支持學生對困難的自我調整過程的修正。例如，在稍早所提到的SCL案例中（大學的自閉症學生），鮑伯的學習無效是因為他對工作需求的錯誤概念。一旦他被協助去分析工作需求和設定更好的目標，鮑伯僅需要一點額外的協助，就可成功地找到或執行學習策略，或是監控他的學習努力成功過程（Butler, 1992）。

協助學生提高自我調整，需要在特別工作環境背景下進行。學生的知識和信念也摻雜在過程之中。例如，如稍早所知，關於

執行的工作需求，學生的後設認知理解影響他的工作需求概念，和後來的自我導向的學習活動。同樣地，學生對自己能力達成工作成功的信心（例如他的特別工作的自我效能概念），影響他所採納的目標和他的工作堅持力（Bandura, 1993）。因此，做為教學的一部分，教師必須支持而不是決定學生的自我調整的知識和信念結構。圖 8-1 是描繪影響學生策略執行的知識和信念類型（Alexander & Judy, 1988; Bandura, 1993; Borkowski et al., 1989; Paris & Byrnes, 1989; Schommer, 1990, 1993）。

　　一般學習障礙的大學生在學校長期的負面和挫敗的經驗下，不能建構知識和信念，這干預了他們的學習（Wong, 1991b）。舉例來說，許多 SCL 的參與者起初對學習抱持著不正確的知識信念，學習對一般人而言是快又簡易的事（Schommer, 1990, 1993），但對他們而言則不是如此。結果，當他們發現自己花費時間和努力嘗試學習課程內容時，他們判斷自己的能力差、進度慢（Butler & Winne, 1995）。在這些例子中，學生在監控中對學習過程形塑了內在回饋的錯誤概念，並且形成他們的信心（Butler & Winne, 1995）。因此，當個別化協助學習障礙的大學生時，教師必須體認和支持修正學生的了解和信念。

二、SCL 模式概述

　　在 SCL 中，學生在從事以自我調整為中心的活動時，指導者要提供協助（例如分析工作、設定目標；選擇、改編或創想策略

方法；監控進度；調整學習所需的方法；見圖 8-1）。指導者也要學校加入有關學習進程互動的討論，以提高結構或了解和信念的修正。在本節和下一節，對 SCL 教學活動會更加詳述。本節一開始提供 SCL 方法的概述以為大學使用。

如先前所述，學習障礙的大學生需要立即協助其實際的教室工作。因此，本研究報告的參與者首先得到他們所需的協助（例如閱讀、研究、書寫和數學解題），以及明白他們課程中的課業。次之，指導個別化的教學在沒有干擾或支助下，學生對自我調整學習方法的觀察（例如當完成第一項作業）。用前置調查、問卷和書面觀察，來蒐集影響學生工作方法的知識和信念的有關資料。

在前測評估之後，實驗開始。一開始協助學生分析作業，明白工作要求、找出表現標準。對於多數的學生而言，這是一個關鍵的步驟。和先前所描述的研究報告相同（例如 Graham, Schwartz, & MacArthur, 1993; Winne & Marx, 1982），前測資料顯示多數學生持有對工作要求的錯誤概念、對指導作業的錯誤解釋，和／或不了解做為指導學習活動所做工作分析的重要性（Butler, 1994）。

其次，協助學生使用工作表現標準，以便決定有關學習活動。做為一個起始點，協助學生使用、監控和評估現行的策略方法，以及維持、放棄或因監控所形成的內在回饋而產生新的策略。使用此方法的原因有很多：第一，當學生認為所用的策略有效時，教學可能也會有效的達成目標。第二，假如學生了解現行策略的有效性，他們的能力被凸顯，特殊工作的自我效能發展就得到肯定。第三，從學生所知而校訂的策略，和已建置的知識相關聯的

新的建構也得到支持（Butler, in press-c）。最後，策略的發展是個別化的。此策略在學生所偏愛的過程發現，它滋長了學生的力量、找出了學生的弱點、回應學生獨特的工作難題。

當學生對如何處理工作一點概念都沒有時，他們被鼓勵做腦力激盪，和評估可能的策略。雖然指導者有時會提供思考的建議或點子，但指導者絕不會告訴學生該怎麼做。相反地，當指導者支持學生所做的決定時，學生則不斷地被要求要做最後的決定。舉例來說，從策略選擇討論的範圍，當指導者質問或評論學生所做的判斷時，學生的角色就是選擇方法和證明所選。指導者的陳述往往是導引學生得到做重要決定的線索（例如策略的品質或表現的標準），或是引導學生在使用策略成功和原本的學習目標做系統的比較（Kamann & Butler, 1996）。

當學生選擇策略方法時，學生則要詳述他們的策略步驟。他們的描述成為過程的線索，有助於系統策略評估和修正，並且提供全程策略進展的證據。其次，要求學生定義有關他們自己個別化的策略：不僅是學生選擇要使用的策略，而且要學生用自己的話語描述他們的策略。

最後，在 SCL 會議中，學生要監控策略使用的結果並且修正最終的方法。參與此種策略分析活動的學生（Ellis, 1993）已和後設的策略及工作了解的發展相關聯（Borkowski et al., 1989; Ellis, 1993）。其次，當學生主動地觀察所用的策略和結果之間的關係時，他們已建立了自我效能的積極概念（例如 Schunk & Cox, 1986; Schunk, 1994, 1996），且感覺對結果更有控制力。他們也了解使

用有效的策略方法和成功表現之間的關係（例如Borkowski, Weyhing, & Turner, 1986; Schunk & Cox, 1986）。最後，學生學會如何揀選、監控、改編，甚至創建給予不同工作要求的分析策略。

在每次會議中，經由集中在完成目標工作的互動討論（例如在短文作業的腦力激盪點子），和學習的過程中（例如在寫作過程中，腦力激盪點子的優點）形成了 SCL 教學。為提高自我省思，指導者暗示學生在認知和後設認知階段的轉變。再次強調，教學必須要個別化。雖然有些學生需要協助他們從唯一的工作焦點轉移到較能省思的觀點，而其他的學生雖已會高度的省思，但缺乏工作方法。如此，前一組的學生需要更能省思；後一組的學生則需要加強他們的後設認知技巧，以發生具體的、有效的和特別的工作策略。

最後，在會議之間，當SCL的參與者完成實際的課程工作和評估他們自己策略的有效性時，他們被鼓勵測試所顯現的策略。學生參考他們所形成的策略之文字記錄，指引他們完成工作。然後，在後續的會議中，學生回溯報告他們所努力的成果，以及他們對每一個策略所做的修正。這些程序鼓舞學生在學習的環境中，轉換特別的工作策略和獨立地自我指導學習。

三、主要教學元素

SCL模式是根據訓練研究策略、自我調整認知過程（例如Butler & Winne, 1995; Carver & Scheier, 1990; Paris & Byrnes, 1989;

Zimmerman, 1989, 1994），和轉變有關機制的分析發展而來的（例如 Salomon & Perkins, 1989; Wong, 1991a）。此模式和其他設計來提高學生的自我調整、後設認知及策略執行的教學模式有許多共同的特徵（例如 Borkowski & Muthukrishna, 1992; Ellis 1993, 1994; Harris & Graham, 1996; Policastro, 1993; Pressley et al., 1992; Schumaker & Deshler, 1992; Wong et al., 1996）。

(一)結構的和清楚的教學

和許多實驗教學模式一樣，SCL 的特徵是：教學是結構的和清楚的。在大多數的策略訓練方案中（例如 Ellis, 1994; Harris & Graham, 1996; Pressley et al., 1992; Schumaker & Deshler, 1992），起初教學因提供有關直接教學的和策略方法的模式而呈部分結構化，接著則是引導和獨立的練習。相反地，在 SCL 中，討論因受集中注意力在以自我調整為中心的認知活動的影響，而呈系統性的結構。相同地，在大部分的教學方法中，清楚性開始是建立在對工作和策略的直接說明；在 SCL 中，是清楚要求學生計算對發展的了解和藉由正式地記錄策略的描述而得到的。

雖然 SCL 並沒有從先前定義一組直接說明開始，但也不是一種發現學習的形式。相反地，指導者主動利用問題和評論而成為學生立即的決定。雖然有關特別方法的直接說明有時會提出，但所占的比例不到使用教學敘述的 4%（Kamann & Butler, 1996）。

(二)提高知識結構

就像大多數的實驗教學模式（例如Borkowski & Muthukrishna, 1992; Ellis, 1993; Harris & Graham, 1996; Pressley et al., 1992），SCL 包括設計要提高學生知識和信念範圍的教學活動。舉例來說，在許多訓練模式中，學生要使用、討論和評估策略方法的範圍（例如 Borkowski et al., 1989; Ellis, 1993），以及和工作及策略有關的後設認知理解結構的活動。普力斯萊等人（Pressley et al., 1992, 1995）最近使用交互的（transactional）名詞來形容學生在閱讀時，主動的使用策略方法，而對課文所產生的集體了解。在SCL模式中，我擴大了普力斯萊的解釋，指出學生亦可在對學習主動討論的同時，而建構了對自我調整交互的理解（Butler, 1997b, in press-c）。那就是說，在交互的討論中，當參與者定義對討論過程的一般性註解時，對於工作、策略和學習過程的後設認知理解之結構是相互影響的，且分享了對工作即時性的解釋。

(三)提高轉變

一九八〇年代對策略訓練實驗教學成功的初始熱潮，因發現持續性和轉變受到限制，而隨之緩和（Brown, Campione, & Day, 1981; Wong, 1992）。結果，實驗研究開始印證為提高轉變而特別設計的教學成分（Borkowski et al., 1986; Borkowski & Muthukrishna, 1992; Ellis, 1993; Paris, Wixson, & Palincsar, 1986; Wong, 1992）。在 SCL 模式中，提高轉變有很多方法：第一，教學要在有意義的教

室工作背景中（Paris et al., 1986）。第二，當學生清楚地表達一般化的策略陳述時，他們將策略過程的去脈絡化的原則予以抽象化。之後，在思考設計策略方法時，學生能描繪他們所理解的（Salomon & Perkins, 1989; Wong, 1991a）。第三，包括所有策略發展過程中的學生可能與改進的轉變相關連。這部分是因為，假若學生把目標放在個別的需求上，則他認為個別化的策略有用。更者，當學生主動地加入進行中的策略結構的決定過程時，他們可能感覺到對發展策略的掌控，並且願意繼續使用。最後，假若學生學習如何去自我指導學習活動，以及如何去為自己依工程需求分析而建構和修正策略，他們就會轉移這些能力到其他工作。

(四)社會互動

在許多實驗教學模式中，學生自我調整發展的社會互動角色是很凸顯的。如同其他的研究，在影響學生的自我調整方法上，SCL 模式中的互動討論是一種媒介。無論如何，在社會環境中（例如 Pressley, et al., 1992; Stone, in press），學生內化了有能力學習者的策略過程模式，所以 SCL 強調個別的學習協調（見 Butler, in press-a，有更完整的討論）。這假設，在過濾已有的知識和信念時，每個學生的理解是被他外在輸入的詮釋所決定。

但是，就在學習者努力詮釋要他人了解工作時，社會互動提供了外在的輸入。一旦參與者相互建立溝通的共同對象時，他們能夠彼此分享觀念和建構對學習交互的理解。學生間，產生理解因而有共同的特徵，因為這有共同的語詞和共同的經驗。結果，

個人建構他們依自己的方式不能得到的理解（Pressley, et al., 1992）。最後，每個學生建構在某些方面有特性的新理解，因為那些理解依一種獨特的知識基礎而建立，而這種知識基礎為個人對團體理解的詮釋所修正（Butler, in press-a）。

大學 SCL 效能的研究

　　本節要對大學的 SCL 效能評鑑研究做說明。一開始會先對在大學的 SCL 教學原則之應用做進一步說明。接著，回顧一些用在一系統平行研究的研究設計（Butler, 1992, 1993, 1995, 1996, 1997a, 1997b）。

一、大學所改編的 SCL

　　一項提供學習障礙大學生支持方案的非正式性調查，指出三種一般性的服務模式：(1)經由諮商部門、學習協助中心，或為學習障礙生所設的服務處，老師或學習障礙的特教老師所提供的個別化教導；(2)同儕教導；和(3)團體學習技巧的實驗教學。本章摘述四個對 SCL 效能的研究發現，以做為教師或學習障礙特教老師一對一教學的架構。包含兩個支持模式（如同儕教導和學習技巧課程）的評鑑，SCL 改編版的研究也在計畫和進行中。

　　在此所描述的每個研究中，個別化 SCL 教導提供學生一個正

常教室教學的有利助手。會議在學生原來的校園中舉行，在中心或部門的學習障礙學生都能得到協助。一般而言，教師和學生每週會面約三小時，分配在二到三個會議中。無論如何，提供至少一學期的教學。在四個個案中，提供教學已有二年。

二、研究設計

選擇 SCL 研究中所使用的研究設計有三個最高目標：(1)在舉行的會議中，追蹤學生自我調整發展的過程。(2)在自然的環境中使用真實的服務模式，評鑑 SCL 效能。(3)在學生間、工作間、教師間、背景間，評鑑 SCL 效能的持續性。

為了同時達成這些目的，而使用了一種混合設計。首先，在每個研究設計，平行的、深度的個案研究都用來追蹤個體的進展（Merriam, 1988; Yin, 1994）。個案研究資料提供對實驗教學過程深度的觀點，以及教學活動和效果間的內在關係（Yin, 1994）。第二，為有助於個案比較，個案研究植基於一種前－後測設計。在前－後測期間，平行的問卷、觀察和晤談一起使用，以測量學生間的一般效果（Butler, 1995）。

肆 ▶ 研究結果概覽

本節提出從四個 SCL 研究所發現的一個整合概覽（Butler, 1992,

1993, 1995, 1996, 1997a, 1997b）。在這四個研究中，十一位教師對四十個學習障礙的大學生提供了個別化教導。討論的重點首先在於找出調和自我調整過程的學生知識和信念發展有關的證據。接著，瀏覽轉移學生工作表現和工作策略方法的證據。

一、知識和信念的轉變

在 SCL 研究中一致發現，學生對工作和策略的後設認知了解有進展。在每個 SCL 研究中，經平行晤談和問卷，每次都有前測和後測，評估學生的後設認知了解。在四個 SCL 研究中，從前測到後測，這些測驗都能偵查出學生的後設認知了解有一致的進展（Butler, 1995）。

在後來的三個 SCL 研究中，晤談和問卷資料的得分標準很精準，能夠很有效地評估學習障礙成年學生的後設認知了解（MacLeod, Butler, & Syer, 1996）。很明顯地，成年學生常能在實驗教學之前講出策略，但是不能了解如何判斷策略的有效性，或是如何去將工作需求與策略配對。這些困難反映了學生所認為的難題：依據工作需求而有效地自我引導學習。要建立新的標準，此標準能更有效地從四個面向評估學生清楚的了解自我調整學習過程；這四個面向是：工作描述（學生的標準工作需求概念）、策略描述（學生對特別工作策略的了解）、策略焦點（描述所看重、個別性和工作要求有關的策略的程度），以及監控（學生對如何反映進度和有根據地管理學習活動的敘述）（Butler, 1997a, 1997b;

MacLeod et al., 1996）。

　　從四個後設認知面向綜合這三個 SCL 研究的資料分析顯示，在四個後設認知的向度中（效果大小從 0.50 到 1.10；Butler, 1997b），當被要求描述完成目標工作的方法時，學生的後測比前測描述得更好。除此之外，當被要求描述目標範圍的方法時，四個後設認知向度中的三個向度，學生的後測比前測描述得更清楚（Butler, 1997b）。綜合這些發現建議，學生描述策略活動能力的改進和參與 SCL 實驗教學有關。

　　另一個 SCL 研究同時發現：從前測到後測，學生的特別工作自我效能概念增進了（Butler, 1995, 1996, 1997a, 1997b）。舉例來說，在四個研究分析發現，SCL 參與者在後測時，在特別工作技巧的能力（例如他們在寫作時的組織觀念的能力）比率較高。其次，當完成一項工作，學生被要求描述他們所遭遇的困難時（在後三個研究中），學生報告他們所選擇的工作，後測的困難明顯地少於前測。很明顯的發現這個測驗從前測到後測有顯著的改進。在這二個研究中，在工作範圍內，學生的困難也明顯變少。無論如何，一個測驗的全面性的自我效能尚找不出結果。

　　跨 SCL 研究中，也發現在歸因的組型有一致的轉變。舉例來說，在第一個、第三個和第四個 SCL 研究，學生成功的表現和能力的相關，後測能力比前測能力相關更高。相反地，在第一和第二個 SCL 研究，學生較少怪罪因能力缺乏而導致的失敗表現。這些歸因轉變指出，某些學生參與 SCL 研究之後，發展了正向積極的歸因。第二個研究發現與所觀察的學生其特別工作的自我效能

概念增加的現象是一致的（Butler, 1993, 1995, 1996, 1997b）。只有在第一個SCL研究，學生所做努力的比率與成功的表現相較，後測比前測更為顯著。無論如何，在第一個、第三個和第四個SCL研究，學生所知覺的策略應用，後測更顯重要。綜合之，這些歸因轉變指出，至少一些SCL參與者更了解努力策略應用在成功的表現上所扮演的角色。

二、工作表現和策略過程

為了評估學生對工作成就和策略方法的改變，在實驗階段的學生表現都小心地依時記錄著。所蒐集的資料不僅提供追蹤學生的進展，同時也建立教學活動和成果的關係（Miles & Huberman, 1994; Yin, 1994）。不幸地，這些豐富的資料不能在簡短的摘要中呈現，而是提供趨勢的概覽。有興趣的讀者可從其他更完整的個案研究中得到（Butler, 1993, 1997b; Butler, Elaschuk, & Poole, 1997）。

為了追蹤學生的工作表現，有兩種資料來源可取得：第一，在實驗中，課堂上小考或考試的成績紀錄，可當做是技巧評量的最佳工具。第二，針對所有的學生，實驗之前、之中和之後所完成的工作表現樣本都要蒐集。這些樣本適合學生所挑選的工作，也包括文字工作（例如短文、書信）、閱讀段落的文字、口頭摘要，和／或數學作業單等的複本。為每個工作類型和個人所設的標準可評鑑反映在樣本的表現品質。舉例來說，對從事寫作工作

的學生而言，其得分標準是從四個面向評鑑寫作樣本的品質。這四個面向是：主題特色、組織、觀點流暢和清晰（要注意這些標準的應用只適合評估寫作的類型）。以在實驗期間，有老師的協助完成工作和獨立完成工作，來判斷工作表現（Butler, 1995, 1997a）。最後，提供跨個案研究比較的粗略標準，為每個人計算在實驗期間所得的百分比估計。在跨四個 SCL 研究中，工作表現資料顯示，53%的學生表現增加15%（高到49%），11%的學生表現增加 10%至 14%，25%的學生增加 5%至 9%。只有三個學生沒有明顯的進步，而一個學生的表現稍微退步。此外，以被教導和獨立完成工作兩項來觀察表現成果。

為了找出學生對工作策略方法的發展特性，而保留了許多紀錄類型。第一，在每一個階段，記錄著學生的策略描述。只要學生交互地出現合作討論，以及在沒有老師的協助下，學生獨立建構時，每一個策略步驟都被歸類。第二，在沒有訓練背景下，蒐集學生完成目標工作的策略應用的證據（例如學生策略應用的自我報告；策略完成的物理追蹤）。最後，對於學生非教導的工作應用策略方法的自然描述，都錄在錄音帶上並被譯成文字。

將每個參與者的策略表現改變分為兩種分析類型。在第一個分析組中，每個學生策略的複本被排列以追蹤策略的進展。在有相同工作但策略一致或不相似發展，且經歷多種困難的學生間做最後策略的比較。最後，包括發展策略的步驟自相應的成就結果相連接。綜合之，這些分析指出學生為回應其獨特的需求而不斷地發展個別化的策略（Butler, 1993, 1995, 1996, 1997b）。此外，

學生的策略發展可能與觀察到的工作表現結果有直接的關連。

在第二個分析組中，摘錄了學生獨立策略發展的類型。跨研究中，這些資料顯示有83%的學生策略發展不受影響，78%的學生在不同背景改變發展策略，73%的學生在不同的工作之下，自然地改用使用策略。後來的發現尤其重要，並指出大部分的學生在跨學業工作範圍時，會調整他們的策略方法（跨工作時，自我調整更有效率）。

學生策略發展組型的偵察支持早期所提的觀點：雖然有些學生需要協助來反映他們的學習和發展後設認知知覺，其餘的學生從開始就很會省思。後面的學生，從第一次的實驗教學就主動地從事發展、改編和／或改變策略（Butler, 1996, 1997b）。這證明，要提高學習障礙成年學生的自我調整概念化過程。那就是說，學生不會全然地以自我調整「白板」的狀態進入教學環境（Butler & Wine, 1995）。因此，非教導自我調整本身，而是教學要更精確地思考如何形塑學生現有對學業工作的自我調整方法。

 伍▶ 結論

以一個提供學習障礙大學生一對一教學的模式而言，本章所描述的研究結果提供了 SCL 效能的說服證據（Butler, 1992, 1993, 1994, 1995, 1996, 1997a, 1997b）。研究結果建議，SCL 參與者發展焦點式的對工作和策略的理解，建立特別工作自我效能更積極

自我調整學習：教學理論與實務

的概念,並且更能將成功的表現歸因於努力或策略應用。學生也發展能夠與進步的工作表現相關聯的個人化策略。最後,參與者學習依照工作需求而調整學習活動。特別地,學生會自己反思形成策略、在不同的背景應用策略方法,並為不同工作而改編使用策略。

　　簡言之,SCL 支持學習障礙學生自我省思練習。什麼是自我省思練習?自我省思練習的定義是,學生在重要的工作背景下,能主動的、省思的、審慎的組合學習活動。自我調整模式一詞在早先已清楚說明(見圖 8-1),自我省思練習需要學生小心地分析工作要求、評鑑和揀選策略方法、監控他們表現和應用策略成功的品質,並以所感知的進展而適切地修正目標或學習策略(Butler & Winne, 1995; Zimmerman, 1994)。SCL 是當學生學習如何更彈性、更有新意地改進認知組合時,藉由提供學生調整支持,設計來提升學生的自我省思練習。在 SCL 研究中,自我省思練習的改進由學生對工作、策略和監控的後設認知了解結果而得到證明,並且增加對提供與工作需求有關焦點式描述策略的能力;而且在不同背景和工作下獨立發展、監控和改編策略。

　　從本章描述的 SCL 研究中已產生許多實際的應用實例。或許最重要的,本章對自我省思練習進一步的描述,強調做為策略表現重點的學生省思決定的角色之重要性。有爭議的是,當學生管理他們的學習活動,包括設定目標、選擇策略、判斷表現品質和決定如何改編策略時,學生對於做出不同的判斷和決定是有責任的。接著是,提升學習策略需要協助學生在他們自我調整學習時,

做出最佳的決定。同時，假若學生要獨立地管理他們的學習活動時，他們必須自己完全了解要做出所需的決定類型。舉例來說，學生對特別工作有後設認知的理解是不夠的（例如一份比較－對照短文的品質）。他們也必須了解，工作分析是一種批判的活動，並且他們對表現標準和目標必須做決定。學生所需要知道的是，他們應該記住他們所擁有關於工作的後設認知的知識，以便對如何進行做決定。

此外，在提升策略的學習方面，研究發現完全地標出了對準自我調整過程的每一面向的重要性（Harris & Graham, 1996）。這個意涵就僅僅是教導學習策略，對提升成功的表現會有所不足。舉例來說，像鮑伯這種學生的表現，不是因為缺少有關策略的知識，而是由於對工作了解的不足。相同地，一個學生可能知道有效的策略，但不知道如何去監控或改編策略以便符合立即的需求（Swanson, 1990）。因此，要長期提升自我省思練習，指導者必須協助學生學習如何依照工作要求而協調策略表現的各個面向（Brown, 1980; Butler, in press-b; Harris & Graham, 1996）。

最後，SCL 研究引發了有關教學和學生自我調整學習發展間的關係重要的理論問題。尤其是，許多研究者解釋，學生是經由社會交互活動中的觀察內化了認知過程而學會自我調整（例如 Pressley et al., 1992; Stone, in press）。如此，在很多策略訓練的方法中，學生很精準的被教導策略（用直接解釋和模式化），然後要求練習直到熟練（例如成為自己的策略）。無論如何，這存有一個疑問，就是關於學生需要內化到何種地步。舉例來說，在先

前定義特別工作策略時，內化必須要學生完全記住標記的步驟嗎？
或是在某些個案中，教學能藉由協助學生廣泛地、彈性地，和適
應地自我調整他們的學習策略，而將重心更廣泛地擺在提高自我
省思練習嗎？

　　另一個凸顯的問題所關心的是，社會影響和個人知識建構在
學生對工作省思方法的發展之間的交互作用。在早期策略訓練模
式中，直接教學和特別工作策略的模式證明提高策略的維持力和
移轉力不足（Pressley et al., 1995）。為了補救這個缺失，多數現
行的策略訓練模式合併了教學活動，在這些活動，社會楷模（如
教師、同儕）提供有效學習的模範，因此學生能模仿和內化其他
人所指導的認知過程（從他人－到自我－調整）。無論如何，在
社會文化對自我調整的雙重解釋之下，策略訓練的研究者常以建
構的觀點，承認學生對於以獨特的工作經驗歷史所建立的建構的
學習了解，是一個積極的角色（例如 Harris & Pressley, 1991; Paris
& Byrnes, 1989）。此外，提供模仿和社會互動機會的教學活動，
對支持個別化知識建構是最理想的。根據記載，很少注意內在化
和個人知識結構交互作用而影響學生的自我省思練習。為回應這
個難題，在SCL研究模式嘗試去清楚說明學生的自我調整過程，
可能受社會文化和個人影響而有所改變（Butler, in press-a）。這
需要更進一步的研究來澄清這些重要的關係。

致謝

本章所描述的研究部分是從一份加拿大社會科學和研究協會的標準獎助研究（No.410-95-1102）所得。我要感謝 Cory Elaschuk, Shannon Poole, Michael Kamann, Barrie MacLeod, Kim Syer, Sandra Jarvis，和我的研究團體的其他夥伴，因為他們於此描述的研究中無價的協調。我也要感謝 Bernice Wong 和 Phil Winne，因為他們有洞見的建議和士氣鼓勵。最後，我要感謝 Dale H. Schunk 和 Barry J. Zimmerman，因為他們給予本章前一版本有用的建議。

附註

1. 本章為避免描述上的性別歧視，「她的」和「他的」名詞交互使用。
2. 本章使用的人名都是虛構的。

參考書目

Alexander, P. A., & Judy, J. E. (1988). The interaction of domain-specific and strategic knowledge in academic performance. *Review of Educational Research, 58*, 375–404.

Baker, L. (1984). Children's effective use of multiple standards for evaluating their comprehension. *Journal of Educational Psychology, 76*, 588–597.

Baker, L., & Brown, A. L. (1984). Cognitive monitoring in reading. In J. Flood (Ed.), *Understanding reading comprehension: Cognition, language, and the structure of prose* (pp. 21–44). Newark, DE: International Reading Association.

Bandura, A. (1993). Perceived self-efficacy in cognitive development and functioning. *Educational Psychologist, 28*, 117–148.

Bereiter, C., & Bird, M. (1985). Use of thinking aloud in identification and teaching of reading comprehension strategies. *Cognition and Instruction, 2*, 131–156.

Borkowski, J. G. (1992). Metacognitive theory: A framework for teaching literacy, writing, and math skills. *Journal of Learning Disabilities, 25*, 253–257.

Borkowski, J. G., Estrada, M. T., Milstead, M., & Hale, C. A. (1989). General problem-solving skills: Relations between metacognition and strategic processing. *Learning Disability Quarterly, 12*, 57–70.

Borkowski, J. G., & Muthukrishna, N. (1992). Moving metacognition into the classroom: "Working models" and effective strategy teaching. In M. Pressley, K. R. Harris, & J. T. Guthrie (Eds.), *Promoting academic competence and literacy in school* (pp. 477–501). Toronto, Ontario: Academic Press.

Borkowski, J. G., Weyhing, R. S., & Turner, L. A. (1986). Attributional retraining and the teaching of strategies. *Exceptional Children, 53*, 130–137.

Brown, A. L. (1978). Knowing when, where and how to remember: A problem of metacognition. In R. Glaser (Ed.), *Advances in instructional psychology* (pp. 77–165). Hillsdale, NJ: Erlbaum.

Brown, A. L. (1980). Metacognitive development and reading. In R. J. Spiro, B. C. Bruce, & W. F. Brewer (Eds.), *Theoretical issues in reading comprehension: Perspectives from cognitive psychology, linguistics, artificial intelligence, and education* (pp. 453–481). Hillsdale, NJ: Erlbaum.

Brown, A. L., Campione, J. C., & Day, J. D. (1981). Learning to learn: On training students to learn from texts. *Educational Researcher, 10*(2), 14–21.

Bursuck, W. D., & Jayanthi, M. (1993). Strategy instruction: Programming for independent skill usage. In S. A. Vogel & P. B. Adelman (Eds.), *Success for college students with learning disabilities* (pp. 177–205). New York: Springer-Verlag.

Butler, D. L. (1992). Promoting strategic learning by learning disabled adults and adolescents. *Exceptionality Education Canada, 2*, 109–128.

Butler, D. L. (1993). *Promoting strategic learning by adults with learning disabilities: An alternative approach.* Unpublished doctoral dissertation, Simon Fraser University,

Burnaby, British Columbia.

Butler, D. L. (1994). From learning strategies to strategic learning: Promoting self-regulated learning by post secondary students with learning disabilities. *Canadian Journal of Special Education, 4,* 69–101.

Butler, D. L. (1995). Promoting strategic learning by post secondary students with learning disabilities. *Journal of Learning Disabilities, 28,* 170–190.

Butler, D. L. (1996, April). *The strategic content learning approach to promoting self-regulated learning.* Paper presented at the annual meeting of the American Educational Research Association, New York.

Butler, D. L. (1997a, March). *The roles of goal setting and self-monitoring in students' self-regulated engagement in tasks.* Paper presented at the annual meeting of the American Educational Research Association, Chicago.

Butler, D. L. (1997b). *The strategic content learning approach to promoting self-regulated learning: A summary of three studies.* Manuscript submitted for publication.

Butler, D. L. (in press-a). In search of the architect of learning: A commentary on scaffolding as a metaphor for instructional interactions. *Journal of Learning Disabilities.*

Butler, D. L. (in press-b). Metacognition and learning disabilities. In B. Y. L. Wong (Ed.), *Learning about learning disabilities* (2nd ed.). New York: Academic Press.

Butler, D. L. (in press-c). Promoting strategic content learning by adolescents with learning disabilities. *Exceptionality Education Canada.*

Butler, D. L., Elaschuk, C., & Poole, S. (1997). *Strategic content learning in postsecondary settings: A summary of three studies.* Unpublished technical report.

Butler, D. L., & Winne, P. H. (1995). Feedback and self-regulated learning: A theoretical synthesis. *Review of Educational Research, 65,* 245–281.

Campione, J. C., Brown, A. L., & Connell, M. L. (1988). Metacognition: On the importance of understanding what you are doing. In R. I. Charles & E. A. Silver (Eds.), *The teaching and assessing of mathematical problem solving* (Vol. 3, pp. 93–114). Hillsdale, NJ: Erlbaum.

Carver, C. S., & Scheier, M. F. (1990). Origins and functions of positive and negative affect: A control-process view. *Psychological Review, 97,* 19–35.

Corno, L. (1993). The best laid plans: Modern conceptions of volition and educational research. *Educational Researcher, 22*(2), 14–22.

Deshler, D. D., Schumaker, J. B., Alley, G. R., Warner, M. M., & Clark, F. L. (1982). Learning disabilities in adolescent and young adult populations: Research implications. *Focus on Exceptional Children, 15*(1), 1–12.

Dole, J. A., Duffy, G. G., Roehler, L. R., & Pearson, P. D. (1991). Moving from the old to the new: Research on reading comprehension instruction. *Review of Educational Research, 61,* 239–264.

Dweck, C. S. (1986). Motivational processes affecting learning. *American Psychologist, 41,* 1040–1048.

Ellis, E. S. (1993). Integrative strategy instruction: A potential model for teaching content area subjects to adolescents with learning disabilities. *Journal of Learning Disabilities, 26,* 358–383, 398.

Ellis, E. S. (1994). An instructional model for integrating content-area instruction with cognitive strategy instruction. *Reading and Writing Quarterly: Overcoming Learning Difficulties, 10,* 63–90.

Englert, C. S., Raphael, T. E., Anderson, L. M., Anthony, H. M., & Stevens, D. D. (1991). Making strategies and self-talk visible: Writing instruction in regular and special education classrooms. *American Educational Research Journal, 28,* 337–372.

Englert, C. S., Raphael, T. E., Anderson, L. M., Gregg, S. L., & Anthony, H. M. (1989). Exposition: Reading, writing, and the metacognitive knowledge of learning disabled students. *Learning Disabilities Research, 5,* 5–24.

Gerber, P. J., & Reiff, H. B. (1991). *Speaking for themselves: Ethnographic interviews with adults with learning disabilities.* Ann Arbor: University of Michigan Press.

Graham, S., & Harris, K. R. (1989). Components analysis of cognitive strategy instruction: Effects on learning disabled students' compositions and self-efficacy. *Journal of Educational Psychology, 81,* 353–361.

Graham, S., Schwartz, S. S., & MacArthur, C. A. (1993). Knowledge of writing and the composing process, attitude toward writing, and self-efficacy for students with and without learning disabilities. *Journal of Learning Disabilities, 26,* 237–249.

Harris, K. R., & Graham, S. (1996). *Making the writing process work: Strategies for composition and self-regulation.* Cambridge, MA: Brookline Books.

Harris, K. R., & Pressley, M. (1991). The nature of cognitive strategy instruction: Interactive strategy construction. *Exceptional Children, 57,* 392–404.

Jacobs, J. E., & Paris, S. G. (1987). Children's metacognition about reading: Issues in definition, measurement, and instruction. *Educational Psychologist, 22,* 255–278.

Kamann, M. P., & Butler, D. L. (1996, April). *Strategic content learning: An analysis of instructional features.* Paper presented at the annual meeting of the American Educational Research Association, New York.

MacLeod, W. B., Butler, D. L., & Syer, K. D. (1996, April). *Beyond achievement data: Assessing changes in metacognition and strategic learning.* Paper presented at the annual meeting of the American Educational Research Association, New York.

Merriam, S. B. (1988). *Case study research in education: A qualitative approach.* San Francisco: Jossey-Bass.

Miles, M. B., & Huberman, A. M. (1994). *Qualitative data analysis: An expanded sourcebook* (2nd ed.). Thousand Oaks, CA: Sage.

Montague, M., Maddux, C. D., & Dereshiwsky, M. I. (1990). Story grammar and comprehension and production of narrative prose by students with learning disabilities. *Journal of Learning Disabilities, 23,* 190–197.

Palincsar, A. S., & Brown, A. L. (1984). Reciprocal teaching of comprehension-fostering and comprehension-monitoring activities. *Cognition and Instruction, 1,* 117–175.

Paris, S. G., & Byrnes, J. P. (1989). The constructivist approach to self-regulation and learning in the classroom. In B. J. Zimmerman & D. H. Schunk (Eds.), *Self-regulated learning and academic achievement: Theory, research, and practice* (pp. 169–200). New York: Springer-Verlag.

Paris, S. G., Wixson, K. K., & Palincsar, A. S. (1986). Instructional approaches to reading comprehension. *Review of Research in Education, 13,* 91–128.

Policastro, M. M. (1993). Assessing and developing metacognitive attributes in college students with learning disabilities. In S. A. Vogel & P. B. Adelman (Eds.), *Success for college students with learning disabilities* (pp. 151–176). New York: Springer-Verlag.

Pressley, M. (1986). The relevance of the good strategy user model to the teaching of mathematics. *Educational Psychologist, 21*(1–2), 139–161.

Pressley, M., El-Dinary, P. B., Brown, R., Schuder, T., Bergman, J. L., York, M., & Gaskins, I. W. (1995). A transactional strategies instruction Christmas carol. In A. McKeough, J. Lupart, & A. Marini (Eds.), *Teaching for transfer: Fostering generalization in learning* (pp. 177–213). Mahwah, NJ: Erlbaum.

Pressley, M., El-Dinary, P. B., Gaskins, I. W., Schuder, T., Bergman, J. L., Almasi, J., & Brown, R. (1992). Beyond direct explanation: Transactional instruction of reading comprehension strategies. *Elementary School Journal, 92*, 513–555.

Pressley, M., Ghatala, E. S., Woloshyn, V., & Pirie, J. (1990). Sometimes adults miss the main ideas and do not realize it: Confidence in responses to short-answer and multiple-choice comprehension questions. *Reading Research Quarterly, 25*, 232–249.

Reeve, R. A., & Brown, A. L. (1985). Metacognition reconsidered: Implications for intervention research. *Journal of Abnormal Child Psychology, 13*, 343–356.

Salomon, G., & Perkins, D. E. (1989). Rocky roads to transfer: Rethinking mechanisms of a neglected phenomenon. *Educational Psychologist, 24*, 113–142.

Sawyer, R. J., Graham, S., & Harris, K. R. (1992). Direct teaching, strategy instruction, and strategy instruction with explicit self-regulation: Effects on the composition skills and self-efficacy of students with learning disabilities. *Journal of Educational Psychology, 84*, 340–352.

Schommer, M. (1990). Effects of beliefs about the nature of knowledge on comprehension. *Journal of Educational Psychology, 82*, 498–504.

Schommer, M. (1993). Epistemological development and academic performance among secondary students. *Journal of Educational Psychology, 85*, 406–411.

Schumaker, J. B., & Deshler, D. D. (1992). Validation of learning strategy interventions for students with learning disabilities: Results of a programmatic research effort. In B. Y. L. Wong (Ed.), *Contemporary intervention research in learning disabilities: An international perspective* (pp. 22–46). New York: Springer-Verlag.

Schunk, D. H. (1994). Self-regulation of self-efficacy and attributions in academic settings. In D. H. Schunk & B. J. Zimmerman (Eds.), *Self-regulation of learning and performance: Issues and educational applications* (pp. 75–99). Hillsdale, NJ: Erlbaum.

Schunk, D. H. (1996). Goal and self-evaluative influences during children's cognitive skill learning. *American Educational Research Journal, 33*, 359–382.

Schunk, D. H., & Cox, P. D. (1986). Strategy training and attributional feedback with learning disabled students. *Journal of Educational Psychology, 78*, 201–209.

Stone, C. A. (in press). The metaphor of scaffolding: Its utility for the field of learning disabilities. *Journal of Learning Disabilities*.

Swanson, H. L. (1990). Instruction derived from the strategy deficit model: Overview of principles and procedures. In T. Scruggs & B. Y. L. Wong (Eds.), *Intervention research in learning disabilities* (pp. 34–65). New York: Springer-Verlag.

Torgesen, J. K. (1977). The role of non-specific factors in the task performance of learning disabled children: A theoretical assessment. *Journal of Learning Disabilities, 10*,

27–34.

Vogel, S. A., & Adelman, P. B. (1990). Intervention effectiveness at the postsecondary level for the learning disabled. In T. Scruggs & B. Y. L. Wong (Eds.), *Intervention research in learning disabilities* (pp. 329–344). New York: Springer-Verlag.

Winne, P. H., & Marx, R. W. (1982). Students' and teachers' views of thinking processes for classroom learning. *Elementary School Journal, 82,* 493–518.

Wong, B. Y. L. (1991a, August). *On the thorny issue of transfer in learning disabilities interventions: Towards a three-prong solution.* Invited address presented at the Fourth European Conference for Research on Learning and Instruction, University of Turku, Turku, Finland.

Wong, B. Y. L. (1991b). The relevance of metacognition to learning disabilities. In B. Y. L. Wong (Ed.), *Learning about learning disabilities* (pp. 231–256). New York: Academic Press.

Wong, B. Y. L. (1992). On cognitive process-based instruction: An introduction. *Journal of Learning Disabilities, 25,* 150–152, 172.

Wong, B. Y. L., Butler, D. L., Ficzere, S., & Kuperis, S. (1996). Teaching low achievers and students with learning disabilities to plan, write, and revise opinion essays. *Journal of Learning Disabilities, 29,* 197–212.

Yin, R. K. (1994). *Case study research: Design and methods* (2nd ed.). Thousand Oaks, CA: Sage.

Zimmerman, B. J. (1989). A social-cognitive view of self-regulated learning. *Journal of Educational Psychology, 81,* 329–339.

Zimmerman, B. J. (1994). Dimensions of academic self-regulation: A conceptual framework for education. In D. H. Schunk & B. J. Zimmerman (Eds.), *Self-regulation of learning and performance: Issues and educational applications* (pp. 3–21). Hillsdale, NJ: Erlbaum.

Vauf, S. A., & Addison, R. (1992). Intervention architecture: a framework for building for the building blocks... L. J. Issroff & R. Wilg... Washington, DC: International Society for...

Wang, P. H., S. James... instruction... on human... and differences in education...

Song, S.... (19...) ... on the influence... transfer in learning. Philippine...
... for college... ... ... teaching and... perspective in learning index, Lin & Finland...

Wang, Y. L. (1998). The relationship between... achieving disabilities in P. Y. Ann (Ed.), Early learning... and intervention (pp. 37-280). New York, Academic Press.

Wang, M. C.... intervention... Their... context... designs to meet individual differences in education... (pp. 1-20).

Wang, M.C., Reigeluth, C. M.... ... ... (1984). Toward teaching by... and adaptation in education.... individual... and instruction... ... ...

...(ed.) ... and... education... ... Time... Trumansburg, New York...

...1990 & L. (1993). A new concept of... of... Review of educational research...

... teaching... ... at school and at... for... learning... and... and its... Singapore...

第九章

青少年自我監控之操作理論與應用

Phillip J. Belfiore

Rebecca S. Hornyak

　　當教育造就了學生的學業獨立發展，教育終究是有益的。學業獨立——透過自我管理以維持及提升學業表現的能力——是一種在學業情境內學生成就的動態歷史結果。當學生在學業情境下，加上學業的刺激成功了，則這樣的學生較可能在那些學業相關情境下持續並尋找其他相似的情境。雖然教育工作者提供多元的學術情境給學生的作法看似簡單，但是學生同時也置身於各種非學業的選擇下。選擇這種非學業的替代方案通常會導致各種非學校及非學業行為。舉例來說：(1)每一天有 13,076 位學生輟學；(2) 73%高年級中學生在過去一年中接觸過酒精；(3) 19%高年級中學

生在過去一個月中吸過大麻；(4) 6.1%九年級學生覺得上學很不安全；(5)幾乎 22%美國學童被歸為貧窮；(6)每天有 342 位與 359 位學齡學生分別因暴力犯罪及違反藥物管理而被捕（Annie E. Casey Foundation, 1996; Children's Defense Fund, 1996; National Center for Educational Statistics, 1996a, 1996b）。對想要建立學生學業成就的學校及社區而言，重新對學校及學業表現的重視是刻不容緩的。

 # 青少年學校表現的自我管理角色

　　最初，學業成就是透過學生與教育工作者（例如：教師、父母、照護者、兄弟姐妹、同儕、當地社區領導者及其他學校人員等）互動而受到強化。納入能逐漸將責任由教師移轉至學生的有效教育互動，讓學生擁有自己在多元課程領域能運用的一系列學業策略（Belfiore & Hutchinson, 1998）。這種從教師指導而至學生維持的成功責任轉移所需的條件是：(1)能於相關情境下提供學業成就之多元機會的教師；(2)與精熟及優良教育標準（由學校及學生所設定的）相較之下，監控、省思及修正自己表現的學生。

　　教育工作者能藉由可挑戰學生之有效教學，及提升學生自我監控來創造一個可導致學業成功的學習環境（見圖 9-1）。有效的教學需要計畫及設定課程活動的優先順序、管理每日教室情境、教授有品質的教材、創造及維持可激發動力的環境及自我評鑑教師所教授的教學〔即完整的介入（intervention integrity）〕及學生

表現。自我管理需要學生熟悉這樣的相關技巧，例如自我監控、自我教學（self-instruction）、自我評鑑及自我增強等。再者，自我管理也需要有在特定脈絡線索下之見聞廣博的決策及問題解決。透過決策及問題解決的自我省思，增加了教學及自我管理的必要動力（dynamics）向度。當學習管理自己行為時，在挑戰學業情境獲得重複與持續成功的學生，較有可能發展學業獨立。

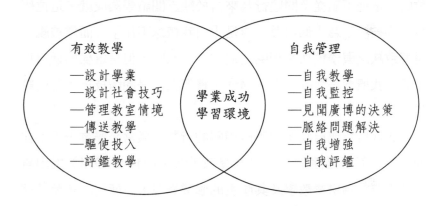

圖 9-1 ✦ 目標為能提升學業成功的學習環境之教學變項

　　評鑑學生的學業獨立發展，應將重點置於競爭行為上。非學業或非學校行為，也許被視為以下事件的結果：(1)過去的學業失敗；(2)對學業行為的鮮少支持或不支持。如導致學業處罰（如不佳的測驗成績、負面或未有回饋、輟學、封閉等）的學校表現經驗，造成未來特定學業情境下之學校行為的減退。相同地，之前被家人、同儕、媒體及社區所忽視的在學校表現的成功學業行為，也會造成未來於學業上加以努力企圖的減弱。在學業上表現不佳，

且在學業努力上未受到支持的學生很少能在學業上有所堅持。學生，就像所有人一樣，傾向投入可以產生較多增強機會的活動。

也許學生目前醉心於非學業行為，不是因為他們在過去不成功或是當企圖表現學業行為時未能接受正面的回饋。舉例來說，一位閱讀技巧（讀字技巧或理解）不佳的學生在科學、英文及社會科學上也將表現不良，因為那些學業科目領域都是字／文本本位的。這種不順從及問題行為來自於缺乏閱讀學業成就。這位學生也許被認定為「低自尊」或是「自我概念不佳」，而這被視為是導致缺乏與學校功課相關之進取心的原因，但是這樣的低自尊或低自我概念是教師的知覺構念，實際上這是閱讀技巧不足的結果。

與低自尊或自我概念不佳相關的行為，通常是學業表現不佳的結果，而不是原因。史取卡登茲（Schickedanz, 1994）提出警告，不要認為學業教學及其產生的學業表現，只能在社會及情緒行為受到控制下的情境才會產生。有品質的學業表現也許會導致學生較佳的自我概念及較高的自尊。介入的目標應是學業，而非自尊或自我概念。

學業獨立上的自我調整（self-regulation）角色變成促進學業成就的一種，而學業成就反過來就產生較佳的自我概念或較高的自尊。創造及擴大能提供增強之後的合宜學業行為之教育情境及脈絡，能在相似學業情形之下增加未來學業行為。一旦透過教室教學、社區支持及教師激發而有了學業成就經驗，學生會開始掌握自己持續學習的主權。有目的的學習是自我管理學業成功的結

果。

 ## 有目的的學習：冒著學習 失敗危險的學生

　　希爾娜與洛－史密斯（Serna & Lau-Smith, 1995）認為那些冒著學習失敗危險的學生其實是具有在學校、家裡、社區中成功之潛能的青少年，但由於特殊環境、行為及社會問題而限制住。學業上沒成就及未受到同儕及師長之學業行為關注的青少年，不是從學校相關情境中退縮脫逃，就是投入非學業行為以博得關注（Testerman, 1996）。不幸地，「非學業」行為（如崩潰、不順從、愛講話）傾向產生較直接的教師或同儕關注而非「學業」行為（例如安靜讀書、舉手、寫文章）。若這種情形持續下去，即學生於課業上的投入行為受到忽視，這些學生會開始觀察什麼樣的行為才會受到注意。這些未受到學業行為注意的學生學會專注於非學業行為，因為只有非學業行為才能受到教室裡的增強。在努力維持控制教室時，教師已經創造出一教室的冒著學業失敗危險的學生。冒著學校學業失敗危險的學生則是那群不是未受到有效學業教學，就是未能學會自我管理學業行為的學生。最初的問題則是教育環境未能（例如教師相關、教學的、教室、社區等變項）建立及維持學業成就。

　　有鑑於冒著學業失敗學生之人數日益增多，希爾娜和洛－史

密斯（Serna & Lau-Smith, 1995）創造了一個專為加速學生有目的學習之自我決定（self-determination）課程。藉由：(1)發展冒險學生的自我管理行為；及(2)有系統地教導這些行為，這個課程鼓勵學生在自己的學業學習上採取主動積極的角色。構成自我決定課程的主要領域，包括社會技巧（如磋商與問題解決等）、目前技巧及未來所需技巧的自我評鑑與自我導向技巧（self-direction skills）（例如目標設定、自我管理）、網狀組織技巧（networking skills）（例如尋求建議、發展策略）、合作技巧（例如決定團隊需求、設計策略）、毅力與冒險技巧（例如問題解決、決策），及強調管理技巧（例如辨識情感）（Serna & Lau-Smith, 1995）。從這一系列技巧就可出現一套教導自我決定之有系統的步驟（PUR-POSE）。PURPOSE代表：(1)學生的準備（student **P**reparation）；(2)學生理解（student **U**nderstanding）；(3)學生複誦（student **R**ehearsal）；(4)自我檢核表現（**P**erformance of self-checks）；(5)克服表現障礙（**O**vercoming of performance barriers）；(6)選擇自己的表現（**S**electing of own performance）；(7)評鑑成果（**E**valuating of own outcome）。此外，跟著PURPOSE課程學習，還包括專為提升家庭支持、溝通與關係建立之強而有力的家長—社區成分在內。

　　使用工作分析評量來了解自我的精熟程度，提供教師學習規畫的方向。較重要的是，這樣一個評量的結果提供學生一般自我管理及特殊自我監控的方向。對自我行為之記錄、監控與省思，是達到學業成功及獨立的重要步驟。

 **形成概念**

在討論任何自我管理之影響與使用之前，先簡短依序介紹構成自我管理之重要成分的概念。

一、自我管理

自我管理也許可簡單地定義為「個體將自身行為與環境交互作用的能力，應用行為分析原則與過程以修正個體行為／環境互動」（Brigham, 1982, p.49）。相同的，庫柏、宏恩和休華德（Cooper, Heron & Heward, 1987）將自我管理界定為行為改變的個人及系統應用，其可產生所想要之個人行為的改變。自我管理建立了控制與被控制反應之間的關係（Skinner, 1953）。所以，任何自我管理或是自我調整系統必須至少涉及二個反應：(1)學生將被控制的目標反應〔或被控制反應（controlled response）〕；(2)學生所表現以控制目標反應的自我管理反應〔或控制反應（controlling response）〕（Cooper et al., 1987）。這種關係必須是有功能的，在這種功能上，控制反應（貼張紙條「在四點開車至喬的車庫」）必須能引起被控制反應（四點開車到車庫）。假如在被控制反應（在四點開車到車庫）的改變並未發生，則自我管理並無法展現（Cooper et al., 1987）。這張紙條並未引起反應。相同的，假如被

控制或目標反應產生改變而無控制或是自我管理反應，則自我管理未能展現（Cooper et al., 1987）。將被監控之反應與監控反應之間關係的特點建立了自我管理的功能性。

自我管理著重的是個人能區辨與修正行為的能力——環境互動及偶發事件的能力（Brigham, 1982）。區辨自身自我觀察的反應對於成功的自我管理是十分必要的。修正自我反應與環境的能力，對於情境改變時表現的流暢度是十分重要的。儘管「自我」是改變的推手，須對控制與被控制反應之展現負責，但是人類行為的管理能持續被環境所影響。

西包福和舒馬克（Seabaugh & Schumaker, 1994）指出自我管理的研究包括一個或多個因素：目標設定、自我監控、自我教導、自我評鑑及自我增強／自我懲罰。這些因素可讓學生：(1)決定將達到的標準層次或標準；(2)表現輪廓或整體表現；(3)引發及維持教學策略；(4)決定何時及是否標準層次或標準已達成；(5)處理結果，如果表現與標準間有關係存在。

二、目標設定、自我監控與自我評鑑

任何自我管理系統的基本及唯一的因素則是自我監控（Mace & Kratochwill, 1988）。一般而言，自我監控涉及二個步驟。一開始，自我監控要求的是學生去區辨將被控制之目標反應存在。這個反應對學生而言必須是可看得見的。區辨目標反應之後，自我監控要求學生記錄一些反應的行為向度（例如頻率、速率、持久、

潛在期）（Mace, Belfiore, & Shea, 1989）。一個學生也許可以自我監控某個反應的出現或不存在（雖然，原則上，反應的未出現會被其他出現的反應所取代）。舉例來說，學生可能在資料單上記下：(1)在星期一 8:45A.M.要交給老師的家庭作業；及(2)星期一1:00 至 1:30P.M.在操場上的非打架事件。能區辨目標反應的出現與不出現只是自我監控的一半要求。成功的自我監控依賴：(1)當反應已經出現或尚未出現時的區辨能力；及(2)記錄區辨結果的能力。

自我監控也許採取以下形式：(1)學生觀察與記錄他們自己的行為是否已出現或尚未出現（例如「我是否安靜地讀完這篇故事」）；或(2)學生觀察與記錄行為，以監控表現是否已達到設定標準（例如「我是否已讀完第二章的三十七頁？」）（Webber, Scheuermann, McCall, & Coleman, 1993）。當與已設定之標準相比較時，自我監控行為也涉及如目標設定與自我評鑑這樣的自我管理因素。目標設定涉及了由學生於自我管理前或自我管理中所設定的一套標準或基準，而自我評鑑則是涉及特定表現因素及標準之間的比較結果。當預定層次的成果是自我監控計畫的一部分時，學生必須記錄自我監控行動步驟的表現，及目標反應表現。舉例來說，當教導學生使用如圖 9-2 的自我監控家庭作業表時，學生表現可被評定為：(1)完成自我監控日常作業表的正確度（步驟 1－9）；(2)完成日常作業（步驟7）；(3)每個星期繳交交待之家庭作業的數量。最後，學生將自我監控日常工作的正確度、日常作業的完成與全部的家庭作業表現。

學　生：＿＿＿＿＿ 　　　日　期：＿＿＿＿＿
科目領域：＿＿＿＿＿ 　　　年　級：＿＿＿＿＿
教　師：＿＿＿＿＿

步　　驟	是	不是	備註
1.我繳交了昨天的作業嗎？			
2.我寫了筆記上的所有交待作業嗎？			
3.所有的作業都放在作業夾中嗎？			
4.我帶了完成作業的資料嗎？			
5.開始寫作業了嗎？			
6.所有的作業紙都完成了嗎？			
7.有人檢查作業以確定作業都完成了嗎？			
8.檢查完作業，我是否將作業放回作業夾中？			
9.我將這張作業紙交給老師了嗎？			

圖 9-2 ✦ 學業相關之家庭作業例行工作的日常自我監控檢核表

三、自我增強

　　當自我評鑑因素變成全部自我管理課程的一部分時，其評鑑結果應加以重視。自我增強（self-reinforcement）也許被說成是達到某一設定標準後，「學生『接觸』那個反應出現之後的刺激，並反過來造成符合此表現標準之反應出現的可能性」之一種過程（Mace et al., 1989, p.36）。瑪希等人（Mace et al., 1989）提出他

們對自我增強的定義是對過程的描述，並避免會將自我增強操作性觀點，與其他觀點相互區分的術語議題。

　　從圖 9-2 的自我監控家庭作業例子可知，學生將家庭作業夾與大概的完成步驟放在檢核表中。在自我監控檢核表的完成上，學生評鑑那一個步驟完成與否。假如完成的步驟數量達到或超過標準，則學生也許自我執行預定的回饋辦法（如籃板遊戲、電腦時間、藝術活動等）。這些偶發事件可不是免費獲得的，但卻可在家庭作業已繳交且自我監控檢核表已完成時獲得。

　　最後，自我管理行為的控制是環境控制偶發事件的結果，而環境控制偶發事件是自我執行的（self-administered）。假如與自我管理相關之行為造成較大的增強，或是獲得增強的較有效方法時（Hughes & Lloyd, 1993），則在未來相似自我管理機會下，那些行為將持續。

 執行

　　學習自我管理所需要的教學策略相似於學習其他任何行為之教學策略。約翰斯和戴芬波特（Jones & Davenport, 1996）強調自我管理學習是與學生相互協調而結合的，但是終究受到教育環境所影響。當學生一開始學習自我管理時，教師必須提供先行的策略，其清楚地解釋結果、問題解決的可用範例與非範例（nonexample），及創造練習與複習的多元機會。此外，教師必須提供可回

饋問題解決行為的結果策略（即毅力或改善）（Jones & Davenport, 1996），及結果行為（即成果或是表現）與自我監控正確度。

一旦自我監控策略已經純熟，流暢度對於自我管理的持續是十分重要的。所有出現的目標反應必須記錄下來，以確定被控制與控制行為之間的可辨性。自我監控時，假如因為異常的刺激（例如新概念、不同情境、較短的間隔）而缺乏流暢性且學生記錄下來，則學生自我教學與修正時毋需教師的輔助。在最初的熟悉階段，若學生未有機會遇到可能的困難及可能的解法，則此時教師也許必須提供額外的支持。為了提供及維持流暢的自我監控，則須創造可自我評鑑與自我傳遞偶發事件的回饋機制。評鑑也許與自我監控行為的正確度〔（如箱子上的文字試驗（written checks in boxes）、頁碼上的斜線記號（slash marks through page numbers）、數繩子上的珠子）〕是有關係的，如此可看得出日復一日及／或整體表現層次的進步。

自我監控例行工作

創造有意義的自我監控最有效的手段之一，是發展跨教育層次可通用的系統，可適應個別學生。符合這個定義的可能領域則是學業相關例行工作（academic-related routines）。學業上相關例行工作也是被定義為與特殊教學未有直接關係之學業成就所需的連鎖技巧（Belfiore & Hutchinson, 1998）。舉例來說，一般作筆記的例行工作包括蒐集資料、置身於安靜的地點、在草稿紙上重謄，

且與原稿的重點相比較。事先準備好且呈現在自我記錄單上，則這樣的一個相關例行工作，提供學生一個有效的學業自我管理方法（圖 9-3）。而使學業相關例行工作與自我監控讓學生覺得更有意義且使用上更理想的關鍵，是採取一般的順序，並將操作步驟依學生作個別化改變。舉例來說，要作筆記，則學生能：(1)決定工作所需的材料；(2)決定將促進筆記效率的位置；及(3)選擇可以重謄主要想法的稿紙。當每個自我監控步驟都完成了，學生則跨越了一大步。在作筆記練習的尾聲，學生能藉由比較學生完成的筆記與教師所持有之同儕完成的範本相較，來自我評鑑自我監控的正確度與筆記的品質。

學　　生：＿＿＿＿＿　　日　　期：＿＿＿＿＿

科目領域：＿＿＿＿＿　　年　　級：＿＿＿＿＿

教　　師：＿＿＿＿＿

步　　驟	週一	週二	週三	週四	週五	備註
1.備妥筆記資料、紙張、稿紙、筆						
2.找到舒適的位置						
3.閱讀作筆記者提供的筆記資料						
4.在稿紙寫下重點						
5.與原稿的重點相比較						
全部完成						

修正：

圖 9-3 ✦ 作筆記之學業相關例行工作的一週自我監控檢核表

(一)定義與記錄

自我監控是一般的教育策略，它已經是一種有效的行為管理，並使這些管理行為在不同情境下普遍化的技巧（Webber et al., 1993）。瑞德與哈理斯（Reid & Harris, 1993）指出，與獨自練習學習過程相較，自我監控是一種提升對學業刺激加以注意與學業情境中表現的有效策略。此外，自我監控對於增進學業品質與學業表現也非常有效（Martin & Manno, 1995）。一般而言，把自我監控當成一種教育介入在各種學業表現、學業改善與「成功學業表現相關」之額外的學業變項上已顯現其成效。

瑪希等人（Mace et al., 1989）提出一些能發展為教育情境上定義與記錄之共通的自我監控方法，包括事件的自陳、頻率計算、持續的時間與時間抽樣。對於記錄某些向度的目標行為而言，頻率計算是最普遍與最簡易的方法。評量學業表現與學業注意力時，部分研究（Lee & Tindal, 1994; Lloyd, Bateman, Landrum, & Hallahan, 1989; Reid & Harris, 1993）結合了以次數的計算來測量學業表現，以及以時間抽樣來測量學業在工作中的行為。李和提娜（Lee & Tindal, 1994）與李歐德等人（Lloyd, et al., 1989）讓學生記錄了：(1)完成正確數學問題的數目；與(2)使用短暫時間抽樣方法；(3)在工作中行為的間隔。類似地，瑞德和哈理斯（Reid & Harris, 1993）要求學生計算正確拼出已練習過之單字的數量，並對提示的錄音訊息「我很專注嗎？」給予是／不是回答。瑪姬、瑞德和狄珍姬（Maag, Reid & DiGangi, 1993）要求學生監控的不只是算術的產出

表現（完成的問題）及學業工作行為，並包括算術正確度（問題的正確性）。

　　在要求測量花費於學業工作上之自我監控研究裡，時間的間隔則是透過預先錄製之錄音帶或是由教師口頭上給予學生提示。這個提示與間隔的時間抽樣過程目的，是促使學生觀察自己在提示當時的行為，並加以記錄之。在每個提示上，則教導學生檢核自己在當時是否正進行學業工作。為了提升使用短暫時間抽樣時之持續反應的可能性，教育工作者應發展使用各種間隔安排之提示錄音帶或是提示技巧（如一分鐘、五分鐘、三分鐘、七分鐘、二分鐘、一分鐘等提示）。這樣不同的安排將讓學生維持在工作上的表現，而未發展出間隔時間固定的形態（如二分鐘、二分鐘、二分鐘等）。假如一開始是由教師來傳達方向且要求學生精熟學習的話，這樣的時間抽樣過程在個別與班級學習上是很有效的。

　　對於任何在行為改變上十分有效的自我監控例行工作而言，其必須：(1)定義將被控制的行為〔被監控的行為（monitored behavior）〕與控制行為〔監控行為（monitoring behavior）〕；及(2)發展記錄系統以確定自我監控的正確度。教導學生自我管理策略時，複誦、示範、檢驗與複習也是必要的過程。

　　在目前 Mercyhurst 學院與城市課程（四年級到六年級）的合作田野工作上，我們增加了一個加入自我監控的現有家庭作業例行工作。放學後課程的一部分則是要求所有學生完成每天所交待的作業。我們設計自我監控家庭作業例行工作表（圖9-2），事實上這可讓學生監控與評鑑自己於完成每天與每週家庭作業上的進

步，而毋需教師的監控。一開始教導學生如何：(1)決定自我監控單上每個步驟的結果；及(2)評鑑所完成之作業的整體正確度。有關於完成之自我監控單上之正確度的相關資料都加以蒐集（如正確完成之步驟數目）及表現（即準時繳交的作業次數）。在後來學年上，則蒐集有關改善（即準時繳交作業次數的改變）及正確（即正確完成作業問題的數量）的資料。

遵循教室教學，包括教師示範與回饋，學生維持家庭作業自我監控而毋需教師直接介入。平均而言，要求學生不到一星期就得於作業例行工作檢核表上正確記錄自我監控行為。每日的交待作業則是置於每個學生的作業夾上，且自我監控作業例行工作表上也附在作業夾內。在作業時間時，學生拿出自己的夾子，打開，並遵循自我監控檢核表上的步驟。完成單上的所有步驟時，一開始則要求學生請教師簽名以保證步驟的正確度。事實上，可將最後或額外的檢核從作業自我檢核例行工作表上移除。

為了使自我監控影響注意力或是表現行為，在學生的準備工作表中應嚴格建立自我監控例行工作，且不依賴教師的提醒。被監控的行為與監控行為也必須加以妥善定義與描述，而記錄系統必須備妥。照原稿教授的教師教學（Reid & Harris, 1993）；個別教學，然後複習（Maag et al., 1993）與示範（Martin & Manno, 1995）則是教育工作者可以增加學會自我監控過程可能性之部分技巧。最初教師教學的結果是學生精熟對行為出現的記錄，及學生於自我監控例行工作過程的正確度。清楚地定義與描述行為及記錄資料，使得從教師教授到學生自發之例行工作的轉換變得更

有效與更持久。

(二)自我教導與問題解決

一旦教過自我監控例行工作且加以精熟後，重點則從教師的立即控制轉換到學生身上。自我教學上的訓練要求之步驟則是由教師示範的口語與非口語行為控制，然後由學生加以引發（Kauffman, 1997）。一旦精熟了例行工作後，學生持續傳遞可引發目標反應的提示。自我教導是自我監控的一個步驟，其在：(1)訓練期間未遇上的問題解決可以加以輔助；且(2)在提醒或提升正確自我監控反應上可以有所輔助。

希爾娜和洛－史密斯（Serna & Lau-Smith, 1995）主張問題解決是自我決定的關鍵先決條件。在自我管理訓練時介紹問題解決技巧能提升自我監控流暢度，而毋需教育工作者的立即控制。缺乏問題解決也許會被解釋為一種刺激控制問題。舉例來說，圖9-3的作筆記例行工作提供一種操作型定義的步驟順序（工作分析），而這種順序——如同刺激條件，控制學生完成這個程序的反應，造成特定的結果。這個控制是透過有效的教師傳遞教學（見圖9-1）所建立起來的。當刺激中的變異或新奇事物出現時，則控制過程未能建立。缺少的樣本，誤置的材料或是被其他學生所占據的位置，都是之前學生未曾遇過的變項，而這些變項也許會造成完成自我監控例行工作上的失敗。一開始的教學與對例行工作的精熟必須包括完成例行工作所需之問題解決情境裡的範例與非範例。學生需要知道何時要解決問題，及何時不必解決問題。一開

始就被教導問題解決技巧以為學習自我管理的一部分的學生，在未有教師教學的情況下較能夠自我教學。在遇到新奇的狀況下，學生必須反思過去的經驗與教學，以便能解決這個問題並完成活動。當面對一大群刺激時，身為自我監控例行工作之一部分的自我教學，對最後的學業獨立而言是十分必要的。

在自我監控例行工作的情境下出現之問題解決，是自我教學所提供的功能之一。此外，自我教學也許是提升對可區辨刺激之控制以引發希望之行為的有效工具。瑪希等人（Mace et al., 1989）建議額外的自我陳述，不論是口語或非口語的，都提供可以增加目標行為出現與增強可隨之而來之區辨刺激的可能性。藉由遵循作筆記例行工作，學生也許以語言表達或是以符號來表達自我監控步驟程序。加入口語化或是符號則提升正確遵循步驟的可能性，其反過來可產生自我執行（self-administered）的結果。舉例來說，當葛斯庫夫等人（Grskovic et al., 1994）開始一整班的自我監控策略並要學生確認情境障礙時，起初要求學生去觀察，然後示範，最後自我管理在教室所學的策略。當學生示範正確的自我監控步驟時，則教導他們自我教學。自我教學要求學生在隨著自己的呼吸移動珠子時，從 10 倒數至 1。這個自我教學因素與自我監控的結果，則是減少學生被送至更嚴格之「暫停」的可能性。

當例行工作中的變項出現時，有更流暢的自我監控例行工作可遵循，且有自我教學的機制時，學生最後則擁有自我監控的必要因素而毋需教師的支持。為了維持與創造更動態的自我管理系統，學生必須學習自我評鑑。

(三)自我評鑑與增強的自我執行

自我監控要求學生將自己行為的某些向度與一套標準或基準相比較。這套標準或基準也許是由教育工作者、學生或是教育工作者與學生之間共同決定的。而由學生評鑑的向度也許是：(1)自我監控的正確度；(2)一段時間下來，表現的改善情形；(3)那個情況的整體表現。如先前所提，為了讓評鑑有意義，對記錄過程與表現的正確描述必須在一開始就做到。舉例來說，遵循幾個手寫樣本的完成，史威尼、歇爾發、庫柏和特爾伯特－強森（Sweeney, Salva, Cooper & Talbert-Johnson, 1993）教導學生在字母大小、斜線、字母外形、字母與單字之間距離、與一般字母的樣子等特點下的各自表現做自我評鑑。自我評鑑一開始則是由實驗者示範並給予回饋，但是後來則毋需任何實驗者的影響。

一開始要求學生複習與評鑑自我監控回家作業例行工作（圖9-2），並且由教師給予回饋，而這可是我們放學後家庭作業計畫的一部分。起初的複習則是檢核以讓教師確定學生已了解自我監控步驟。例行工作之複習後，緊接著是師生評鑑學生的所有家庭作業步驟完成得如何。一開始的互動可讓教師示範正確的完成步驟，並詢問未能完成步驟的原因。舉例來說，假如學生在「我繳交了昨天的作業嗎？」上，如說「尚未」，則教師會詢問學生問題在哪並告知如何修補這個問題。最初的教師指導評鑑給予學生未來自我教學、問題解決與自我評鑑所需的訊息。自我評鑑一開始要求學生完成所有的家庭作業，並要有人加以檢核所有的家庭

作業都完成（步驟7），完成自我監控例行工作，並由教師簽名。在學年度將結束時，教師將偶爾檢查學生於例行工作上與事實完成步驟上的記錄。當學生在自我監控例行工作上與自我評鑑上較流暢時，步驟 7（「有人檢查作業以確定作業都完成了嗎？」）如果檢查結果的學生記錄是「尚未」，則必須外在的評鑑。最後的步驟（「我把作業紙交給教師了嗎？」）仍需要，如此一來教師將知道在那指派的作業上學生繳交了什麼。

自我評鑑會產生自我監控系統，當學生習得新技巧時，這系統會擴展與修正。在自我教導時，學生提升或增加自我監控系統之現在面向的特點。

在自我評鑑裡，學生再次統整來自評鑑的訊息，並再次組織自我監控系統以符合未來教育需求。

㈣效果與結果

近來自我監控有效性之研究的摘要中，高夫曼（Kauffman, 1997）指出一般的結論有以下幾點：

1. 與學業關注相關之自我監控行為，增加花費在工作上的時間。
2. 與學業關注相關之自我監控行為，典型上增加學業產出。
3. 達成自我監控之有益的效果，通常毋需額外的報酬或增強物。
4. 自我記錄是一開始教學所必須的因素，但是一旦已達到自我監控精熟程度即能終止。

5.自我監控的正確度對於表現或關注的效果是不重要的。

近來，自我監控已成為如學業關注、數學事實表現、手寫、編故事與完成家庭作業等學業領域上的有效改變推手（Lloyd et al., 1989; Martin & Manno, 1995; Olympia, Sheridan, Jenson, & Andrews, 1994; Reid & Harris, 1993; Sweeney et al., 1993）。

當我們第一年放學後的家庭作業計畫結束時，學生們對於何謂完成家庭作業的定義，及自我監控檢核表上每個步驟所指為何並無任何困難。一開始藉由使用教師教學，其包括教學範例及非範例，學生們很少要求教師的協助以完成工作單，或是解釋發生的問題。當學生持續使用檢核表時，教師對家庭作業完成的檢核（步驟7）與檢核表完成的檢核（步驟9）減少了，然而正確性與完整性仍然不變。一旦精熟例行工作，其實家庭作業的完成是可充當完成例行工作的增強物。在這個的例子中，工作完成的結果可能是在完成形式上的正增強，要不就是在個體較不想完成之活動形式上的負增強（Belfiore, Lee, Vargas, & Skinner, 1997）。沒有任何特殊實際的報酬可讓教職員或學生所掌握。當特殊的教師回饋或教師傳遞實際報酬未出現時，自我監控的反應也許會引發與維持家庭作業的完成。自我監控反應已多次被指出（Kauffman, 1997）與呈現（Belfiore, Browder, & Mace, 1989）。所完成家庭作業的正確性在家庭作業時間由同儕不定時地加以監控，或於繳交後由教室教師來檢核。

伍 ▶ 自我管理的動力：自我省思實務

　　當責任由教師身上轉換至學生時，學業行為的自我管理變成了學生生活中較自然的一部分。當學生採取更主動的自我省思的角色，則責任的轉換更進一步獲得提升並變得更自然。假如優良教學的特點是將新訊息統整為呈現主題的能力並毋需喪失主題，則創造教導學生做相同事的自我管理系統是很重要的。在自我管理上，採取自我省思（self-reflection）實務的形式。自我省思是理解所觀察與所監控為何，與標準（自我或教師所賦予的）相較來評鑑結果，並於有價值的訊息上創造新的焦點。學生學習再次統整與重新組織有價值的訊息，而這些訊息反過來也提供未來的方向。

　　動態的自我管理系統提供自我省思，因為學生必須監控、評鑑、再組織、再統整，然後再一次監控。之前已提過可幫助自我省思的機制則是問題解決。學生若未學會如何解決問題，則遵循已設計的自我管理系統，直到他們在這個系統內已流暢並已獨立時，才能透過這個系統有所進步。然而，在系統內的任何因素中有新奇的情境產生時，學生一面維持這個情境的統整使其原封不動，但卻也許不能區辨這個情境。在家庭作業自我監控範例中，當學生進入放學後計畫房間裡會發現學習材料並不在架上，而未學習問題解決的學生也許會採取各種方法，也許不會尋求教師的

協助。這個系統中的差異（材料不在位置上）使得自我管理系統破裂。已置身於各種新奇情境的學生一旦加入這個計畫，則較有可能找老師拿材料，或自己找出材料來。這可被視為在一個現存的自我管理系統中的自我省思範例。問題發生了且也被解決了，而系統依然是相同的。這個動作是動態的，然而在既有的自我管理系統內卻是靜態的；所以，被稱為靜態品質（static quality）（Pirsig, 1974, 1991）。

自我省思輔助自我管理的第二個方法則是當學生將系統再次組織以彌補評鑑上的表現時，這也許可稱為動態品質（dynamic quality）（Pirsig, 1974, 1991）。舉例來說，當一位放學後計畫的學生一再地將作業夾忘在家裡，其透過自我監控表現由其他學生來評鑑時，她藉由每節課結束後，將家庭作業夾放在教師書桌的架上來修正這個系統。在這個例子中，這位學生在這個既有系統中並未遇到任何變化（在架上沒有材料），然而變化卻是對現有訊息之自我評鑑的結果，且其重組自我管理系統以創造更有效率的系統來符合自我的需求。

自敘故事、札記與檔案也可當成使動態品質更具體化之自我省思實務。個人成長與評鑑的自我陳述是任何學業學生檔案的重要成分。學生省思過去與現在的表現，以為放入檔案內之各種交派作業的一部分。然後他們統整評鑑資訊並對未來方法作決定。假如有來自自己完成工作之省思的新訊息時，檔案的整體主題並未改變，但是學生所使用以達成目標的方法則加以修正。這些新方向在先前並未規劃在教學上，但是因為創造性的問題解決是教

學與自我管理的元素之一,所以這些方向是很容易發展的。重組與再次統整訊息而未忘記維持整體目標(學業獨立)的自我管理系統之平衡。

皮爾斯格(Pirsig, 1974, 1991)主張靜態品質維持系統原封不動,但是動態品質卻讓系統變革。這兩者的結合可為動態平衡(Iannone, 1994; Pirsig, 1974, 1991)。假如教育的目標是建立學生的學業獨立,且假如有效教學與自我管理是那個目標的手段,則透過動態自我省思的概念變成教育應出現之整體情境。而當焦點是擺在目標上時,重組與再次統整的能力透過自我導向(self-direction),帶領學生更接近學業獨立。

 結論

相信他們對自己學業行為管理有影響的學生,通常在學業上能成功(Bandura, Barbaranelli, Caprara, & Pastorelli, 1996)。如圖9-1 所示,學業成功環境是透過最初有效教學及其後自我管理之結合發展而成。一般而言,有效教學也許可被定義為當依據教室內互動之各種變化而回應與修正時之呈現(present)挑戰、相關訊息的能力。依安諾利(Iannone, 1994)主張有效教師常常面臨到教室的混亂本質。好的教學創造出富有動機、挑戰、教學變化與學業報酬的教育與社群環境。來自這樣一個環境,學生建立了學業或學校成就的擴展史。假如學生身上的學業獨立是教育的目標,

學業與學校的成功史則是基礎。為了達成目標，學生首先必須學習自我管理且後來變得更熟悉。自我管理牽涉到目標設定、自我監控、自我教學與問題解決、自我評鑑回饋或增強的自我傳遞等元素。

參考書目

Annie E. Casey Foundation. (1996). *Kids count*. Baltimore: Author.

Bandura, A., Barbaranelli, C., Caprara, G. V., & Pastorelli, C. (1996). Multifaceted impact of self-efficacy beliefs on academic functioning. *Child Development, 67,* 1206–1222.

Belfiore, P. J., Browder, D. M., & Mace, F. C. (1989). Effects of experimenter surveillance on reactive self-monitoring. *Research in Developmental Disabilities, 10,* 171–182.

Belfiore, P. J., & Hutchinson, J. M. (1998). Enhancing academic achievement through related routines: A functional approach. In T. S. Watson & F. Gresham (Eds.), *Child behavior therapy: Ecological considerations in assessment, treatment, and evaluation* (pp. 84–98). New York: Plenum Press.

Belfiore, P. J., Lee, D. L., Vargas, A. U., & Skinner, C. H. (1997). Effects of high-preference, single-digit mathematics problem completion on multiple-digit mathematics problem performance. *Journal of Applied Behavior Analysis, 30,* 327–330.

Brigham, T. (1982). Self-management: A radical behavioral perspective. In P. Karoly & F. H. Kanfer (Eds.), *Self-management and behavior change: From theory to practice* (pp. 32–59). New York: Pergamon Press.

Children's Defense Fund. (1996). *Every day in America*. Washington, DC: Author.

Cooper, J. O., Heron, T. E., & Heward, W. L. (1987). *Applied behavior analysis*. New York: Macmillan.

Grskovic, J., Montgomery-Grimes, D., Hall, A., Morphew, J., Belfiore, P., & Zentall, S. (1994, May). *The effects of active response delay training on the frequency and duration of time-outs for students with emotional disabilities*. Paper presented at the annual conference of the Association for Behavior Analysis, Atlanta.

Hughes, C., & Lloyd, J. W. (1993). An analysis of self-management. *Journal of Behavioral Education, 3,* 405–426.

Iannone, R. (1994). Chaos theory and its implications for curriculum and teaching. *Education, 15,* 541–547.

Jones, J. E., & Davenport, M. (1996). Self-regulation in Japanese and American art education. *Art Education, 49,* 60–65.

Kauffman, J. M. (1997). *Characteristics of emotional and behavioral disorders of children and youths*. Upper Saddle River, NJ: Prentice-Hall.

Lee, C., & Tindal, G. A. (1994). Self-recording and goal-setting: Effects on on-task and math productivity of low-achieving Korean elementary school students. *Journal of Behavioral Education, 4,* 459–480.

Lloyd, J. W., Bateman, D. F., Landrum, T. J., & Hallahan, D. P. (1989). Self-recording of attention versus productivity. *Journal of Applied Behavior Analysis, 22,* 315–324.

Maag, J. W., Reid, R., & DiGangi, S. A. (1993). Differential effects of self-monitoring attention, accuracy, and productivity. *Journal of Applied Behavior Analysis, 26,*

329–344.

Mace, F. C., Belfiore, P. J., & Shea, M. C. (1989). Operant theory and research on self-regulation. In B. J. Zimmerman & D. H. Schunk (Eds.), *Self-regulated learning and academic achievement: Theory, research, and practice* (pp. 27–50). New York: Springer-Verlag.

Mace, F. C., & Kratochwill, T. R. (1988). Self-monitoring: Application and issues. In J. Witt, S. Elliot, & F. Gresham (Eds.), *Handbook of behavior therapy in education* (pp. 489–502). New York: Pergamon Press.

Martin, K. F., & Manno, C. (1995). Use of a check-off system to improve middle school students' story compositions. *Journal of Learning Disabilities, 28,* 139–149.

National Center for Educational Statistics. (1996a). *The condition of education.* Washington, DC: Author.

National Center for Educational Statistics. (1996b). *The digest of education statistics.* Washington, DC: Author.

Olympia, D. E., Sheridan, S. M., Jenson, W. R., & Andrews, D. (1994). Using student-managed interventions to increase homework completion and accuracy. *Journal of Applied Behavior Analysis, 27,* 85–100.

Pirsig, R. M. (1974). *Zen and the art of motorcycle maintenance.* New York: Bantam.

Pirsig, R. M. (1991). *Lila.* New York: Bantam.

Reid, R., & Harris, K. R. (1993). Self-monitoring of attention versus self-monitoring of performance: Effects on attention and academic performance. *Exceptional Children, 60,* 29–40.

Schickedanz, J. A. (1994). Helping children develop self-control. *Childhood Education, 70,* 274–278.

Seabaugh, G. O., & Schumaker, J. B. (1994). The effects of self-regulation training on the academic productivity of secondary students with learning problems. *Journal of Behavioral Education, 4,* 109–133.

Serna, L. A., & Lau-Smith, J. A. (1995). Learning with purpose: Self-determination skills for students who are at risk for school and community failure. *Intervention in School and Clinic, 30,* 142–146.

Skinner, B. F. (1953). *Science and human behavior.* New York: Free Press.

Sweeney, W. J., Salva, E., Cooper, J. O., & Talbert-Johnson, C. (1993). Using self-evaluation to improve difficult-to-read handwriting of secondary students. *Journal of Behavioral Education, 3,* 427–444.

Testerman, J. (1996). Holding at-risk students: The secret is one-on-one. *Phi Delta Kappan, 77,* 364–365.

Webber, J., Scheuermann, B., McCall, C., & Coleman, M. (1993). Research on self-monitoring as a behavior management technique in special education classrooms: A descriptive review. *Remedial and Special Education, 14,* 38–56.

Iwata, B. C., Bailone, P. J., & Shen, M. G. (1991). Operant theory and research on self-regulation. In B. J. Zimmerman & D. H. Schunk (Eds.), *Self-regulated learning and academic achievement: Theory, research, and practice* (pp. 2-21). New York: Springer-Verlag.

Meltzer, L. J. (1996). Strategic learning in students with learning disabilities. In J. W. Lloyd, E. J. Kameenui, & D. Chard (Eds.), *Issues in educating students with disabilities* (pp. 491-513). Mahwah, NJ: Erlbaum.

Malouf, D. B., & Murphy, C. (1993). Use of technology to facilitate learning in a middle school reading/study group without disabilities. *Journal of Learning Disabilities, 25*, 173-189.

National Center for Educational Statistics. (1996). *The condition of education*. Washington, DC: Author.

National Center for Educational Statistics. (1998). *The digest of education statistics*. Washington, DC: Author.

Otto and D. T. Severeide, McIntosh, W. K., & Stallings, D. (1994). Using an inactive manager intervention to increase learning development in elementary. *Journal of Applied Behavior Analysis, 27*, 49-60.

Prochaska, J., & DiClemente, C. C. (1986). *Toward a comprehensive model of change*. New York: Plenum.

Reid, R., & Harris, K. (1993). Self-regulation of attention versus self-recording on the task behavior. *Effects on attention and academic performance*. *Exceptional Children, 60*, 29-40.

Rosenshine, J. A. (1988). Helping children become independent learners. New York: Wiley.

Schunk, D. H., & Rice, J. M. (1993). Strategy fading and progress feedback: Effects on self-efficacy and comprehension of children with reading disabilities. *Journal of Special Education, 27*, 195-191.

Seal, B. C., & Bonvillian, J. A. (1997). Sign language learning and self-determination in the classroom children. A task for wheelchair and classroom children. *Infant-Toddler, 3*(2), 101-116.

Stipek, D. J. (1993). *Motivation to learn*. Boston: Allyn and Bacon.

Stone, S. W. J., Schwarz, R. C., & Deshler, D. (1991). Strategies for teaching students with learning and behavior problems. *Remedial and Special Education, 12*(4), 22-30.

Steinman, J. (1999). *Holding on to sight: The secret of successful life*. New York: Putnam.

Swanson, L. J., Soenksen, B., McColl, C., & Cushman, M. (1998). Intervention reference formats a behavior enhancement technique in special education classrooms: A descriptive review. *Remedial and Special Education, 19*, 35-39.

自我調整學習：教學理論與實務

第十章

影響兒童學業自我調整習得與表現之相關因素

Andrew Biemiller

Michal Shany

Alison Inglis

Donald Meichenbaum

　　本章主要探討兒童從事口語的解題調整之各種條件。我們相信，透過改進學生學習之自我調整，可提高學生學業成就。

　　一個基本的前提是：本書所描述之方案皆主張，當學生能夠提升自我調整的能力時，學業學習的品質也一定能提高，如欽墨曼（Zimmerman, 1994）及其他學者所主張的。此觀點之證明主要來自於高成就學生與高度自我調整之相關研究（如他人或自我報告、觀察報告），而且，實徵性研究亦顯示，課程設計若能提升

學生自我調整能力，亦可改進學習成就。

　　我們於本章所提供之證據，與之前在教室的研究結果一致；該教室研究發現，在某一領域有高成就的學生，他擅長使用語言去規範自己或其他學生之學習（如高成就學生常監控其他學生之學習或做改進建議。當然，其他學生亦習於向高成就學生求助）。雖然，不可否認的，我們亦發現，低成就或一般成就學生亦有能力口語調整自己的學習。

　　現行的教育政策似乎主張，如果我們對孩子一視同仁，則他們亦會有類似的發展，因此，我們會提供較高的標準，並反對教學組織上的能力分班。本章，我們同意也反對學生被一視同仁。我們的研究結果顯示，所有支持自發性的語言自我調整的條件，皆有益於現行正規的教育觀點。雖然，這些條件比較適用於學習要求、個別技巧、計畫能力較優於平均之學生。本章後面會再複述，討論教室內之支持性口語自我調整之相關議題。

　　我們先探討一下教室內自我調整之個別差異；然後，我們再回到口語解題與自我調整之特質探討，並討論極少數學生表現口語作業調整之原因。我們打算使用敘述性研究，對照教室內及實驗室的情境中學生口語自我調整之能力。最後，我們會討論此一研究的相關啟示。

學業學習之自我調整

　　本節中，我們將檢視自我調整與學業成就之相關數據。我們漸漸明白，自我調整能力較佳之學生，顯著表現較高層次的口語作業調整能力，我們也將展現口語作業監控與自我調整在概念上與實徵上的相似性。

一、口語作業調整之指標

　　麥欽堡、保蘭、葛魯森和卡麥隆（Meichenbaum, Burland, Gruson, & Cameron, 1985）提及作業監控語言之測量，其中包括訪談（關於完成作業之訪談）、刺激性訪談（給受試者看他們解題之錄影過程，並訪問他們的思考歷程）、放聲思考技術、解題之後設認知歷程參照。麥欽堡（Meichenbaum, 1985）、欽墨曼（Zimmerman, 1994）使用此研究方法之研究發現，自我調整能力佳的學生呈現較佳的學業成就。無獨有偶的，畢米勒和理查斯（Biemiller & Richards, 1986）之研究指出，在十月被教師評估為較佳自我調整能力的學生，亦能在整學年有較佳的學業成就。

　　然而，大部分的相關研究皆使用可觀察到之解題調整的語言測量。其中兩個主要的外在指標為對別人的指導及對自己的自語（自語包括可聽見或未能清楚聽見的自我指導）。

二、自語與成就

目前,大部分現有的研究皆集中在自語(private speech)的相關議題,如賜威(Zivin, 1979)、柏克(Berk, 1992)及戴茲(Diaz, 1992)等人整理此領域之相關研究。柏克和戴茲發現,擁有高層次自語能力之學生,亦呈現較佳之學業成就(戴茲強調,這並不代表學生在某一領域的突出表現,而意指自語常出現在學習者解題遇到中度困難時;而高難度時,學習者的自語頻率卻降低)。舉例來說,依照長期的追蹤研究如畢文和柏克(Bivens & Berk, 1990),一至三年級的學生使用自語來解題,呈現較高的數學成就。柏克(Berk, 1992)主張,其他短期之實驗室研究支持自語與解題及作業成就之正向相關。

三、解題調整語言與成就

我們發現二個解題調整語言之相關研究:其一,麥欽堡和畢米勒(Meichenbaum & Bièmiller, 1992)指出,被老師評估為高度自我指導的小學生,比起低層次自我指導的孩子呈現二倍的解題調整語言,其自我指導語言舉例如下:

看啊!你可以把螢光粉撒在黏膠上!(自己的習題,針對他人)
你需要加一個句號!(別人的習題,針對別人)

現在，我需要把 2 加在 12 上面。（自己的習題，針對自己）

在這二組學生中，大約 15% 的解題調整語言皆為針對自己的
自語[1]；但是大部分自發性的解題調整語言是針對他人所發。

其二，畢米勒、香尼、英格理斯和麥欽堡（Biemiller, Shany,
Inglis, & Meichenbaum, 1993）等研究，更精緻化我們教室的口語
解題調整測量；複製的研究發現，高度自我調整的孩子，出現較
多的解題調整語言；而依照成就的數據，評估為中度自我指導的
孩子，及被師生評為自我指導型者皆出現較多之解題調整語言。

我們會更仔細地在下章描述此一研究，一方面因為解題語言
之測量提供正向的教室指標；一方面因為本研究啟示了教室學業
要求、學生能力，和可觀察到的口語解題調整能力之相關性。

四、引發自我調整行為的效應

本書其他章節已提到，實驗性引發之自我調整行為可導致學
業成就的改善。這些行為常常被用在引發進步較少的學生，如帕
林卡（Palincsar）與布朗於一九八四年及一九八九年之相互教學研
究；布朗、普力斯萊、凡‧米特（Van Meter）及舒德等一九九六
年的轉換策略指導研究；迪須樂（Deshler）、舒馬克等一九八八
年關於如何學習的研究皆是很好的例子。本章大部分所討論的，
亦是建立在相關的基礎上，其他早期出版之相關書籍作者如欽墨
曼、香克（Schunk & Zimmerman, 1994; Zimmerman & Schunk,

1989）；普力斯萊、哈理斯和古特利（Pressley, Harris, & Guthrie, 1992）；普力斯萊和烏魯辛（Pressley & Woloshyn, 1995）等人。弔詭的是，雖然自我調整理論可明顯提高學生的學習成就，但是，事實證明，在正常的教室中，還是只有能力較佳的孩子確實在使用自我調整，並從中獲益。

五、小結

高成就的學生比低成就學生在教室更常使用自我調整語言（包括自語）。柏克認為（Berk, 1992），從維果斯基到現在，研究者反而認為口語的解題調整是人類正常的現象，並不只限於特別能幹的個案。我們如何證明能力好的孩子在教室中更常使用自我調整語言？

貳 為什麼只有能力佳的學生被觀察到使用口語解題調整能力？

一、口語作業調整之發展

(一)解題之調整

解題調整涉及對習題的選擇、計畫、修正（意義建構）、執

行、評估；解題調整也包括中斷和放棄解題。如同維果斯基所說（Vygotsky, 1978, pp.20-24），很多行為及問題的解決明顯地並不涉及高層次心智歷程或口語控制——所有動物也會出現某種程度的行為及解決問題的能力。然而，維果斯基指出，控制行為於口語之下，卻增加人類計畫的能力，尤其是利用舊經驗去期待一個新的情境。事實上，行為的口語控制，加強了人類文化在行為形成的角色。

(二)解題之口語調整

依照幼兒早期的發展，他人的語言已開始控制、調整嬰兒的活動（有時），而嬰兒也習於利用語言（發聲）去控制別人。例如嬰兒的哭聲會引起母親放下手邊工作（如放棄工作）去照顧他。當語言及肢體溝通改善後，嬰兒更可以利用別人為工具來達成他們的工作，例如，幼兒要求被成人舉高起來（例如「高高！」），是他用口語控制他人的例子；如幼兒會揮手再見，亦是一個被他人口語控制的例子，當二至三歲的孩子獨自進行活動時，亦會有自語現象，柏克、韓德森、卡林翰和維果斯基等研究指出，這種自言自語部分描述了他們所表現的活動（Berk, 1992; Henderson & Cunningham, 1994; Vygotsky, 1987）。

(三)自我調整

約在三至五歲，幼兒被觀察到出現外在語言的自我指導。柯布（Kopp, 1982）、戴茲、尼爾、阿美亞－威廉（Diaz, Neal, &

Amaya-Williams, 1990）等研究，皆強調需區分控制性口語（對成人命令的模仿，如老師說：「別亂畫！」）與調整性口語之差別（幼兒自己形成之解題調整語言，如「哇！我忘記加 2！」）。在我們的觀察中，我們發現，兒童在一定的時間必會發展出自我調整的語言（典型出現在五歲之後），他們也開始對別人的工作表現做建議[2]。

二、自我調整與學習

我們建議，不只是依發展的次序，年長的孩子漸漸能夠使用口語自我調整，而是在學習的次序上，兒童與成人遇到新奇的工作，皆是從：(1)被他人口語控制（如經過老師之引導、教導，學生習得新技巧、策略）；轉移到(2)能利用口語引導或指示完成工作（如典型獨立的學校功課、訓練，透過教師鷹架或同儕學習獲得學習策略）（Vygotsky, 1978）；乃至轉移到(3)內化精熟的層次（Wertsch, 1993）。在此學習情境中，原來的學習者已可以口語控制別人（或他們自己），並建構類似工作（如在有些真實的學校活動、情境中，學生互相諮詢、合作學習）[3]。

值得注意的是，在控制別人的活動時，個人至少暫時扮演領導及主控的角色；就好像個人自己在監控自己的工作（不是在尋求他人的協助），個人必須有自信對他人或自己提供建議。

控制他人與自我調整之關係

控制他人與自我調整是環環相扣的歷程。依照實徵的研究，我們將描述被老師或同儕評估為高層次自我調整的小學生，也同時是控制他人及自我指導型的。理論上，維果斯基及威爾區（Wertsch）卻解釋控制他人在自我控制之前發生。思棟（Stone, in press）；威爾區（Wertsch, 1991）；威爾區、明尼克和阿恩斯（Wertsch, Minick, & Arns, 1984）以及其他學者強調，學習新工作歷程中共享的控制與調整是重要的。但是，無論如何，我們假設學習者透過控制他人的解題，習得他們口語解題的調整能力與經驗。我們將描述與此解釋一致的相關資料。

三、能力過剩說

發展口語解題調整的限制因素，可能在於認知的能力，尤其是工作記憶與口語歷程。卡思（Case, 1985, pp.141-146）建議，語言的了解與產生皆要求嬰兒期的工作記憶或記憶空間。類似的限制亦運作在學前期多字階段的理解與產生（Case, 1985, pp. 169-175）。語言的產生及理解乃同時存在於自我對話中（也可能是與他人對談），而此狀況可能比只有語言的產生或理解要求更多的調整能力。當這些認知的需求與注意力的需求結合時（如 Case, 1985, 1992 所研究的非口語解決問題），則四至五歲以下的孩子很少能夠真正做到自我調整。在此發展時期之後，工作的認

知負擔會決定自我調整之可能性。依照古藤塔（Gutentag, 1984）；古藤塔、毆斯坦、西門思（Gutentag, Ornstein, & Siemens, 1987）；帕思和萬‧每堡（Paas & Van Merrienboer, 1994）；普力斯萊、卡瑞及亞－布、迪恩和史耐德（Pressley, Carigia-Bull, Deane, & Schneider, 1987）等相關研究，皆一致認為額外的認知負擔會干擾口語解題調整。尤其，卡思（Case, 1985）；哈佛、威爾森和飛利浦（Halford, Wilson, & Phillips, in press）皆主張，認知的負擔涉及許多界定問題的變數。及此，我們可能假設自我調整將涉及典型的舊經驗策略，而不是正在學習的策略。

能力剩餘說之啟示在於，如果兒童或成人能在學業範疇內，建立自我解題調整的經驗，則他們將較可能需要練習低認知負擔的習題，而不是正在學習的新習題。例如，我們可了解四年級的兒童較能利用口語調整學習二年級的數學，而不是四年級的數學。

四、高成就學生較多使用解題調整語言之原因

我們爭論學生預備度或認知發展與經驗之正常差異，是否呈現在學業解題需求與學生發展能力之互動上。學習弱勢的學生獲得較少的口語自我調整經驗，因為教室內的解題常要求他們所缺乏的計畫策略與技巧；或者因為他們沒有多餘的認知能力來取用。教師與有能力的學生提供解題支援，幫助學習較弱的學生完成作業。雖然如此，學習弱勢的學生在剛開始學習口語自我調整之時，老師卻又展開新的課程內容。因此，平均程度或學習弱勢的學生

很少變成別人的協助者，他們對協助者、個人教師或學習諮詢者的角色皆缺乏認同。

此一現象的主因在於，他們鮮能提供別人口語的指導：他們缺乏這類的經驗，也鮮具有領導此領域學習的能力。事實上，被老師指派去解釋題目，與自發性的去做，或被同儕要求幫忙是兩回事。這些學生最後會視學業的學習為一種次等的、從屬的關係，他們必須要求別人幫忙才能完成作業。如此，平均程度或學習弱勢的學生鮮有機會練習解題之口語自我調整及鮮有機會來體驗、學習領導者的角色，他們多半扮演服從者。

我們假設，學習弱勢的學生若能體驗自己是一個有能力的獨立學習者，且具有學習技巧，則他們需要增加一些學習優勢學生的學習經驗。換句話說，他們需要偶爾練習解決問題的能力及保有剩餘的認知能力；也就是說，偶爾扮演學習諮商者的角色，藉以幫助比自己弱勢的學生。

很多課程導論者強調加強比個人現有的學業技巧稍高的能力。古提瑞茲、斯拉文（Gutierrez & Slavin, 1992）、莫斯勒、來特和撒克斯（Mosteller, Light, & Sachs, 1996）、斯拉文（Slavin, 1987）等相關研究皆證明，符合目前學生學業水平的教學，才能有效引導學生獲得新的技巧。雖然如此，很少有研究者或老師強調簡易解題的重要性，即主張教學內容不能超越學生已有的學習策略與技巧。弔詭的是，很多高學業成就者常有這樣的經歷。正如我們所建議的，教師宜提供平均程度或學習弱勢的學生屬於中度困難的題目，並且提供他們類似高成就學生的助人經驗。調整作業的

要求以符合學生的能力，將會促成較佳的口語自我調整解題行為，
而且增加自我調整的有效性（例如解決問題、建構習題）。

作業要求與學生調整能力之互動研究

我們以畢米勒等人（Biemiller et al., 1993）的研究為例，來解
釋在某一學習的情境脈絡下，大部分學生能產生自我調整語言之
能力。我們的目標如下：

1. 複製我們原有的教室研究：如在控制的情況下，解題調整
   語言及學生自我調整之關係。
2. 測試我們的假說：當他們在處理他們能力範圍許可的解題
   時，大多數的兒童能展現高層次的解題調整語言，尤其是
   在他們認為較簡單的學習領域；此時，他們扮演一個主動
   的口語解說者（詳述、計畫、監控、評估）。

本研究在一實驗學校進行，該校兒童屬於中上層社經家庭。
受試者皆為二至四年級的兒童，依據同儕對其解題調整能力之評
估，分成低、中、高三組。同儕的感知依據以下四個問題為評鑑
標準：

1. 你想和你們班上哪個同學一起做數學習題？
2. 如果某人在你們班上有數學問題，誰會主動支援解題？
3. 誰在你們班上是數學理解最快的？

4.誰是數學解題最棒、最有創意的？

我們合計每個兒童在班上點名的次數。班上的前四分之一是屬於高等解題調整能力者，底部的四分之一為低等[4]；其餘則為中等。每一組約有六個兒童，每一組又包括兩個二年級、兩個三年級、兩個四年級兒童，這些同儕分組的數學測驗平均分數如下：26 分（低等組）；37 分（中等組）；42 分（高等組）。其魏氏智力測驗平均分配如下：

106 分（低等組）；115 分（中等組）；129 分（高等組）。二者之共變量分析，其顯著水準為.01。[5]

一、觀察解題調整之語言

在數學的獨立解題方面，每個兒童被觀察約四十分鐘。當老師對班級或目標兒童提供解說時，觀察即被中斷。觀察者寫下目標兒童所說的及別人對他說的話，觀察者記錄數學活動的特質及便於語言分析轉換的各種行為（提供語言的情境脈絡）。

本研究中，解題調整語言由以下要素組成：(1)目標兒童自發性的數學解題陳述（指導自己或別人）；(2)對別人要求幫助的陳述，(3)對別人數學解題之自發性陳述。這些語言分析指出，兒童能夠將目標及計畫口語化表達；也能口語監控、調整自己或別人的解題進行。但是，被觀察的兒童所要求的幫助、被幫助的反應及別人的意見等（包含被懇求或未被懇求的）卻未被包含在解題

調整語言之證據範圍內。我們認為,尋求幫助不等於尋找解題之自我調整;我們忽略了被幫助的反應,基本上,這類語言並非自發性的;也不出現在沒有幫助的時候(我們只考慮對別人要求幫助的反應,因為,此類反應是明顯的自我調整)。

本章後面的附件呈現編碼程序。所有的句子皆經過確認及編碼,研究結果依照每小時的句子來測量兒童;編碼,對目標兒童雖不公開,但是,卻獲得與 80% 調整語言編碼的一致性。

二、班級觀察結果:高成就學生使用解題調整之語言

當被觀察兒童獨立數學解題時,我們發現高成就學生出現高層次解題調整語言。尤其令人意外地,低度自我調整之兒童,竟平均達到每小時十六個解題調整句子(SD=9);中度自我調整兒童平均達到每小時八個解題調整句子(SD=7);而高度解題調整兒童平均達每小時五十七個句子(SD=25)。這些差異是顯著的,F(2,15)=15.82,P<.01,如此複製了我們早期相關研究的發現。

三、同儕協助場景:所有的兒童皆使用解題調整之語言

我們的目標有二:第一,在能力較佳的兒童經驗自己的教室情境下,觀察兒童行為;第二,見證相關的解題情境,在該情境

中，兒童具有解題能力及口語表達的能力（即諮詢角色）。我們
安排兒童與較年長的兒童配對（高一年級的兒童），一起完成數
學解題，年長兒童扮演本實驗中的幫助者。每對兒童先被指派年
幼兒童可獨立解決的二至三個題目，再繼續分派七至八個較難而
年幼兒童需要年長兒童支援的題目（依照前測之表現）。大致上，
75%的案例符合此一條件。其餘案例，則可能因為這些測驗低估
他們的能力；也可能因為他們經過前測改善了解題技巧，因此造
成年幼的兒童表現得比預期的為佳。

　　某一實驗者在場協助（香尼和英格理斯），但卻不參與工作，
而且只在出現行為問題或有較年長兒童被困住時才介入干涉。兒
童被提醒，不得在提供協助時說出答案，而且被鼓勵繼續進行解
題。實驗期間為十至三十八分鐘，平均約為二十分鐘。所有的場
景皆被錄影下來，錄影帶依照解題調整語言來編碼。

　　較年長的兒童在被分配到他們會做的題目及扮演諮詢角色時，
他們在實驗中的表現與在教室明顯不同：同儕評為低度自我調整
的學生，平均出現每小時一百七十七句解題調整語言（SD=97），
此乃教室中觀察結果的十倍高。中度自我調整的兒童每小時出現
一百九十九句解題調整語言（SD=81），而高級自我調整兒童出
現每小時二百二十二句（SD=143）。在實驗的情況下，各組並沒
有顯著差異，$F_{(2,15)}=0.25, P<.78$，如圖 10-1 所顯示的教室及
實驗室之對照比較。

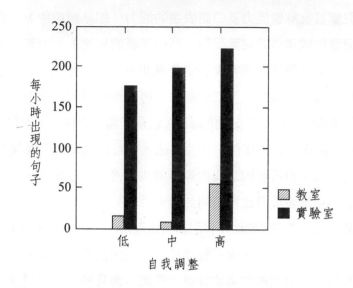

圖 10-1 ✦ 兒童自發性解題調整語言（高、中、低度）之比較，
包括教室與實驗室之支持情境

四、小結

　　顯而易見的，若給中、低度自我調整兒童機會，他們便能產
生解題調整語言。至於在教室所觀察到的解題調整語言差異，主
要來自對解題要求的技巧與學生自己所承擔的角色，而不是學生
解題調整能力之基本差異。

肆 ▷ 支持自我調整之條件

對自我調整之教導並不只是一個教學策略及示範的問題；它尚牽涉到創造有效的**機會**，來練習口語解題調整；在很多方面，該研究結果顯示此現象。一般在教室內不常使用解題調整語言的兒童，在我們給予足夠簡單的習題及足夠的表達理由時，他們會對解題呈現流暢的口語表達。雖然如此，在中度及低度自我調整之兒童中間，仍存在一些不尋常案例；這些讓人驚訝的現象，很可能因為這些被評為中度的兒童，其能力表現本來就不是居中的。

本敘述研究之重點，並不在於主張跨年齡的教學比較好，或是解題調整語言在實驗室的情境脈絡下較能有效產生。重點是在於當低度及平均程度的學生被給予簡單的習題及負起解題口語表達的責任時，確實能夠產生解題調整語言；而促進此種語言有效的產生，乃是一教育的責任。

值得注意的是，當習題很簡單時，他們可能會較少需要與別人或自己說話。引起解題調整語言的關鍵在於巧妙的連結以下兩個因素：習題難度控制在學生能力範圍內；以及讓學生負起必要的解釋習題責任。

本書的章節包含自我調整在寫作、閱讀、數學及電腦等其他領域的教學。每一章皆提及計畫、解題及專注力之自我調整策略，我們的重點在於，如果學生能主動保持對自己學業的自我調整能

力，則他們不只需要一個專業領域的有效學習策略（例如閱讀時的視覺化及摘要能力；寫作時的目標設定、歷程監控及寫作修正）；他們更需要使用此學習策略、獲得成功的解題機會（例如他們能獨立閱讀或依靠別人鷹架伴讀的書籍，以及他們可達成的寫作目標）；他們還需要角色的情境脈絡，來支持他們在口語解題時，扮演正當而成功的領導者。

　　許多成功的自我調整計畫包括其他情境脈絡的調整規畫。可能其中最常見的，為帕林卡和布朗（Palincsar & Brown, 1984; 1989）提出的相互教學法（reciprocal teaching）。該教學法提供學生承擔「教師」角色的機會，提出問題及為其他學生做摘要。阿朗森（Aronson, 1979）提出類似的拼圖教學法（jigsaw approach）亦創造了「專家」角色，讓學生負起專業領域之專家責任。布朗和坎平庸（Brown & Campione, 1994）的學習社區計畫（*Community of Learners Program*），亦結合了相互教學與拼圖教學法。普力斯萊和愛爾－戴樂禮等人（Pressley, El-Dinary, et al., 1992）的互動策略教學法（transactional strategy instruction approach），主張在閱讀理解部分應強調對談是自我調整的重要途徑。

　　　　每個學生都可從小組的參與中獲益。長期的參與小組會造成小組執行活動的內化；換句話說，此種類型的小組決策，其實是由個別的參與者在獨自閱讀時做出的。

　　　　　　　　　　　　　　（Pressley, El-Dinary, et al., 1992, p.516）

透過這種小組的互動或口語討論，閱讀的理解策略由教師教導及教師誘發轉移成學生主動創始。

需要部分調整別人的解題情境雖然是導致成功的自我調整之要素，但是，建立一個合法發生的情境脈絡卻是更重要的。班級內的協助雖是一個相關的情境脈絡，卻提供較少的諮詢角色；它同時強化別人的從屬地位。跨年齡的協助（如親密搭檔教學）提供另一相關情境脈絡，卻要求更多的準備與組織工作（請注意，接受較年長同學的協助比接受同齡協助具有較佳的心理結果）。至於合作學習法（cooperative learning）（二個或更多學生一起完成一份作業），理論上提供較多使用解題調整語言的機會。但是，除非相關技巧與兒童在合作小組中所扮演的角色受到重視，否則只有少部分的學生獲得我們所謂的「諮詢經驗」（Johnson & Johnson, 1975）。

一、諮詢／省思的角色

基本上，賦予學生額外口語調整經驗的角色，是在承認其權威的正當性及賦予指導、引導和評鑑的口語工作。我們稱此類角色為「諮詢角色」，這些角色出現在兒童支援別人之時；或二個以上的孩子共同完成一個方案，或一個孩子提供別人建構的建議及彙整（編輯）別人的工作；或一個孩子彙整他自己目前或未來的工作。以下有很多種諮詢或省思別人或自己工作的方法：

(一)別人解題的建構者、作品的評分者

　　學生可以為別人設計學習單、數學題目、數學遊戲、找字遊戲、故事接龍的起始者等；學生亦可為別人的作品評分。我們建議，當學生為別人設計學習材料時，可以用小組方式一起討論、彙整，再為學習材料定案。我們認為，這些作業發放方式對發問技巧不好的學生不成問題。

(二)幫手、協助者及小老師

　　學生必須被教導如何去協助別人，而不是為別人代勞（請注意自發性的協助在教室中多半是為別人代勞）[6]。學生可學習透過幫別人評分、或決定請教老師的問題類型來協助年幼的孩子。在幫助者省思自己協助的有效性時，我們考慮到此類工作的反思要素。

(三)建構解題或複雜作品的合作者

　　舉例來說，我們會要求學生建構一本下學年的學習手冊，其中包含關於學生可能出現的學習問題或過程障礙的提醒。如此一來，學生必須反思他們或別人可能經歷的問題。學生也可能被要求與別人合作完成；為達到真正的合作，該小組的成員能力可互補或相似。

㈣在拼圖教學或相互教學中,扮演架構合作學習的參與者

在這些合作學習模式中,賦予每個學生已定義好的責任與使命。

㈤彙編者

我們可要求學生把別人的作業彙整起來,這樣的彙整工作可導向有益的學生互動,一個有效的諮詢亦於焉誕生。

㈥完成個人或合作工作的反思者

我們可要求學生去檢視自己的功課及用口頭或書面來評析。在其最佳的情況下,反思可具有自我彙整及自我評鑑的功能。如果此過程能夠改善重於批評,則它是一種極正向的自我諮詢經驗。我們確定,這些例子仍是掛一漏萬,有創意的老師尚可舉一反三,再發展出更多可讓學生扮演諮詢角色的情境。

二、關於諮詢經驗成效的初步證明

英格理斯和畢米勒完成了四年級學生協助二年級數學低成就學生的研究(Inglis & Biemiller, 1997)。此研究目的在於檢視諮詢經驗對年長兒童的數學成就之效益。

除了提供跨年齡的個別指導數學經驗,英格理斯尚提供成為一個好幫手的訓練。我們在實驗研究中所蒐集的資料顯示,雖然

孩子們的能力差異很大，但其產生解題調整語言的能力卻絕對足夠使他們成為好幫手——儘管他們的技巧不一定都很理想。舉例來說，我們注意到有些兒童注意力不集中、行為粗魯、易受挫折、指導性太高，或指導性不夠或太匆促。事實上，好的協助技巧仍需要從文獻中習得鷹架策略，如布瑞爾（Bruer, 1993）、麥基立（McGilly, 1994）、普力斯萊和烏魯辛（Pressley & Woloshyn, 1994）、普力斯萊等人（Pressley et al., 1990）、伍登（Wood, 1988），還有其他關於跨齡同儕彼此教導的文獻（Goodlad & Hirst, 1989, 1990; Mavrogenes & Galen, 1978; Rekrut, 1994）。

英格理斯提供十五至二十節，每節三十至四十五分鐘的協助訓練。每週進行二節，其中十至十五節涉及直接協助年幼兒童。此訓練計畫包括以下五個策略：

　　1. 看與聽誰需要協助，及何時協助？

　　2. 發問並找出何種協助。

　　3. 提供暗示卻不是答案，以至於別人能自己找出答案。

　　4. 給予愛的鼓勵。

　　5. 檢查一下工作是否正確，並確認是否我是個好幫手。

接下來對協助訓練的參與，我們發現，三十一個幫手在加拿大基礎數學解題技巧測驗中，呈現平均獲益六個項目[7]。在這同時，三十八個控制組的兒童平均獲益三個項目。依照其共變量分析，使用前測分數為共變數，顯著水準達.01。簡言之，參與諮詢角色數月以上，導致兒童更有效地使用數學解題技巧。必須注意

的是，數學的小幫手與年幼的兒童一起從事不同的數學活動，而其中鮮有問題取向的數學活動。因此，數學解題的獲益並不能歸因於計算能力的增加，因為訓練組與控制組的兒童，其起始或最終的計算能力並無差異。

三、在學校內的諮詢地位

我們認為跨年齡的數學個別指導，並不是一個特別的自我調整方案，卻是一個支持諮詢經驗很好的例證，諮詢應是與教室其他活動如教師中心的教學、小組討論及獨立作業一樣重要的活動。雖然在邏輯上，讓每一個學生每週或白天在所有學習領域擁有諮詢經驗，並不是一個很實用的做法；我們建議，每一學生宜賦予設計妥當的諮詢角色來練習每次一個專業學習的領域，而且在每一學年能在所有領域扮演該角色。事實上，我們認為，應特別強調讓能力好的學生來幫助同年級能力弱的兒童，此可增加優質兒童解題調整的能力；亦可促進能力較弱兒童學習知道「別人如何評斷你」。如普力斯萊等（Pressley et al., 1992）和布朗、坎平庸（Brown & Campione, 1994）之相關研究指出，宜多鼓勵有能力的兒童幫助別人。

伍 ▷ 結論

本章一開始，我們即建議，我們「同意」也「不同意」對兒童一視同仁的教學，將獲得較類似的結果（隱含指的是較高層次的結果）。在結論時，會讓我們再回到這個弔詭。

我們同意類似的課程——如發展自我調整技巧與專家的課程——應該儘量提供給大部分的學生（我們懷疑 10 至 15% 分佈在成就邊緣的學生要求修正的課程）。有效的教學、技巧練習及問題解決策略、支援別的同學、合作學習等皆對大部分學生產生助益，而不只是對優質的學生。換句話說，大部分學生應該有時（不是經常）在小組中（二至四個兒童），體驗最能幹學生的角色。我們假設，下面的研究可能會導致更多的兒童（至少多於三分之一學生）在小學學業的學習上，獲得高層次的自我調整。

依照畢米勒（Biemiller, 1993）之相關研究，我們不同意以下觀點：所謂提供相同或類似的機會給學生，就代表給予相同時間的相同機會。我們並不認為此將導致理想的結果。若一味堅持讓所有學生同時接受所有相同課程，就如同堅持讓所有人使用同一滑雪坡道滑雪一百小時一樣。

這個啟示是顯而易見的：如果我們真的想預期大部分的學生能夠有效的自我調整，僅僅提供兒童策略的教導及其他有效引起自我調整之方法是不足夠的。我們尚需創造不斷進行的工作條件，

俾使學生能成功的練習自我調整的潛力，包括對自我及對別人的自我調整。

►► 附件：解題調整語言的測量

　　每個兒童平均被觀察四十分鐘的獨立數學解題（包括做作業）。觀察者記錄目標兒童對自己和別人說的話。除此之外，尚獨立記錄其他必要的資訊，如：(1)被討論的習題；(2)清楚的情感表現（例如笑、蹙眉）；(3)對誰發表批評。觀察者尚觀察獨立解題之前的上課情形，並描述兒童做作業的情形。

　　編碼系統依照麥欽堡和畢米勒（Meichenbaum & Biemiller, 1992）的簡化版本。所有的目標兒童，其語言被分類成以下四類：

1. 社交的談話：與目前解題內容無關的談話，如「你喜不喜歡看昨晚的 Blue Jays 棒球隊？」或「等下下課時，你和我一起玩，好不好？」

2. 成果報告：報告閱讀成果或數字，如「她還剩六顆蛋！」

3. 解題協商：與老師在解題歷程中，為簡化作業困難的協商，如「我必須算出這個答案嗎？」或與其他同學關於輪流工作的協商，如「現在你測量，等一下我來寫答案。」

4. 與解題相關的語言：陳述有關解題的功能或質疑習題功能的語言。解題功能如下：

　(1)習題、歷程、目標之詳述：定義題義、陳述目標或問題

（如「這就是總整理」）。

(2)計畫的功能：陳述下一步要做的動作（如「我現在想要……」）。

(3)執行／監控／評鑑的功能：記錄過程及必要條件（如「我沒有紅色貼紙」）或評鑑過程（如「做好啦！」、「我做了一隻很棒的蝴蝶。」）。

為了達成本研究的目的，所有解題相關的語言分成以下三類：

1. 自發性關於自己解題的陳述：本項目尚包括自語，但事實上，大部分關於自己的陳述，似乎是針對他人，如「我已擺平第七題啦！」本項目包括自我指導。

2. 對別人的解題支援：此項包括對別人解題的批評、自發性的支援、質疑（如「你好像忘記什麼喔！」），或是對他人求援的反應。

3. 要求他人支援或被支援的反應：包括被懇求的支援或對被懇求或未被懇求支援的反應。

解題的自我調整語言，依照其句子出現頻率及「自發性－自己的工作」及「給予支援」來編碼；被觀察到的句子數量以小時計算 sentence/hr.；我們是依照 $\dfrac{\text{觀察的句子} \times 60}{\text{觀察時間（分）}}$ 算出來的。

致謝 ⟋⟋

謹此，我們感謝兒童研究的實驗學校、派克（Park）、瑞晶的派克（Regent's Park）及多倫多教育委員會內的思普瑞思宮廷學校（Spruce Court School）的兒童與老師。沒有他們的鼎力相助，本研究無法於此呈現，我們也感謝加拿大社會科學及人文研究協會對我們的支持。最後，我們也謝謝辛苦為我們轉譯、編碼資料的雪瑞（Scherer）先生。

附註 ⟋⟋

1. 於此，我們不將「聽不到的喃喃自語」列入自語範圍。
2. 我們不確定兒童何時開始使用語言去控制自己或別人的情緒（如「安靜一下！」、「沒關係，別擔心！」），我們懷疑兒童在幼稚園出現此類行為。
3. 此一學習序列，代表維果斯基（Vygotsky, 1978, p.84ff）所提到的「近側發展區」（zone of proximal development）——即兒童已可獨立完成的及即將學習的能力層次差異（關於近側發展區的其他觀點涉及某些能力限制，其將導致某些特殊發展時期不能習得某些解題）。
4. 若兒童獲得零或一個提名，我們將排除他們可能是不善與人互動的因素，而造成不一致的結果。

5. 請注意低程度的兒童有平均的IQ。讀者可能很想知道是否認知能力較弱的兒童較少使用解題調整語言。但是，在我們跨年齡的個別指導研究中（Inglis & Biemiller, 1997），我們發現社經地位較差的孩子及學習表現較弱的兒童，仍能夠使用解題調整語言去協助別人。

6. 我們同時提供「為別人解答的協助技巧」，讓學生了解如何改善建構、計畫的能力（如閱讀理解、寫作等）。例如，依照香尼和畢米勒（Shany & Biemiller, 1995）關於閱讀的研究，若提供兒童認字的協助，則會明顯改善兒童對艱深句子的理解及增加視覺識字的能力。依照畢米勒和麥欽堡、思棟（Biemiller & Meichenbaum, in press; Stone, in press），此類的協助即是鷹架的觀點。

7. 本測驗的修訂涉及使用開放問卷而不是多重選擇，在必要時，尚使用閱讀項目。這些項目的選擇，正反映國家標準增加的難度。

參考書目

Aronson, E. (1979). *The jigsaw classroom.* Beverly Hills, CA: Sage.

Berk, L. E. (1992). Children's private speech: An overview of theory and the status of research. In L. E. Berk & R. Diaz (Eds.), *Private speech: From social interaction to self-regulation* (pp. 17–54). Hillsdale, NJ: Erlbaum.

Biemiller, A. (1993). Lake Wobegon revisited: On diversity and education. *Educational Researcher, 22*(9), 7–12.

Biemiller, A., & Meichenbaum, D. (in press). The consequences of negative scaffolding for students who learn slowly: A commentary on C. Addison Stone's "The metaphor of scaffolding: Its utility for the field of learning disabilities." *Journal of Learning Disabilities.*

Biemiller, A., & Richards, M. (1986). *Project Thrive: Vol. 2. Individualized intervention to foster social, emotional, and self-related functions in primary programs.* Toronto, Ontario: Ministry of Education.

Biemiller, A., Shany, M., Inglis, A., & Meichenbaum, D. (1993, August). *Enhancing self direction in "less able" learners.* Paper presented as part of an invited symposium on Issues and Directions in Research on Children's Self-Regulated Learning and Development at the annual conference of the American Psychological Association, Toronto, Ontario, Canada.

Bivens, J. A., & Berk, L. E. (1990). A longitudinal study of the development of elementary school children's private speech. *Merrill-Palmer Quarterly, 36,* 443–463.

Brown, A., & Campione, J. (1994). Guided discovery in a community of learners. In K. McGilly (Ed.), *Classroom lessons: Integrating cognitive theory and classroom practice* (pp. 229–272). Cambridge, MA: MIT Press.

Brown, A. L., & Palincsar, A. S. (1989). Guided, cooperative learning and individual knowledge acquisition. In L. B. Resnick (Ed.), *Knowing, learning, and instruction: Essays in honor of Robert Glaser* (pp. 393–451). Hillsdale, NJ: Erlbaum.

Brown, R., Pressley, M., Van Meter, P., & Schuder, T. (1996). A quasi-experimental validation of transactional strategies instruction with low-achieving second-grade readers. *Journal of Educational Psychology, 88,* 18–37.

Bruer, J. T. (1993). *Schools for thought: A science of learning in the classroom.* Cambridge, MA: MIT Press.

Case, R. (1985). *Intellectual development: Birth to adulthood.* Orlando, FL: Academic Press.

Case, R. (1992). *The mind's staircase: Exploring the conceptual underpinnings of children's thought and knowledge.* Hillsdale, NJ: Erlbaum.

Deshler, D. D., & Schumaker, J. B. (1988). An instructional model for teaching students how to learn. In J. L. Graden, J. E. Zins, & M. J. Curtis (Eds.), *Alternative educational delivery systems: Enhancing instructional options for all students* (pp. 391–411). Washington, DC: National Association of School Psychologists.

Diaz, R. M. (1992). Methodological concerns in the study of private speech. In L. E. Berk & R. Diaz (Eds.), *Private speech: From social interaction to self-regulation* (pp. 55–81). Hillsdale, NJ: Erlbaum.

Diaz, R. F., Neal, C. J., & Amaya-Williams, M. (1990). the social origins of self-regulation. In L. C. Moll (Ed.), *Vygotsky and education: Instructional implications of sociohistorical psychology* (pp. 127–154). New York: Cambridge University Press.

Goodlad, S., & Hirst, B. (1989). *Peer tutoring: A guide to learning by teaching*. London: Kogan Page.

Goodlad, S., & Hirst, B. (1990). *Explorations in peer tutoring*. London: Blackwell Education.

Gutentag, R. E. (1984). The mental effort requirement of cumulative rehearsal: A developmental study. *Journal of Experimental Child Psychology, 37*, 92–106.

Gutentag, R. E., Ornstein, P. A., & Siemens, I. (1987). Children's spontaneous rehearsal: Transitions in strategy acquisition. *Cognitive Development, 2*, 307–326.

Gutierrez, R., & Slavin, R. E. (1992). Achievement effects of the nongraded elementary school: A best evidence synthesis. *Review of Educational Research, 62*, 333–376.

Halford, G. S., Wilson, W. H., & Phillips, S. (in press). Processing capacity defined by relational complexity: Implications for comparative, developmental, and cognitive psychology. *Behavioral and Brain Sciences.*

Henderson, R. W., & Cunningham, L. (1994). Creating interactive socio-cultural environments for self-regulated learning. In D. H. Schunk & B. J. Zimmerman (Eds.), *Self-regulation of learning and performance: Issues and educational applications* (pp. 255–282). Hillsdale, NJ: Erlbaum.

Inglis, A., & Biemiller, A. (1997). *Fostering self-direction in grade four tutors: A cross-age tutoring program.* Manuscript submitted for publication.

Johnson, D. W., & Johnson, R. T. (1975). *Learning together and alone.* Englewood Cliffs, NJ: Prentice-Hall.

Kopp, C. B. (1982). Antecedents of self-regulation: A developmental perspective. *Developmental Psychology, 18*, 199–214.

Mavrogenes, N. A., & Galen, N. D. (1978). Cross-age tutoring: Why and how? *Journal of Reading, 22*(4), 344–353.

McGilly, K. (1994). *Classroom lessons: Integrating cognitive theory and classroom practice.* Cambridge, MA: MIT Press.

Meichenbaum, D. (1984). Teaching thinking: A cognitive-behavioral perspective. In S. F. Chipman, J. W. Segal, & R. Glaser (Eds.), *Thinking and learning skills: Vol. 2. Research and open questions* (pp. 407–426). Hillsdale, NJ: Erlbaum.

Meichenbaum, D., & Biemiller, A. (1992). In M. Pressley, K. Harris, & J. Guthrie (Eds.), *Promoting academic competence and literacy in school* (pp. 3–56). New York: Academic Press.

Meichenbaum, D., Burland, S., Gruson, L., & Cameron R. (1985). Metacognitive assessment. In S. R. Yuson (Ed.), *The growth of reflection in children* (pp. 3–30). New York: Academic Press.

Mosteller, F., Light, R. J., & Sachs, J. A. (1996). Sustained inquiry in education: Lessons from skill grouping and class size. *Harvard Educational Review, 66*, 797–842.

Paas, F. G. W. C., & Van Merrienboer, J. J. G. (1994). Variability of worked examples and transfer of geometrical problem-solving skills: A cognitive load approach. *Journal of Educational Psychology, 86*, 122–133.

Palincsar, A. S., & Brown, A. L. (1984). Reciprocal teaching of comprehension-fostering and comprehension-monitoring activities. *Cognitive Instruction, 1*, 117–175.

Pressley, M., Cariglia-Bull, T., Deane, S., & Schneider, W. (1987). Short-term memory, verbal competence, and age as predictors of imagery instructional effectiveness. *Journal of Experimental Child Psychology, 43*, 194–211.

Pressley, M., El-Dinary, P. B., Gaskins, I., Schuder, T., Bergman, J. L., Almasi, J., & Brown, R. (1992). Beyond direct explanation: Transactional instruction of reading comprehension strategies. *Elementary School Journal, 92*, 513–555.

Pressley, M., Harris, K. R., & Guthrie, J. T. (Eds.). (1992). *Promoting academic competence and literacy in school.* New York: Academic Press.

Pressley, M., & Woloshyn, V. (1995). *Cognitive strategy instruction that really improves children's academic performance* (2nd ed.). Cambridge, MA: Brookline Books.

Pressley, M., Woloshyn, V., Lysynchuk, L. M., Martin, V., Wood, E., & Willoughby, T. (1990). A primer of research on cognitive strategy instruction: The important issues and how to address them. *Educational Psychology Review, 2*(1), 1–58.

Rekrut, M. D. (1994). Peer and cross-age tutoring: The lessons of research. *Journal of Reading, 37*(5), 356–362.

Schunk, D. H., & Zimmerman, B. J. (Eds.). (1994). *Self-regulation of learning and performance: Issues and educational applications.* Hillsdale, NJ: Erlbaum.

Shany, M., & Biemiller, A. (1995). Assisted reading practice: Effects on performance for poor readers in grades 3 and 4. *Reading Research Quarterly, 30*, 382–395.

Slavin, R. E. (1987). Ability grouping and student achievement in elementary schools: A best evidence synthesis. *Review of Educational Research, 57*, 293–336.

Stone, C. A. (in press). The metaphor of scaffolding: Its utility for the field of learning disabilities. *Journal of Learning Disabilities.*

Vygotsky, L. S. (1978). *Mind in society: The development of higher psychological processes.* Cambridge, MA: Harvard University Press.

Vygotsky, L. S. (1987). Thinking and speech. In R. W. Rieber & A. S. Carton (Eds.), *The collected works of L. S. Vygotsky: Vol. 1. Problems of general psychology* (pp. 39–288). New York: Plenum Press.

Wertsch, J. V. (1991). Meaning in a sociocultural approach to mind. In A. McKeough & J. L. Lupart (Eds.), *Toward the practice of theory-based instruction* (pp. 31–49). Hillsdale, NJ: Erlbaum.

Wertsch, J. (1993). Commentary. *Human Development, 36*, 168–171.

Wertsch, J. V., Minick, N., & Arns, F. J. (1984). The creation of context in joint problem-solving. In B. Rogoff & J. Lave (Eds.), *Everyday cognition: Its development in social context* (pp. 151–171). Cambridge, MA: Harvard University Press.

Wood, D. (1988). *How children think and learn.* London: Basil Blackwell.

Zimmerman, B. J. (1994). Dimensions of academic self-regulation: A conceptual framework for education. In D. H. Schunk & B. J. Zimmerman (Eds.), *Self-regulation of learning and performance: Issues and educational applications* (pp. 3–21). Hillsdale, NJ: Erlbaum.

Zimmerman, B. J., & Schunk, D. H. (Eds.). (1989). *Self-regulated learning and academic achievement: Theory, research, and practice.* Hillsdale, NJ: Erlbaum.

Zivin, G. (Ed.). (1979). *The development of self-regulation through private speech.* New York: Wiley.

自我調整學習：教學理論與實務

第十一章

結論及未來學術
介入的方向

Dale H. Schunk

Barry J. Zimmerman

　　本書各章節已說明過去數年來，學業的自我調整在理論、研究及教育應用的重大改進。雖然，作者們在理論觀點、方法的選擇、學習的內容、科技的使用及學習風格方面大相逕庭，但是，如欽墨曼在第一章所提及的，他們都肯定自我調整是很重要的學習介入。

　　在本章，我們將提及學習的自我調整之歷史發展，我們也將討論自我調整介入之要素，俾使每個作者表達他們不同的思考。接著，我們將對未來的研究作建議，希望提供教育情境更多改善的新意。

學習的自我調整：過去與現在

　　依照欽墨曼和香克之分析（Zimmerman & Schunk, 1989），早期的學業自我調整研究，其目標主要建立在理論基礎上。作者們從不同的理論觀點來討論自我調整，如：行為學派、現象學派、社會認知、行為意志、維果斯基的建構主義等。這些觀點大約涉及以下幾個議題：

　　1. 在學生學習的歷程中，是什麼促進他們使用自我調整？

　　2. 學生要能自我省思及自我覺知，需經過什麼歷程及步驟？

　　3. 學生使用自我調整達成學習目標時，呈現哪些主要歷程與反應？

　　4. 哪些社會、物理的環境影響學生的自我調整？

　　5. 學習歷程中，學習者如何獲得自我調整能力？

　　這些議題的答案引導這些年的研究趨向。

　　很多早期的相關研究重點放在測試理論的預期，及自我調整要素與歷程之陳述。例如欽墨曼和馬丁尼茲－邦茲（Zimmerman & Martinez-Pons, 1990）指出，五、八、十一年級的學生，其自我調整策略，依其年齡層、性別、天賦及自我效能感知有所差異。依照平楚區和第古特（Pintrich & De Groot, 1990）所言，在七年級英文及科學的學習上，學生的自我調整策略、動機與其學業表現，

彼此明顯相關。米思、布魯非和荷爾（Meece, Blumenfeld, & Hoyle, 1988）亦證明，五及六年級學生的科學學習，其認知活動、學習目標、動機型態（類似自我調整策略）皆顯示相關。

其他的研究者重點放在自我調整的發展，尤其是教學與情境脈絡因素對自我調整之影響。例如香克和瑞思（Schunk & Rice, 1987, 1992, 1993）的研究指出，對於閱讀障礙的學生，提供閱讀策略的示範及策略效應的回饋，可增強其自我效能、自我調整策略的使用及閱讀的成就。葛拉罕和哈里斯（Graham & Harris, 1989a, 1989b）教導學習障礙的學生關於寫作的自我調整策略，可改善他們的自我效能及寫作表現；甚至這些學習效益可以維持，乃至遷移到其他的學習領域。當時使用認知的示範如下：示範可以解釋、展現這些寫作策略；同時，灌輸學生可獲得學習目標的策略。其他過程的要素如寫作表現的自我監控及目標歷程的自我評估。

當研究者開始統整他們第一波的研究結果時，認知的混淆出現了：意義重疊、名稱不同的變項大量出現，此乃基於研究者不同的理論偏向而做了不同的標示，如後設認知、認知的活動、計畫等。在其他的案例中，又發生不同歷程影響共同的自我調整向度之情形，如目標設定、自我效能信念影響學生動機。

我們在一九九四年的版本（Schunk & Zimmerman, 1994）試著認同共同的自我調整向度，並呈現相關研究顯示何種歷程最具影響力。我們認為，一個具天賦的學習者未必保證學業的成功，除非他具有相稱的動機、行為的練習，以及有效的學習策略。整體而言，這些研究顯示，我們的學生在以下幾方面表現個人的主動

性及自我調整控制：

    1. 動機來源。

    2. 學習方法之選擇。

    3. 行為表現之形式。

    4. 社會及物理環境資源的使用。

目前的版本則超越了基礎理論與研究，開始重視自我調整特性與歷程之認定，並考慮大規模的學習介入及長期的評量。現在的研究逐漸脫離實驗情境的有限歷程研究，偏向與教學實務者合作，把自我調整統合成課程學習的一部分。此外，研究設計重視提升長期教學效應的維持與遷移。雖然，這些結果頗具前瞻性，但是，大部分這類的教學模式還處在發展的初階。

貳 ▶ 自我調整介入的共同要素

本節擬討論學習的自我調整之共同特質。本書中最常用的策略，有策略教導、練習、回饋、監控、社會支持、撤回支持、自我反思練習等。

策略教導是提升自我調整的主要方法，習得系統學習的學生能夠獨立應用其原則。策略學習能提升學習的動機，因為學生若相信他們可以使用一個有效的策略，則他們對達到成功就會更有自信，亦即提升自我效能（Schunk, 1991）。本書中提到，策略教

導是學習介入的重點（Belfiore & Hornyak, 第九章；Grahm, Harris & Troia, 第二章；Hofer, Yu, & Pintrich, 第四章；Pressaley, El-Dinary, Wharton-McDonald, & Brown, 第三章；Schunk, 第七章）。第五章藍恩提到對學生自我監控的教導。第六章思多克萊提及學生依據與老師的互動來建構策略（Butler, 第八章；Winne & Stockley, 第六章）。

練習自我調整策略及對策略效應的回饋亦是很重要的因素。這些要素提升學習動機及提升遷移與維持的能力。本書所描述的學習介入旨在鼓勵學生正向的練習與互動。

第四個要素是監控，幾乎所有的學習介入皆會強調此點。學生必須監控策略的應用、解決問題的效益、修正適應其他情況的方法。監控涉及個人技巧獲得之歷程，亦可提升自我效能及動機（Schunk, 1991）。

第五個要素是從其他同學獲得的社會支持，社會支持多半來自老師，但是本書中提及很多同儕的支持（Biemiller, Shany, Inglis, & Meichenbaum, 第十章；Butler; Hofer et al.; Lan; Pressley et al.）。

與社會支持相關的是，當學生能力增加時，社會支持必須撤回。本書中葛拉罕等人提及一種撤回支持的方法：鷹架，即適時的介入教導，再適時的撤回支持。香克提到，教學的序列乃從教師的示範、引導練習發展至學生獨立練習；普力斯萊等人認為，老師的教導漸被提示取代；貝爾佛瑞和宏育克討論到老師的支持如何被自我管理取代；巴特勒提到教學支援的褪去（fading）。

最後，我們強調自我反思練習的重要性；它涉及學生對其成

果表現的反思;自我反思是一獨立的練習。赫佛等人的研究提及,自我反思出現在學生的報告寫作;貝爾佛瑞和宏育克強調,自我管理訓練屬於自我反思的範疇。

 不同的議題

本書作者大部分持共同的看法,但還是有歧異之處。三個主要的議題為:(1)自我管理學習的社會模式及自我建構;(2)動機的角色;(3)自我反思的使用。

一、示範與自我建構

班都拉、瑞森塔、欽墨曼、香克(Bandura, 1986; Rosenthal & Zimmerman, 1978; Schunk, 1987)等主張,社會示範乃一重要的轉換策略與技巧;葛拉罕和哈瑞思、香克和瑞思、香克和史瓦兹(Graham & Harris, 1989a, 1989b; Schunk & Rice, 1987, 1992, 1993; Schunk & Swartz, 1993)等研究指出,這些示範亦可被利用為策略的教導。本書中提及社會示範的有貝爾佛瑞、宏育克、葛拉罕、藍恩、普力斯萊及香克等作者。

策略的教導其實可以比較不正式地由學生來建構:學生建構的策略可用在學習的介入,如巴特勒、溫勒及思多克萊所言。老師的角色旨在提供支持與協助;此種鼓勵學生承擔更多學習責任

的主張，與文獻上所提及帕林卡和布朗（Palincsar & Brown, 1984）的「相互教學法」，及柯恩和斯拉文（Cohen, 1994; Slavin, 1995）提出的「合作學習法」很一致。

　　未來的研究宜探索示範與自我建構自我調整學習策略之相關效益。它們的效益可能依據研究的參與者類型，及學習策略細部的需求等因素來決定。在不同的策略、相同效益的領域裡，自我建構就可能發揮特別的功能，而且對學生控制自己的學習更有助益。反過來說，如果一兩種策略有效，而且學生有能力自我建構更多的策略，則策略的示範可能是最好的選擇。事實上，我們可預期，當參與者自我建構的能力受限時，教師的策略示範在學習之初是最有效的；但是，當學生已獲得能力時，他們可能有能力決定他們自己認為有效的其他方法。

二、動機的角色

　　追本溯源，自我調整的教導，其重點宜放在認知歷程（如組織、監控、練習）及調適行為（如自我管理、環境建構、尋求支援）。這些歷程是重要的，但它們無法全盤解釋整個學生自我調整的模式範圍。自我調整要求學生擁有學習的意願，而且要能夠持久，此意願涉及學習動機。令人振奮的是，本書中所描述有關學習的介入，包括此類動機因素如自我效能、特質、可感知的學習控制、自我增強及能力的感知（Belfiore & Hornyak; Graham et al.; Hofer et al.; Lan; Schunk）。

動機角色具有超越情境脈絡的潛在重要性，例如，學生如果相信別的因素對成功的決定力量較大，則他可能習得一種策略，卻無法持續使用（Pressley et al., 1990; Schunk & Swartz, 1993）。提供學習策略的價值亦可提高學習動機的身價（Schunk & Rice, 1992）；如何有效納入動機歷程成為教學內容，對未來研究亦是必要的。

三、自我調整練習

這是一個值得爭議的要素，但卻是學習介入歷程中最少付諸勞力去統整的。理想上，自我調整練習促進學生評估其學習歷程及策略之效益、改變他們的需要取向、調整環境及社會的因素，以建立學習的可行性。

自我反思的練習在某些情境中比較需要：它在規律地回饋或直接的自我評量情況下，顯得比較不重要；但在較無架構的環境中，學生的自我反思變得很可貴。有系統的計畫，例如調整學習目標；調整學習策略，不要固著在某一能力特質上，將使學生更能預備反思。如此一來，自我反思可以系統化的訓練計畫、執行及意志控制，老師將會有更多的彈性空間可供教學設計的調整。我們建議，自我反思的歷程宜在練習中即被評鑑。一旦偵測到失誤的模式，如非理性的自我評估標準，則老師應立刻介入此一自我調整的循環中。

肆▶ 對未來研究之建議

我們將在下面的章節提供未來研究的建議。以下提到三個對教育重要領域有理論價值卻不可忽略的研究方向：校外因素、科技的使用、融合教育。

一、校外的影響

本書中提到的研究多半是在真實學習情境中進行，因為比起實驗室的情境，真實的學習內容比較能夠普遍使用。

同時，有愈來愈多的研究顯示校外因素對學習成就的影響，例如史登柏格、布朗和度布希（Steinberg, Brown, & Dornbusch, 1996）的成人追蹤研究發現，非學業的因素如同儕、家庭及半職的工作會強烈影響學習成就。所謂校內因素的效應（如課程、教學）被校外因素變項超越。布勞德、思棟曼、富洛爾（Brody, Stoneman, & Flor, 1996）發現，父母對子女活動及表現標準的監控，對其學業的及行為的自我調整皆有預期性的影響。最近關於移民學生學業成就的研究指出，父母與同儕對教育、家庭作業及學業成績的價值強調，會比家庭的社經地位或母語、非英語之族群，更能影響學生的學習成就（Fuligni, 1997）。

我們建議，自我調整之研究者宜擴展其重點至校外因素的探

討。尤其，似乎同儕文化與家庭對學生自我調整能力的發展更具
決定性。我們懷疑，這類研究在本質上應是長期的，而且，我們
相信此類文獻的貢獻頗具價值。

二、科技

關於教育上科技的使用不乏其人（Bork, 1985; Hirschbuhl, 1992;
Kozma, 1991）。電腦學習日益受到重視，此亦證明電腦提升學業
成果（Clements, 1995）。本書中，普力斯萊、溫勒、思多克萊等
皆提及電腦本位的學習。

其中最值得一提的是遠距教學：教學與學習分布在不同的時
空；遠距教學固具優點，但關於其學習效益的探索卻需要加強。

由於高學歷的學生較不需要教學者的親自出席，自我調整的
議題亦值得爭議。尤其，我們建議，宜加強研究多種型態的自我
調整策略，以達成優質的遠距教學。例如，理解監控與同儕合作
學習，將是同等重要。

另外一個對自我調整扮演重要角色的科技領域為自我觀察，
學習者若沒有精確的工具，則無法做出正確的自我觀察，如鏡子
或錄影帶、相片等。事實上，學生自我調整的能力直接依賴自我
觀察的品質。

生物回饋研究指出，關於血壓、腦壓、胃分泌等回饋作用，
個人可習得自主神經系統控制（Holroyd et al., 1984）。若沒有精
密的儀器來測量自我觀察，則學生亦無法正確評斷個人對測驗的

預備度（Ghatala, Levin, Foorman, & Pressley, 1989）或閱讀理解能力（Glenberg, Wilkinson & Epstein, 1982）。可保障精確的自我評估及自我記錄，亦可改善學生自我調整控制的品質及成就（Zimmerman & Kitsantas, 1997）。本書第六章中，溫勒及思多克萊提到使用電腦為學習媒體，能夠提供個人學習細部的回饋，亦提升自我觀察的能力。

三、融合教育

融合教育運動強調統整正常與有特殊需要的兒童；融合教育帶給老師挑戰，因其不能準備單一教材，反而要依學生個別差異量身製作教材。

本書中提及某些學障學生的學習介入（Bilfiore & Hornyak; Butler; Graham et al., Hofer et al.; Pressley et al.; Schunk）。雖然如此，融合教育還是勢在必行。我們必須考慮，何種型態的自我調整活動在多元化的學習差異下，能運作得最好？自我調整對教師亦頗有助益，因為，他們必須花時間貢獻在個別需要支援的學生身上。

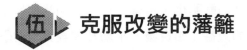 克服改變的藩籬

本書中所提及的一些方案奠基於理論與研究，固有其直觀的訴求，卻未必容易執行。在學校施行時所存在的障礙如下：缺乏

時間、空間；不足夠的經費；父母的同意；學生因成就測驗分數太高而不願要求自我調整之想法。此外，有些教師認為學習介入必須依靠外在資源的改變，如個別指導或特殊班級，這些都造成自我調整成功的藩籬。又，不同專業領域的教師，其課程規畫大相逕庭。唯有提出清楚的教學目標、內容相關的學習策略及對學生經常而客觀的評量，才能支持學生的自我調整。但是，教學規畫不佳、評量主觀的老師卻徒增學生自我調整的困難度。

在機構方面，大學的學分並不採計學習技巧的學分，而這些課程其實又是引導學生自我調整入門的重要學習。如果自我調整的課程被當做補救教學，則大學勢必承認這些學分。有一個可以擴展自我調整課程的折衷辦法，即在提供學生研究理論及讀書技巧，並考慮學生不同的成就層次。我們遇過高成就的大學生選修自我調整的學分，以為研究所做準備的案例。雖然，這些學生覺得他們的讀書技巧足以應付目前的學習，但是對高層次研究所的學習卻需要更精密的技巧。

傳統上，許多學術研究者儘量避開公開支持他們的研究方案，以免別人誤解他們只為自己說話。在出現困境時，這些學習策略又顯得無效。一個比較優質的做法是，充分利用媒體的優勢，並使我們的呈現技巧鮮明化，這樣更可以幫助我們呈現自我調整對不同學生層次的效益（如資優、平均及補救教學的學生）。

另外一種促進改變的方法，即努力改善學校實務工作者的夥伴關係：學校及大學的專業能夠依照學校專業發展的模式設計、執行各種方案（Griffin, 1996）。至於學校本位的合作，則充分賦

權給各層次的參與者，以支援、繼續本方案。

　　最後，學校才是扮演轉化自我調整成為正規學習教導的敏銳角色。事實上，提供額外的時間，只有少數學校可能做到；如何連結自我調整與專業課程，才是真正轉化自我調整超越其技術訓練層次的關鍵。欽墨曼、波納和柯發克（Zimmerman, Bonner, & Kovach, 1996）建議的模式，即在鼓勵為國中、高中老師設計的自我調整訓練，並列入正規課程的一部分。

 陸 ▷ 結語

　　當我們即將完成本書時，我們很興奮地期待，學習自我調整的模式可以應用在實際的教學情境；我們也很高興預估未來的發展性。此一領域囊括了許多優質的研究者及喜愛奉獻的實務工作者，包括小學到大學。未來幾年，我們期盼擴展自我調整的學習介入模式到更多的教學實務層面。我們期待教育政策及機構的改革能更鼓勵學生調整自我的學習歷程。

參考書目

Bandura, A. (1986). *Social foundations of thought and action: A social cognitive theory.* Englewood Cliffs, NJ: Prentice-Hall.

Bork, A. (1985). *Personal computers for education.* New York: Harper & Row.

Brody, G. H., Stoneman, Z., & Flor, D. (1996). Parental religiosity: Family processes and youth competence in rural, two-parent African American families. *Developmental Psychology, 32,* 696–706.

Clements, D. H. (1995). Teaching creativity with computers. *Educational Psychology Review, 7,* 141–161.

Cohen, E. G. (1994). Restructuring the classroom: Conditions for productive small groups. *Review of Educational Research, 64,* 1–35.

Fuligni, A. J. (1997). The academic achievement of adolescents from immigrant families: The roles of family background, attitudes, and behavior. *Child Development, 68,* 351–363.

Ghatala, E., Levin, J. R., Foorman, B. R., & Pressley, M. (1989). Improving children's regulation of their reading PREP time. *Contemporary Educational Psychology, 14,* 49–66.

Glenberg, A. M., Wilkinson, A. C., & Epstein, W. (1982). The illusion of knowing: Failure in the assessment of comprehension. *Memory and Cognition, 10,* 597–602.

Graham, S., & Harris, K. R. (1989a). Components analysis of cognitive strategy instruction: Effects on learning disabled students' compositions and self-efficacy. *Journal of Educational Psychology, 81,* 353–361.

Graham, S., & Harris, K. R. (1989b). Improving learning disabled students' skills at composing essays: Self-instructional strategy training. *Exceptional Children, 56,* 201–214.

Griffin, G. A. (1996). Realizing community in schools through inquiry. In D. R. Dillon (Ed.), *Cultivating collaboration: Proceedings from the first Professional Development Schools Conference* (pp. 15–39). West Lafayette, IN: Purdue University School of Education.

Hirschbuhl, J. J. (1992). Multimedia: Why invest? *Interactive Learning International, 8,* 321–323.

Holroyd, K. A., Penzien, D. B., Hursey, K. G., Tobin, D. L., Rogers, L., Holm, J. E., Marcille, P. J., Hall, J. R., & Chila, A. G. (1984). Change mechanism in EMG biofeedback training: Cognitive changes underlying improvements in tension headache. *Journal of Consulting and Clinical Psychology, 52,* 1039–1053.

Kozma, R. B. (1991). Learning with media. *Review of Educational Research, 61,* 179–211.

Meece, J. L., Blumenfeld, P. C., & Hoyle, R. H. (1988). Students' goal orientations and cognitive engagement in classroom activities. *Journal of Educational Psychology, 80,* 514–523.

Palincsar, A. S., & Brown, A. L. (1984). Reciprocal teaching of comprehension-fostering and comprehension-monitoring activities. *Cognition and Instruction, 1*, 117–175.

Pintrich, P. R., & De Groot, E. V. (1990). Motivational and self-regulated learning components of classroom academic performance. *Journal of Educational Psychology, 82*, 33–40.

Pressley, M., Woloshyn, V., Lysynchuk, L. M., Martin, V., Wood, E., & Willoughby, T. (1990). A primer of research on cognitive strategy instruction: The important issues and how to address them. *Educational Psychology Review, 2*, 1–58.

Rosenthal, T. L., & Zimmerman, B. J. (1978). *Social learning and cognition.* New York: Academic Press.

Schunk, D. H. (1987). Peer models and children's behavioral change. *Review of Educational Research, 57*, 149–174.

Schunk, D. H. (1991). Self-efficacy and academic motivation. *Educational Psychologist, 26*, 207–231.

Schunk, D. H., & Rice, J. M. (1987). Enhancing comprehension skill and self-efficacy with strategy value information. *Journal of Reading Behavior, 19*, 285–302.

Schunk, D. H., & Rice, J. M. (1992). Influence of reading-comprehension strategy information on children's achievement outcomes. *Learning Disability Quarterly, 15*, 51–64.

Schunk, D. H., & Rice, J. M. (1993). Strategy fading and progress feedback: Effects on self-efficacy and comprehension among students receiving remedial reading services. *Journal of Special Education, 27*, 257–276.

Schunk, D. H., & Swartz, C. W. (1993). Goals and progress feedback: Effects on self-efficacy and writing achievement. *Contemporary Educational Psychology, 18*, 337–354.

Schunk, D. H., & Zimmerman, B. J. (Eds.). (1994). *Self-regulation of learning and performance: Issues and educational applications.* Hillsdale, NJ: Erlbaum.

Slavin, R. (1995). *Cooperative learning.* Boston: Allyn & Bacon.

Steinberg, L., Brown, B. B., & Dornbusch, S. M. (1996). *Beyond the classroom: Why school reform has failed and what parents need to do.* New York: Simon & Schuster.

Zimmerman, B. J., Bonner, S., & Kovach, R. (1996). *Developing self-regulated learners: Beyond achievement to self-efficacy.* Washington, DC: American Psychological Association.

Zimmerman, B. J., & Kitsantas, A. (1997). Developmental phases in self-regulation: Shifting from process to outcome goals. *Journal of Educational Psychology, 89*, 29–36.

Zimmerman, B. J., & Martinez-Pons, M. (1990). Student differences in self-regulated learning: Relating grade, sex, and giftedness to self-efficacy and strategy use. *Journal of Educational Psychology, 82*, 51–59.

Zimmerman, B. J., & Schunk, D. H. (Eds.). (1989). *Self-regulated learning and academic achievement: Theory, research, and practice.* New York: Springer-Verlag.

Pintrich, P. R. & Brown, A. L. (1994). Reciprocal teaching of comprehension-fostering and comprehension-monitoring activities. Cognition and Instruction, 1, 117–175.

Pintrich, P. R., & De Groot, E. V. (1990). Motivational and self-regulated learning components of classroom academic performance. Journal of Educational Psychology, 82, 33–40.

Resnick, L., (ed.), (   ). Knowing, learning and instruction. Hillsdale, NJ: Erlbaum.

Rogoff, B., (1990). Apprenticeship in thinking: Cognitive development in social context. New York: Oxford University Press.

Rosenshine, B., & Meister, C.   Reciprocal teaching and cognitive and cognitive Hillsdale, NJ: Erlbaum.

Salomon, G. (ed.), Distributed cognitions. New York: Cambridge Press.

Scardamalia, M. & Bereiter, C. (1985).   Research and Practice. New York: Cambridge Press.

Schunk, D. H., & Hanson, A. R.,   Education of Psychology.

Schunk, D. H., & M. (1987). Peer models and children's behavioral change. Review of Educational Research, 57, 266–302.

Schunk, D. H., (ed.) (1994). Influence of learning and performance. Hillsdale, NJ: Erlbaum.

Vygotsky, L. S., & Kozulin, (ed.), language and thought. Cambridge, MA: MIT Press.

Wood, D., & Bruner, J. S. (1976). The role of tutoring in problem solving. Journal of Child Psychology and Psychiatry, 17, 89–100.

Zimmerman, B. J., & Martinez-Pons, M. (1988). Effects of goal setting and self-regulated learning. American Educational Research Journal.

Zimmerman, B. J. & Martinez-Pons, M. (1986). A structured interview for assessing self-regulated learning. American Educational Research Journal, 23, 614–628.

Zimmerman, B. J., & Risemberg, R. (1997). Becoming a self-regulated writer: A social cognitive perspective. Contemporary Educational Psychology, 22, 73–101.

Zimmerman, B. J., & Schunk, D. H. (eds.) (1989). Self-regulated learning and academic achievement: Theory, research, and practice. New York: Springer-Verlag.

一般教育 52

自我調整學習：教學理論與實務

編　　者：Dale H. Schunk & Barry J. Zimmerman
譯　　者：陳嘉皇、郭順利、黃俊傑、
　　　　　蔡玉慧、吳雅玲、侯天麗
執行編輯：陳文玲
執行主編：張毓如
總 編 輯：吳道愉
發 行 人：邱維城
出 版 者：心理出版社股份有限公司
社　　址：台北市和平東路二段 163 號 4 樓
總　　機：(02) 27069505
傳　　真：(02) 23254014
郵　　撥：19293172
　E-mail：psychoco@ms15.hinet.net
網　　址：www.psy.com.tw
駐美代表：Lisa Wu
　　　Tel：973 546-5845　　Fax：973 546-7651
登 記 證：局版北市業字第 1372 號
印 刷 者：玖進印刷有限公司
初版一刷：2003 年 7 月

定價：新台幣 350 元
■有著作權・翻印必究■
ISBN 957-702-604-4

國家圖書館出版品預行編目資料

自我調整學習：教學理論與實務 / Dale H. Schunk,
Barry J. Zimmerman 編；陳嘉皇等譯.
— 初版. — 臺北市：心理, 2003（民 92）
　　面；　　公分. —（一般教育；52）
含參考書目
譯自：Self-regulated learning: from teaching to
self-reflective practice

ISBN 957-702-604-4（平裝）

1.Self-control　　2.學習方法

521.16　　　　　　　　　　　　　　　　92010754

讀者意見回函卡

No._____　　　　　　　　　　填寫日期：　年　月　日

感謝您購買本公司出版品。為提升我們的服務品質，請惠填以下資料寄回本社【或傳真(02)2325-4014】提供我們出書、修訂及辦活動之參考。您將不定期收到本公司最新出版及活動訊息。謝謝您！

姓名：_____　　性別：1□男 2□女

職業：1□教師 2□學生 3□上班族 4□家庭主婦 5□自由業 6□其他_____

學歷：1□博士 2□碩士 3□大學 4□專科 5□高中 6□國中 7□國中以下

服務單位：_____　部門：_____　職稱：_____

服務地址：_____　　電話：_____　傳真：_____

住家地址：_____　　電話：_____　傳真：_____

電子郵件地址：_____

書名：_____

一、您認為本書的優點：（可複選）

　❶□內容 ❷□文筆 ❸□校對❹□編排❺□封面 ❻□其他_____

二、您認為本書需再加強的地方：（可複選）

　❶□內容 ❷□文筆 ❸□校對❹□編排 ❺□封面 ❻□其他_____

三、您購買本書的消息來源：（請單選）

　❶□本公司 ❷□逛書局⇨_____書局 ❸□老師或親友介紹

　❹□書展⇨____書展 ❺□心理心雜誌 ❻□書評 ❼□其他_____

四、您希望我們舉辦何種活動：（可複選）

　❶□作者演講❷□研習會❸□研討會❹□書展❺□其他_____

五、您購買本書的原因：（可複選）

　❶□對主題感興趣 ❷□上課教材⇨課程名稱_____

　❸□舉辦活動 ❹□其他_____　　　　（請翻頁繼續）

廣　告　回　信
台灣北區郵政管理局登記證
北 台 字 第 8133 號
（免貼郵票）

 心理出版社 股份有限公司

台北市 106 和平東路二段 163 號 4 樓

TEL:(02)2706-9505
FAX:(02)2325-4014
EMAIL:psychoco@ms15.hinet.net

沿線對折訂好後寄回

六、您希望我們多出版何種類型的書籍

❶□心理❷□輔導❸□教育❹□社工❺□測驗❻□其他

七、如果您是老師，是否有撰寫教科書的計劃：□有□無

書名/課程：_____

八、您教授/修習的課程：

上學期：_____

下學期：_____

進修班：_____

暑　假：_____

寒　假：_____

學分班：_____

九、您的其他意見

_____

謝謝您的指教！　　　　　　　　　　　　　　41052